유대인의 눈으로 본 예수

New Light on the Difficult Words of Jesus

유대인의 눈으로 본 예수

초판 1쇄 발행 2018년 7월 26일
초판 5쇄 발행 2023년 8월 7일
지은이   데이빗 비빈
옮긴이   이상준
펴낸이   이상준
펴낸곳   이스트윈드
등록   제2014-000067호
주소   서울특별시 서초구 서초대로54길 39 지하
홈페이지 버드나무 아래 birdnamoo.com

값 13,000원
ISBN 979-11-88607-02-0 03230

Originally published in the USA under the title:
New Light on the Difficult Words of Jesus
Copyright © 2007 by David Bivin
Translation copyright © 2018 by David Bivin
Translated by Sangjun Lee

Published by permission of Living Water Books, LLC,
PO Box 1971, Holland, Michigan 49422 USA.

이 책의 저작권은 이스트윈드에 있으며 무단 전재와 무단 복제를 금합니다.

유대인의 눈으로 본 예수

New Light on the Difficult Words of Jesus
written by David Bivin
edited by Lois Tverberg & Bruce Okkema

데이빗 비빈 저 / 이상준 역

달리 맥도널드에게,

예수님의 말씀을 더 정확히 알기 위한
그의 헌신적인 노력이 없었다면
이 책의 주제들에 대한 연구는 불가능했을 것이다.

| 차례 |

추천사 10
편집자 서문 14
저자 서문 18
약어 설명 22
서론: 예수님에 대한 새로운 접근 방법 24

I. 유대인 랍비 예수

1. 예수님이 받으신 정규교육 38
     유대인의 일반적인 교육 40
     암기를 통한 학습 44
2. 랍비를 따른다는 것 47
     1세기의 전형적인 유대 랍비 50
     랍비의 먼지를 뒤집어쓰다 53
3. 제자도 58
     희생 59
     헌신 60
     아버지와 같은 랍비 63
4. 예수님의 멍에와 짐 67
     유대 문헌에 나오는 멍에 68
     제자가 되는 것의 대가 71
     무거운 짐의 의미 73
     히브리어 성경의 인용 76

5. 예수님의 말씀의 기록과 순서   84
   구전의 정확성   85
   복음서마다 순서가 다른 이유   89

────── II. 1세기의 유대적 배경 ──────

6. 예수님은 유대인의 관습을 지키셨는가?   94
   구전 토라   94
   조상들의 격언   96
   예수님의 축복의 관습   101
7. 탈릿과 찌찌옷과 테필린   107
   1세기의 의복   109
   테필린(성구함)   111
8. 말할 수 없는 하나님의 이름   116
   기독교의 오해로 생긴 '여호와'   118
   예수님의 그 이름에 대한 경외   120
9. 주님의 기도와 아미다   123
   유대인의 삶에서 중심적인 기도   123
   아미다 기도   127
10. 결혼하지 않은 30세의 랍비   136
11. 갈릴리 바다에서 일어난 기적   140
   어부들의 고된 노동   142
   많은 물고기를 잡은 기적   148

III. 예수님의 말씀의 재발견

12. 천국을 거부한 부자   154
   - 부자 청년의 질문   155
   - 젊은 관리의 이야기에서 배울 점   162
13. 우리와 저들 모두를 사랑하라   165
   - 에세네파의 증오의 맹세   167
14. 예수님이 사용하신 율법의 전문용어   172
   - 율법을 폐하는 것과 완전하게 하는 것   172
   - 일점 일획도 없어지지 않는다   175
   - 가벼운 계명의 중요성   179
   - 묶고 푸는 것   182
15. 예수님은 평화주의자?   189
   - 죽이다? 살인하다?   191
   - 악을 행하는 자들을 이기려고 하지 말라   196
16. 천국과 재물   202
   - 재물의 방해   209
17. 이혼과 재혼   213
   - 히브리어 '바브'의 다양한 의미   214
   - 예수님 시대의 이혼에 관한 논쟁   217
   - 예수님의 새로운 해석   222

IV. 천국이 임하다

18. 천국을 보고 들음	230
19. '선지자'라는 메시아적 칭호	238
모세보다 위대한 자	242
그 선지자인 메시아	244
20. 약함의 강함	246
하나님을 의지하는 믿음	247
21. 이방인들이 지켜야 하는 계명	252
22. 감람나무의 뿌리	259
감람나무의 뿌리는 누구인가?	262
덧붙이는 말: 성경을 잘못 해석한 결과	272
용어 설명	277
참고 문헌	285
저자 소개	292
엔게디 자원센터 소개	294

| 추천사 |

해마다 열방의 수많은 기독교인들이 예수님께서 거니시고 돌아가신 곳을 보기 위하여 예루살렘으로 올라간다. 기대에 부푼 순례자들은 이스라엘의 훌륭한 가이드들의 도움을 받아 그 땅과 주님이 걸으셨던 장소들을 탐방한다. 그들은 버스 창문으로 주님이 사셨던 유대인들의 세상을 들여다보고, 그분의 육신의 형제들인 유대인들을 만난다. 우리 주 그리스도를 믿는 이 신실한 사람들은 모두 이스라엘 땅과 그 백성 및 거기서 기록된 성경을 경험하며 그 믿음이 더욱 깊어지게 된다.

나는 기억한다. 20여 년 전 예루살렘으로의 여정이 이후의 내 삶을 완전히 바꾸어 놓았다. 나는 더 오랜 기간 공부하기 위하여 이스라엘로 왔고 이 여정을 통해서 이 땅에 살고 있는 놀라운 학자들을 만나게 되었다.

이 남자들과 여자들, 기독교인들과 유대인들은 마태, 마가, 누가의 공관복음서에 너무나 아름답게 보존되어 있는 예수님의 말씀들을 발굴하는 작업을 하고 있었다. 그들의 집단적인 통찰력은 예수님이 계셨던 1세기 유대 세계로 들어가는 문을 열어주었고,

나는 그것을 통하여 전혀 새로운 빛 가운데 우리 주님을 볼 수 있게 되었다. 그분은 부활하신 메시아요 구세주일 뿐만 아니라, 그분은 또한 유대인 랍비였다. 나는 이곳 이스라엘에서 그 사람, 나사렛의 역사적 예수를 만났다. 나는 랍비 예슈아를 만나게 된 것이다.

내가 예수님의 유대 세계로의 운명적인 여행에서 만난 예루살렘의 첫 번째 학자는 데이빗 비빈David Bivin이었다. 그는 나에게 소중한 친구이자 멘토이며 우리가 주님이라 부르는 그분의 말씀과 지혜와 세계에 대한 새로운 깨달음을 얻기 위하여 계속 함께 탐구해 가는 동료가 되었다.

그로부터 20년 후, 나는 계속해서 데이빗의 통찰력 있는 연구를 통하여 배우고 있고, 그와 함께 테이블에 앉아 성경에 대하여, 그리고 그 말씀들을 권위 있게 가르치고 그것을 육신으로 나타내신 그분에 대하여 나누는 특권을 누리고 있다.

당신은 이 책에 기록된 호기심을 자극하는 데이빗 비빈의 글을 통하여 소수에게만 주어지는 기회를 얻게 될 것이다. 그가 당신의 가이드가 되어 우리 주님의 말씀의 배경이 되는 다양한 유대적 풍경들로 인도할 것이다.

이 여정에서 당신은 이스라엘 현인들의 세계와, 토라[1]를 가르치는 위대한 스승들과, 그들이 하나님의 말씀을 해석하는데 사

---

[1] 창세기부터 신명기까지의 모세오경을 히브리어로 '토라'라고 한다. 기독교에서는 주로 '율법'으로 번역했다. - 역자 주

용한 미묘하고 복잡한 방법들을 엿보게 될 것이다. 당신은 예수님이 그분의 모국어인 히브리어로 말씀하시는 것을 들을 것이며, 이 타고난 1세기 랍비의 '먼지를 뒤집어쓰는 것'이 어떤 것인지 알게 될 것이다. 당신은 그 당시의 문화를 살펴보고 한 사람으로서의 예수님의 삶과 사역의 배경을 더 잘 이해하며 천국, 즉 하나님의 나라에 대한 그분의 탁월하고 파급력 있는 가르침에서 귀한 깨달음을 얻게 될 것이다.

당신을 이런 흥미로운 풍경들로 인도할 수 있는 잘 준비된 가이드는 소수이다. 데이빗 비빈의 메시아의 생애에 대한 깨달음들은 그의 학자로서의 능력과 일생의 성실한 노력을 통하여 발굴해 낸 귀한 결과물이다.

인자이신 예수님은 예루살렘으로 올라가 로마인들의 십자가에 달리셔야 하는 운명이었다. 그러나 한 사람으로서 그가 하나님으로부터 받은 사명은 많은 제자들을 세우는 일과, 그들에게 이스라엘의 하나님의 길들을 가르치는 것, 그리고 예슈아 미나짜렛(나사렛 예수)의 사역에서의 구속적 통치였다.

당신은 데이빗 비빈과 함께하는 여정에서 이 예수님을 만나게 될 것이다. 이것이 당신의 삶을 바꿀 수도 있다. 이 여정이 나의 삶을 바꾸었다. 나는 예수님을 믿는 한 사람으로서 예루살렘에 왔다. 그리고 나는 랍비 예슈아의 제자가 되기로 결심하고 이 땅에 남게 되었다.

이 책을 읽음으로 당신은 예수님을 더욱 사랑하고 존경하게 될 것이며, 당신의 마음은 그분을 따라 제자의 길을 걷기를 원하게 될 것이다. 그리고 그것은 주님의 아버지의 영광을 찬송하는 것이 될 것이다.

드와이트 A. 프라이어

드와이트 A. 프라이어는 오하이오의 데이튼과 이스라엘의 예루살렘에 있는 유대인-크리스천 연구센터Center for Judaic-Christian Studies의 설립자이자 회장이며, 예루살렘 공관복음 연구학교Jerusalem School of Synoptic Research의 창립 멤버다.

| 편집자 서문 |

 예수님의 말씀이 처음 선포된 후 2천 년이 지났다. 주님이 사용하셨던 언어는 이 땅에서 두 번이나 사라졌다. 주님의 말씀은 어려운 경우가 많다. 그 말씀들은 우리와 다른 문화에서 나왔고, 우리의 본능과 다르며, 사랑할 수 없는 사람들을 사랑하고 우리의 원수를 사랑하라는 매우 어려운 것을 요구한다.

 우리는 예수님의 가르침들을 시대와 무관한 보편적인 가르침으로 여기며 그 배경을 무시하고 읽으려고 한다. 우리는 예수님의 신적인 면을 생각하면서, 주님의 말씀들이 특정한 시대와 지역에 살았던 한 사람이 말한 것이라는 점을 잊으려고 한다. 그러나 우리는 그분의 말씀을 그 배경을 고려하지 않고 읽으면 그것이 때로는 수수께끼 같고 낯설게 느껴질 수 있다는 것을 안다. 아니면 우리는 그 말씀을 분명히 이해했다고 생각하지만, 사실은 우리가 예수님께서 그 시대의 개념들에 대하여 얼마나 지혜롭게 설명하셨는지를 깨닫지 못하기 때문에 더 깊은 의미들은 놓치게 된다.

 만일 우리가 예수님을 그 세계에서 진행된 더 큰 담론의 한 부분으로 생각하고, 그 시대의 유대 문헌에 비추어 그분의 말씀을 읽는다면 어떨까? 그러면 우리는 주님의 말씀을 더 잘 이해하게 되겠지만, 한편으로는 예수님의 삶의 어떤 면들이 그 시대에 그렇게 특이한 것은 아니었다는 점에 당황할지도 모른다.

예수님만이 아니라 다른 사람들도 그 땅을 돌아다니며 말씀을 선포하고, 비유들을 말하며, 제자들을 훈련하고, 심지어 주님과 비슷한 메시지를 전하는 경우도 있었다. 우리가 주님의 유일하심에 대하여 믿고 있던 것들이 확실한지 알지 못한 상태에서 이런 새로운 방식으로 공부하려면 믿음이 필요하다.

우리는 우리 자신을 위하여 약 10년 전부터 유대적 배경 속에서 예수님을 더 깊이 알아가는 여정을 시작했다. 처음에는 우리가 오랫동안 유지해 왔던 예수님에 대한 지식을 위협할 수도 있는 그런 연구에서 어떤 선한 것이 나올 수 있겠냐며 회의적으로 생각했다. 그러나 우리가 발견한 것은 정반대의 결과였다.

우리가 그 유대적 세계를 배경으로 주님의 가르침들을 듣자 많은 놀라운 점들을 발견할 수 있었고 우리가 거의 묻기조차 두려워했던 질문들에 대한 만족스러운 대답이 나왔다. 또한 주님의 강력한 말씀들은 우리의 삶에 훨씬 더 적용이 가능한 가르침들이 되었다. 예수님의 메시지를 새롭고 명확하게 들음으로 우리의 메시아와 주이신 그분 안에서 우리의 믿음이 확증되었고, 우리의 믿음이 풍성해짐으로 인하여 우리는 엔게디 자원센터 사역을 시작하게 되었다.

이 발견의 과정 중에 우리는 놀라운 잡지를 출판하는 학자인 데이빗 비빈을 만났다. 예루살렘 퍼스펙티브Jerusalem Perspective라는 이름의 그 잡지에는 그의 팀이 1세기 유대적 배경에서 복음서에 관하여 발견한 풍성한 깨달음들이 기록되어 있었다. 우리는 많은 세미나를 진행하며 데이빗과 함께 연구했고, 그 세미나 동안 유대인의 귀로 예수님의 말씀을 들어야 한다는 것을 절실히 느끼게 되었다. 그리고 그 과정에서 우리는 매우 가까운 친구가 되었다. 이 기간 동안 우리는 예수님을 그분의 유대인으로서의 삶 속에서 바라보게 되었다.

데이빗은 랍비 문헌, 셈어, 고대 문서, 고고학을 연구하는 저명한 학자들과 함께 일생을 연구에 매진하며 많은 것을 깨닫게 되었고, 그 깨달음들을 예루살렘 퍼스펙티브를 통하여 나누었다. 예루살렘 퍼스펙티브에 수록된 많은 글들은 우리가 예수님을 이해하는데 있어서 근본적인 토대가 되었다. 그러나 이 글들이 책의 형태로 출판된 적은 한 번도 없었다. 우리는 수년간 이 지식들이 더 많은 사람들에게 유용하게 사용될 수 있게 되기를 원했고, 이제 데이빗이 우리에게 나누었던 그 예수님에 대하여 나눌 수 있게 된 것을 영광스럽게 생각한다.

이 책의 목적은 예수님의 말씀을 히브리적인 의미로 살펴보고 그것을 통하여 사람들이 예수님을 더 잘 알게 하는 것이다. 우리는 사람들이 주님을 단지 사실에 기반하여, 학문적으로 알기보다는, 제자들이 그랬던 것처럼 여러 해 동안 주님의 발자취를 따르며 그분을 개인적으로, 경험적으로 알게 되기를 간절히 원한다.

우리는 앞 부분에서 유대 랍비로서의 예수님의 실제적인 모습을 소개하고, 주님께서 가르치는 일에 대하여 가지셨던 마음과 제자들에 대한 높은 기대가 어떤 것이었는지를 보여줄 것이다. 물론 주님의 그 기대는 우리에 대한 것이기도 하다.

다음으로 우리는 주님이 얼마나 참으로 유대인다운 유대인이셨는지, 많은 사람들이 주님이 1세기 유대 사회와 동떨어진 분이라고 생각한 것과는 정반대로, 그분은 철저히 그 사회의 일원이었다는 것을 설명할 것이다.

그 다음으로 우리는 주님의 가르침의 유대적인 성격을 살펴볼 것이다. 주님께서 가르치실 때 랍비들의 용어와 논리를 사용하셨다는 것과, 그 시대의 랍비들의 말을 배경으로 주님의 말씀을 들을 때 그 뜻이 훨씬 더 명확해진다는 것을 알게 될 것이다.

마지막으로 우리는 주님의 나라에 대한 생각들을 나눌 것이다. 그것은 이스라엘의 감람나무에 접붙여진 가지로서 우리의 부르심을 살아내는 것과 주님이 그 감람나무의 "의로운 가지"라는 것이다.

편집자 일동

| 서문 |

내가 이 책에서 나누는 것들 가운데 상당 부분은 새로운 것이 아니다. 그것은 이미 에드윈 A. 아봇, 이스라엘 아브라함스, C. F. 버니, 구스타프 달만, C. G. 몬테피오레, 찰스 C. 토레이와 같은 학자들에 의하여 19세기와 20세기 초에 알려진 것이며, 더 일찍이는 존 길과 존 라이트풋과 같은 선구자들에 의하여 알려진 것들이다.

이들과 같은 성서학자들은 성경에 사용된 모든 언어, 히브리어와 아람어와 헬라어에 대한 온전한 지식을 갖추고 있었다. 그들이 성경 본문에 대하여 남긴 통찰력 있는 주석들은 1세기 유대인의 자료, 특히 외경Apocrypha과 위경Pseudepigrapha만이 아니라 랍비들의 문헌이라는 지식의 원천을 깊이 잘 알고 있었기 때문이다. 그들은 성경의 원어와 2차 성전시대 유대 문헌에 대한 지식을 갖춤으로 획기적인 발견과 중요한 결론을 이끌어 낼 수 있었다. 그리고 그것은 사해 문서들의 발견으로 확증되었다.

우리 주님의 삶과 언어에 대한 나의 연구들은 예루살렘에 40년 넘게 살고 있는 이러한 훌륭한 기독교 및 유대교 학자들의 발치에 앉아 있음으로 얻은 결과물이다. 이 학자들 가운데는 저명하고 학식이 깊은 히브리 대학의 교수들이 있는데, 이를테면 데이빗 플루서와 사무엘 사프라이, 그리고 30년 동안 나의 목사님이었던 열정적이고 창조적인 로버트 린제이 박사가 있다.

나는 예루살렘 공관복음 연구학교의 탁월한 동료들과의 공동 연구를 통해서 많은 것을 얻었고, 어떤 면에서는 내가 가르친 학생들의 지혜에서 더 많은 것을 얻을 수 있었다. 랍비 하나가 "나는 나의 스승들로부터 많은 것을 배웠고, 내 친구들에게서 나의 스승들보다 더 많은 것을 배웠다. 그리고 이들 모두에게서 배운 것보다 더 많은 것을 나의 학생들에게서 배웠다"(바빌로니아 탈무드 타아닛 b. Ta'anit 7a)고 말한 것과 같다. 나는 그들 모두에게 빚을 졌고, 그들 모두에게 깊이 감사를 표한다.

그들 말고도 이 책을 만드는데 있어서 감사의 빚을 진 이들이 많다. 첫째로 내 아내 조사의 끝없는 인내심과 사랑과 신실함에 대하여 감사를 표한다. 다른 가족들과 친구들, 그리고 많은 분들이 내가 연구와 저술을 계속할 수 있도록 여러 해에 걸쳐 헌신적으로 후원해 주었다. 하늘에 그들의 상급이 있기를 바란다. 예루살렘 퍼스펙티브 잡지의 재능 있는 수석 편집자인 제프리 매그뉴슨과 그의 노련한 후임인 조셉 프랑코빅, 그리고 예루살렘 퍼스펙티브를 만들고 발송하는 일에 자원하여 무수한 시간을 드린 우리 지역 공동체의 많은 지체들, 그들이 없었다면 우리는 절대로 여기까지 이를 수 없었을 것이다.

마지막으로 이 책을 창조적으로 시작하고, 편찬 및 편집을 거쳐 출판해 준 엔게디 자원센터의 브루스 오케마와 로이스 트버버 그에게 갑절의 감사를 전한다.

데이빗 비빈

ברוך שהחינו וקימנו והגיענו לזמן הזה!

우리의 생명을 지키시고, 우리를 보존하시고,

이 시간으로 이끄신 주님을 찬양합니다!

| 약어 설명 |

이 책에 사용된 약어 중 상당수는 일반적인 독자들에게 익숙할 것이다. 아래는 사용된 약어들 중 일부를 설명한 것이다.

1QS	훈육 지침Manual of Discipline. 사해문서에서 발견된 에세네파의 문서
Antiq.	요세푸스의 유대고대사
b.	바빌로니아 탈무드Babylonian Talmud
c.	circa, 라틴어로 '약', 대략적인 연대
cf.	confer, 라틴어로 '비교해 보라'
e.g.	exempli gratia, 라틴어로 '예를 들면'
i.e.	id est, 라틴어로 '즉'(부가적인 설명)
ibid.	ibidem, 라틴어로 '같은 것'(위에서 인용한 것과 같은 책)
j.	예루살렘 탈무드Jerusalem Talmud
JPS	유대인 출판 협회Jewish Publication Society에서 발행한 히브리어 성경의 영어 번역본
KJV	킹 제임스 성경King James Version
LXX	70인역 성경Septuagint
m.	미쉬나Mishnah

NASB	New American Standard Bible
NIV	New International Version
NT	신약New Testament
OT	구약Old Testament
RSV	Revised Standard Version
Sir	집회서Sirach, 외경 중 하나
t.	토세프타Tosephta
TDNT	신약성서 신학사전Theological Dictionary of the New Testament
War	요세푸스의 유대전쟁사

용어들에 대한 더 자세한 설명은 '용어 설명'(277쪽)에 나와 있다.

| 서론: 예수님에 대한 새로운 접근 방법 |

역사적으로 기독교인들이 스스로를 유대적 태생에서 분리하여 규정하고, 믿음에 있어서 유대인들과 다르다는 것을 강조했다 하더라도, 성경의 유대적 배경에 관심을 갖는 것은 새로운 일이 아니다. 토마스 아퀴나스Thomas Aquinas에서 미국의 초기 교부들에 이르는 신학자들은 히브리어 성경을 이해하기 위하여 랍비들의 주석을 참고했다.[1] 그럼에도 불구하고 기독교의 전통적인 생각은 예수님이 유대교의 전통에서 벗어나 완전히 새로운 것을 가르치셨고, 그런 이유로 유대 문헌은 주님의 말씀을 깨닫는데 도움이 되지 않는다는 것이었다.

그러나 최근 반 세기 동안, 기독교인과 유대인 모두의 역사에 있어서 매우 중요한 시기인 1세기에 예수님이 몸담고 계셨던 그 유대 세계를 연구하는 것에 대하여 기독교인들이 새로이 관심을 가지게 되었다. 예수님의 가르침을 그 시대 사람들의 가르침과

---

1) Tikva Frymer-Kensky 등 편저, Christianity in Jewish Terms, (Boulder, CO: Westview Press, 2000), p. 96; Marvin Wilson, Our Father Abraham, (Grand Rapids, MI: Eerdmans, 1989, pp. 127-128.

비교한 학자들은 새로운 사실을 발견했다. 그것은 예수님의 가르침이 그들의 이념과 완전히 대립되는 것이 아니라, 오히려 그 시대의 사상 위에 훌륭하게 세워진 것이며 주님은 그것을 새로운 수준으로 끌어올리셨다는 것이다. 그리고 우리가 예수님의 가르침을 그 유대교적인 맥락에서 들을 때 주님의 메시지를 더 온전하고 더 깊게 이해할 수 있다는 자각이 최근 기독교인들 가운데 생겨나고 있다.

이런 새로운 관심은 최근의 고고학적 발견들과 지난 세기에 발견된 고대의 문서들, 특히 사해문서와 밀접하게 연관되어 있다. 학자들은 이 새로 발견된 자료들 덕분에 2차 성전시대의 예수님의 말씀의 맥락을 재구성하고 주님의 사역의 배경을 이해할 수 있는 커다란 잠재력을 얻게 되었다.

이 책은 예수님을 그 유대 세계 속에서 바라보고 주님의 가르침을 그 맥락에 비추어 재조명하려는 한 학자의 노력의 산물이다. 대부분의 장들은 예루살렘 퍼스펙티브 잡지에 실린 글이나 이후에 www.JerusalemPerspective.com 웹사이트에 발행한 글을 기초로 한 것이다. 여기에 포함된 많은 깨달음들은 예루살렘 공관복음 연구학교의 다른 멤버들과의 토론과 협업을 거쳐 만들어진 것들이다. 이 연구학교는 복음서를 그 역사적, 유대적 맥락 속에서 이해하려고 노력하는 학자들로 구성된 두뇌 집단이다. 그렇지만 이 책에서 보여주는 결론들은 예루살렘 연구학교 전체로서가 아니라 저자 개인이 제시하는 것이다.

예수님의 말씀을 이해하는데 도움이 되는 자료들

예수님의 사역을 원래의 배경 안에서 이해하기 위하여 가장 도움이 되는 자료는 무엇인가? 히브리어 성경(구약 성경)의 시대 이후 400년 동안 유대교에는 커다란 변화가 일어났다. 그래서 그 성경의 가장 마지막에 기록된 책이라 하더라도 거기에 묘사된 사회적 배경은 예수님의 시대를 이해하는데 있어서 그 가치가 제한적일 수 밖에 없다.

그런데 예수님은 히브리어 성경의 구절들을 가지고 말씀을 가르치셨다. 그것은 그 가르침을 듣는 사람들이 히브리어 성경, 특히 토라를 잘 알고 있었기 때문이다. 그러므로 그 성경이 예수님의 시대를 직접적으로 묘사하지는 않았지만, 거기에 기록된 말씀과 예수님 시대에 그것을 어떻게 해석했는지를 알면 주님이 하신 말씀들을 이해하는데 상당히 큰 도움이 된다.

예수님 시대와 가까운 시기의 문서들은 주님의 사역의 배경에 관한 새로운 정보를 제공해 준다. 신구약 중간기는 회당이 세워지고 유대교 안에서 바리새파, 사두개파, 에세네파와 같은 몇몇 분파가 생긴 큰 격변의 시기였다. 성경은 이러한 사건들에 대하여 전혀 언급하지 않았지만 이것은 예수님이 어떤 사회적, 종교적 배경 속에 계셨는가를 선명하게 보여주는 중요한 정보다. 요세푸스의 글과 같은 역사적 기록들은 예수님 시대의 정치적 및 사회적 배경이 어떠했는지를 잘 설명하고 있다. 그리고 신구약 중간기와 예수님 시대의 유대교 문헌들도 매우 중요한 자료이다. 여기에는 외경과 유대교의 위경이 포함되는데 이 책들은 정경에 들어가지는 않았지만 이것을 통해 신구약 중간기 시대 사람들이 가지고 있었던 생각들을 엿볼 수 있다.

또 다른 중요한 자료로는 사해의 북서쪽 쿰란에 살았던 유대교의 에세네파 공동체가 기록한 사해문서Dead Sea Scrolls가 있다. 이 문서들은 기원전 3세기부터 기원후 68년까지 기록된 것으로 성서 및 비성서 문서로 이루어져 있으며 그 양이 어마어마하다. 이 문서들의 발견으로 예수님을 둘러싼 문화 속에서 오고간 대화들과 그 시대의 종교적 사고에 대한 엄청난 양의 새로운 정보가 세상에 알려지게 되었다.[2]

여기에 더하여, 예수님 시대 이후 약 200년부터 500년까지의 랍비들의 가르침은 주님의 유대적 배경을 이해하는데 큰 도움이 될 것이다. 이 자료들이 예수님 시대 이후의 것들이긴 하지만, 그 시대에는 많은 종교 문학들이 글자 그대로 외우는 방식으로 랍비로부터 제자들에게 전수되어, 오직 구전의 형태로 수백 년 동안 신중하게 보존되어 왔다. 이 구전 문학은 주로 성경에 대한 해석과 법적인 규례들로 이루어졌으며 '구전 토라Oral Torah'라고 불렸다. 이것은 기원후 200년경에 미쉬나Mishnah라는 책에 처음으

---

[2] 신구약 중간기의 문헌과 에세네파의 글들의 유용성에 대한 내용은 뒷부분에 나온다. 초기 유대 문헌에서 말하는 '멍에'의 개념에 대해서는 67-70쪽을 보라. 에세네파의 글에 나오는 예수님이 "원수를 사랑하라"고 하신 말씀의 맥락에 대해서는 165-171쪽을 보라.

로 기록되었다.[3] 이 외에도 그 시대에 초기 랍비들의 사상들을 모아 기록한 책들이 있는데 토세프타Tosephta, 시프레Sifre, 시프라Sifra, 메킬타Mechilta, 베라이톳Beraitot 등이 있다.

미쉬나는 예수님의 시대와 그로부터 약 200년 전까지의 유대인들의 생각과 관습에 관한 많은 내용들을 포함하고 있다. 이 자료는 예수님을 이해하는데 있어서 매우 큰 가치가 있다. 왜냐하면 이 책에서 바리새파 랍비들이 논쟁하고 있는 문제들이 예수님이 다루신 주제들과 같은 것이며, 그 시대에 많은 유대인들이 바리새파 랍비들의 가르침들을 받아들였기 때문이다. 예수님은 바리새파와 확실히 구별되긴 하지만, 사실 주님의 가르침은 유대교의 다른 어떤 종파보다도 바리새인들의 가르침과 유사한 부분이 많다. 특히 예수님이 가르치시는 방식은, 바리새파에 가까운 신학을 가지고 있는 영향력 있는 랍비들인 하시딤Hasidim의 방식과 비슷하다.[4]

미쉬나가 나온 후 수백 년이 지나서, 그보다 더 방대한 양의 탈무드Talmud가 편찬되었다. 탈무드는 미쉬나와 그것에 대한 많은 양의 주석을 포함하고 있었다. 예루살렘 탈무드Jerusalem Talmud로 알려진 탈무드의 한 종류는 기원후 400년경에 나왔으며, 이보다 훨씬 더 큰 규모의 바빌로니아 탈무드Babylonian

---

3) 구전 토라에 대한 더 자세한 정보는 94-96쪽을 보라. 유대 문학의 구전과 그것의 정확성에 대해서는 85-87쪽을 보라.

4) Shmuel Safrai, "Jesus and the Hasidim", Jerusalem Perspective 42, 43 & 44 (Jan-Jul 1994), pp. 3-22.

Talmud는 그보다 약 100년 후에 바빌론에서 만들어졌다. 바빌로니아 탈무드는 오늘날에도 여전히 정통 유대교에 있어서 중요한 경전이다. 비록 이 탈무드가 예수님 시대보다 약 500년 후에 완성되었지만, 바빌로니아 탈무드는 이미 그 시대부터 구전으로 보존되어 온 많은 비유들과 격언들을 포함하고 있었다. 이 모든 문서들은 예수님이 계셨던 세계를 이해하는데 있어서 매우 유용한 자료들이다.

복음서에 기록된 셈어의 특징들

예수님의 말씀을 이해하는 또 하나의 열쇠는 복음서에 기록된 언어의 특이한 문체다. 공관복음(마태복음, 마가복음, 누가복음)에 기록된 언어를 코이네 헬라어 Koine Greek라고 하는데 이것은 어떤 면에서는 우아하고 세련되어 보이지만, 어떤 부분에는 헬라어로 어색하고 자연스럽지 않은 표현이 사용되었다. 이것은 복음서에 사용된 헬라어가 셈어의 관용구와 문체를 기초로 하고 있으며 상당 부분이 문자 그대로 직역되었기 때문이다. 이런 문체는 공관복음과 사도행전의 전반부에서 두루 발견되지만 요한복음이나 다른 곳에서는 찾아볼 수 없다.

복음서가 기초로 하고 있는 셈어의 표현이 중요한 이유는 이것이 예수님께서 그 시대의 랍비들이 사용한 관용구와 전문용어를 사용하셨다는 것을 보여주기 때문이다. 예를 들면 예수님은 '천국(하늘 나라)'에 대하여 자주 말씀하셨다. '천국'은 헬라어로 '헤 바실레이아 톤 우라논(ἡ βασιλεία τῶν οὐρανῶν)'인데 이것은 히브리어로 '천국'을 의미하는 '말쿠트 샤마임(שמים מלכות)'을 거의 직역한 것이다. 히브리어에서 '하늘'을 의미하는 '샤마임(שמים)'은 복수형이다. 이것은 헬라어 본문에도 '하늘'의 복수형인 '우라논(οὐρανῶν)'으로 정확히 기록되어 있다.

공관복음에 기록된 '천국'과 같은 관용적 표현들은 히브리어 성경에서는 전혀 찾아볼 수 없는 것들이다. 이 표현들은 예수님 시대의 랍비들이 공통적으로 사용했던 전문용어이며, 때로는 명확하지 않은 함축적인 의미들을 가지고 있다. 유대인들이 사용하는 관용적 표현을 알고 예수님의 말씀을 읽으면 그 의미들을 더 명확하게 이해할 수 있다.

학자들은 공관복음에 나오는 예수님의 말씀의 병행구절들을 비교하여 연구함으로 거기에 기록된 셈어의 특징을 갖는 헬라어에서 더 많은 것들을 깨달을 수 있을 것이다. 한 복음서의 말씀은 셈어의 특징을 잘 보존하고 있는 반면, 다른 곳에서는 더 세련된 헬라어로 번역되어 있거나 헬라어를 사용하는 사람들에게 그 뜻을 명확히 하기 위하여 부수적인 설명이 포함된 경우가 종종 있다. 보통 더 짧고 거친 구절들이 원래의 셈어의 관용어구를 잘 보존하고 있다.[5]

---

5) 복음서의 셈어적 표현과 공관복음의 관계에 대한 더 자세한 정보는 Robert

예수님이 사용하신 언어

예수님의 말씀을 이해하는 또 다른 열쇠는 주님이 사용하신 언어를 더 자세히 살펴보는 것이다. 예수님은 여러 언어를 사용하는 환경 안에 살고 계셨다. 그 시대에는 대부분의 유대인들이 히브리어, 아람어, 헬라어를 사용했을 가능성이 있다. 복음서를 언뜻 보면 예수님이 아람어를 사용하신 것처럼 보인다. 그 시대에 아람어는 비문이나 지명 등에 많이 사용되었고 헬라어는 공문서와 무역에 사용되었다.

예수님은 아람어를 알고 계셨고 필요한 경우에 아람어를 사용하셨다. 그러나 지금 많은 학자들은 예수님이 히브리어로 말씀을 가르치셨다고 믿고 있다. 예수님의 시대와 그 이후로 수백 년 동안 랍비들은 비유, 법적 판결, 기도, 설교 등을 전부 히브리어로 말했다. 랍비들의 문헌에는 수천 개의 비유와 기도문이 있는데 거의 모두가 히브리어로 기록되어 있다. 탈무드 같은 경우 본문을 둘러싼 글이 아람어로 기록되었더라도 본문은 히브리어로 되어 있다.[6]

이 히브리어는 구약 성경에 사용된 히브리어와 다른 새로운 것으로, 중기 히브리어 Middle Hebrew 또는 미쉬나 히브리어

Lindsay, "Four Keys for Better Understanding Jesus", Jerusalem Perspective 49 (Oct-Dec 1995), pp. 10-17, 38을 보라.

6) Shmuel Safrai, "Literary Language in the Time of Jesus", Jerusalem Perspective 31 (Mar/Apr 1991), pp. 3-8.

Mishnaic Hebrew라고 부른다. 예수님이 유대 사회 안에서 활동하셨다면 주님은 이 히브리어로 말씀을 가르치셨을 것이다. 이것에 대한 증거는 예수님의 이야기와 가르침에 나오는 많은 셈어의 관용구들이 미쉬나 히브리어로는 잘 번역이 되지만 아람어로 하면 전혀 말이 되지 않는다는 점이다.[7]

히브리어와 아람어는 같은 셈어 계열로 서로 밀접한 관계에 있는 언어들이다. 그렇기 때문에 예수님의 말씀 가운데 '아바(아버지)', '라가(공허한, 속이 빈)', '고르반(바친)', '랍오니(나의 스승, 나의 주)'와 같은 단어들은 아람어인 것처럼 보이지만 사실 이 단어들은 미쉬나 히브리어이기도 하다. 이것으로 요한복음 20장 16절의 헬라어 본문에 '랍오니'가 '히브리 말'이라고 기록된 것을 설명할 수 있다.

> 예수께서 마리아야 하시거늘 마리아가 돌이켜
> **히브리 말로 랍오니** 하니 (이는 선생님이라는 말이라)
> 요한복음 20:16

일부 학자들은 이것이 '아람어'를 실수로 '히브리어'라고 쓴 것으로 생각했다.[8] 그러나 사실 유대인들은 다양한 언어를 사용했

---

7) Randall Buth, "The Language of Jesus' Teaching" ("Aramaic Language"의 하부 항목), Dictionary of New Testament Background, Craig Evans and Stanley Porter, eds. (Downers Grove, IL: Intervarsity, 2000), pp. 86-91.
8) Buth, p. 89. 신약의 헬라어 본문은 사람들이 말하는 언어가 히브리어라고 언

고 사용되는 언어 사이의 차이를 잘 알고 있었다. 다음의 구절은 이것을 잘 말해주고 있다.

> 모든 사람이 사용하기에 알맞는 네 개의 언어가 있다.
> 노래를 부를 때는 헬라어, 전쟁에서는 라틴어,
> 애도가를 부를 때에는 아람어, 대화할 때는 히브리어이다.[9]

예수님께서 가르치실 때 사용하신 언어가 미쉬나 히브리어라는 것을 알면 주님의 말씀을 재구성하는 것과, 그 시대의 다른 랍비들이 히브리어로 전한 가르침 중에 비슷한 내용을 찾는데 큰 도움이 된다.

급하고 있지만(요 5:2, 19:13, 17, 20; 20:16; 행 21:40, 22:2; 26:14, 계 9:11; 16:16), 일부 영어 성경의 번역가들은 이것이 오류라고 확신하며 헬라어 '헤브라이스티('Εβραϊστί)'를 '아람어'로 번역했다. NIV 성경은 이 단어에 '유대 아람어Jewish Aramaic'라는 주석을 달았다. David Bivin, "The New International Jesus", Jerusalem Perspective 56 (Jul-Sep 1999), pp. 20-24를 보라.

9) 예루살렘 탈무드 메길라 71b, Safrai가 인용함, p. 5. 20세기 초반에는 많은 학자들이 미쉬나에 사용된 히브리어가 오직 랍비들의 논쟁에만 사용되는 인위적으로 만든 언어라고 생각했다. 그러나 사해문서의 발견으로 이 가설은 폐기되었다. Michael Wise와 Martin Abegg에 따르면 "사해문서가 발견되기 전에, 그 시대의 셈어에 대한 지배적인 관점은 다음과 같았다. '히브리어는 죽었다. … 유대인들이 말하는데 사용하는 언어는 사실상 아람어로 대체되었다.' … 사해문서의 발견으로 이런 언어학적 관점은 쓰레기통에 던져졌다." The Dead Sea Scrolls, A New Translation (San Francisco, CA: HarperCollins, 1999), pp. 8-9.

복음서에 사용된 히브리어 관용구

예수님이 말씀하신 언어가 히브리어라는 것을 알면 복음서에서 또 다른 것을 발견할 수 있다. 그것은 공관복음의 헬라어 본문에 있는 많은 표현들이 히브리어 관용구에서 나왔다는 것이다. 모든 언어는 고유의 관용적 표현을 가지고 있다. 그런데 그것이 생성된 배경을 무시하고 다른 언어로 문자적으로 번역하면 낯설고 어색한 표현이 된다. 한국어로 '물거품이 되다', '바람맞다', '애먹다'[10] 등은 다른 언어로 직역하면 원래의 뜻을 전혀 알 수 없다. 히브리어도 마찬가지로 수백 개의 관용적 표현을 가지고 있다. 예를 들면 '타만 에트 야도 바짤라핫(טמן את ידו בצלחת)'이라는 관용적 표현은 직역하면 '그릇에 자기 손을 묻다'인데 이것은 '어떤 사람이 자기 시간을 낭비한다'는 뜻이다.

복음서의 헬라어에는 많은 히브리적 표현이 들어 있다. 예를 들면 누가복음 16장의 인색한 부자와 나사로라는 이름의 거지의 비유에서 '눈을 들어 보다'라는 표현이 나온다.

> 그가 음부에서 고통 중에 **눈을 들어**
> 멀리 아브라함과 그의 품에 있는 나사로를 **보고**
> 누가복음 16:23

---

10) 한국어판 독자들을 위하여 원서에 나오는 영어의 관용적 표현들을 한국어의 관용적 표현들로 대체하였다. - 역자 주

이것은 '나싸 에트 에나임 베라아(נשא את־עינים וראה)'라는 히브리어의 관용구로 성서 시대부터 계속 사용되어 왔고 히브리어 성경에도 35번이나 나온다. 예를 들면 이삭과 그의 신부가 될 리브가가 처음 만나는 인상적인 장면에서 이삭은 '그의 눈을 들어' 리브가가 다가오는 것을 보았고, 리브가도 '그의 눈을 들어' 이삭을 바라보았다.

> 이삭이 저물 때에 들에 나가 묵상하다가
> **눈을 들어 보매** 낙타들이 오는지라
> 리브가가 **눈을 들어** 이삭을 **바라보고** 낙타에서 내려
> 창세기 24:63-64

이런 표현은 예수님 시대의 일반적인 헬라어에서는 전혀 사용되지 않았고, 오직 공관복음의 헬라어 본문에서만 발견할 수 있다. 뿐만 아니라 이 관용구는 그 시대의 다른 히브리어 문헌에도 사용되었다.[11] 복음서의 헬라어에 히브리어의 관용구가 보존되어 있다는 사실을 아는 것은 매우 중요하다. 단지 이것을 아는 것만으로도 한글이나 영어로 번역된 복음서의 의미를 더 깊이 이해하는데 도움이 된다.

---

11) 예를 들면 미쉬나 타아닛 4:8이 있다. David Bivin, "Hebraic Idioms in the Gospels", Jerusalem Perspective 22 (Sep/Oct 1989), pp. 6-7을 보라.

지금까지 살펴본 예수님의 유대적인 부분들, 즉 주님이 랍비들의 용어와 관용구를 사용하셨다는 점, 주님이 히브리어로 말씀을 가르치셨을 것이라는 점, 그리고 주님의 시대와 가까운 시기의 유대 문서들이 주님의 말씀을 이해하는데 있어서 중요한 실마리들을 갖고 있다는 점은 데이빗 비빈이 연구하는 중심 주제이며 그는 그 연구를 통해서 깨달은 것들을 이 책을 통해서 나누고 있다. 이 책을 읽는 독자들도 이러한 접근 방법으로 예수님의 말씀을 이해하는데 있어서 큰 도움을 얻을 수 있기를 바란다.

편집자 일동

I. 유대인 랍비 예수

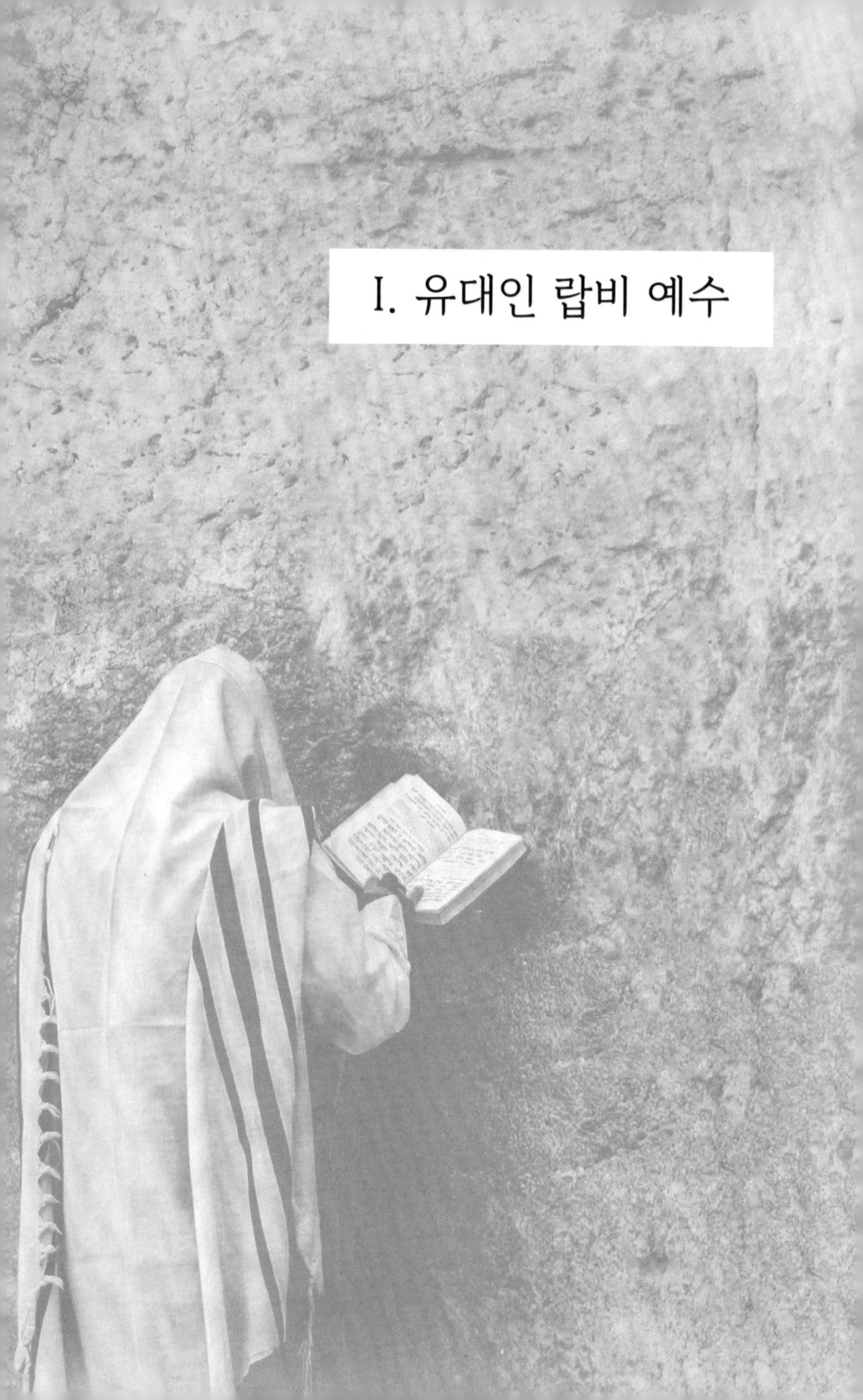

| 1. 예수님이 받으신 정규교육 |

 예수님에 대한 일반적인 견해는 그분이 갈릴리 출신의 배우지 못한 보잘것없는 인물이었다는 것이다. 그러나 신약 성경을 자세히 읽어보면 주님은 성경과 그 시대의 엄청난 양의 종교 문헌에 관하여 잘 알고 있는 학자였다는 것을 알 수 있다. 그러나 위에서 언급한 일반적인 오해가 생긴 것은 부분적으로는 나사렛과 갈릴리를 폄하하는 다음과 같은 표현들에 기인한다.

> 나다나엘이 이르되
> 나사렛에서 무슨 선한 것이 날 수 있느냐
> 요한복음 1:46

> 다 놀라 신기하게 여겨 이르되
> 보라 이 말하는 사람들이 다 갈릴리 사람이 아니냐
> 사도행전 2:7

 이런 말은 유대 지역 사람들이 갈릴리 사람들에 대하여 갖는 편견을 보여준다. 일부 유대 사람들은 자기들이 교양 있고 국제적인 사람이라 생각했기 때문이다. 그런 사람들에게 갈릴리 사람들은 거칠고 촌스러운 억양으로 말하는 시골 사람들일 뿐이었다.

그러나 사실은 이것과 정반대다. 갈릴리 사람들이 오히려 외부 세계에 더 많이 노출되어 있었고, 반면 그 땅에서 더 안쪽에 거주하던 유대 사람들은 다른 나라들과의 접촉에서 부분적으로 격리되어 있었다. 또 갈릴리는 더 도시적이고 발달된 마을들이 많이 있었지만, 유대 지역은 일반적으로 더 시골스러웠다.

유대 사람들이 갈릴리 사람들을 업신여겼기 때문에 예수님을 배우지 못한 사람이라고 생각했을 것이다. 그들의 이런 편견은 요한복음 7장 15절에 잘 기록되어 있다.

> 유대 사람들(또는 유대인들)[1]이 놀랍게 여겨 이르되
> 이 사람은 배우지 아니하였거늘 어떻게 글을 아느냐 하니
> 요한복음 7:15

이런 구절들로 인하여 예수님과 제자들이 단지 갈릴리 출신이라는 이유로 교육을 받지 못했을 것이라는 통념이 생기게 되었다. 그러나 놀라운 사실은 갈릴리의 교육과 종교 훈련의 수준이

---

[1] '유대인들'로 번역된 헬라어 '유다이오이('Ιουδαῖοι)'는 민족으로서의 '유대인들 Jews' 또는 지역 주민을 의미하는 '유대 사람들Judeans' 둘 다로 번역될 수 있다. - 역자 주

유대 지역보다도 더 높다는 것이다. 1세기에 갈릴리 랍비들의 수가 유대 랍비들의 수보다 더 많았을 뿐만 아니라[2], 갈릴리 랍비들이 가르치는 도덕적, 윤리적 수준이 유대 랍비들보다 더 높은 것으로 인정받았다. 이러한 1세기의 갈릴리의 현인들로는 요하난 벤 자카이Yohanan ben Zakkai, 하니나 벤 도사Hanina ben Dosa, 티본의 아바 요세 홀리코프리Abba Yose Holikofri of Tiv'on, 사독 Zadok, 그리고 나사렛 예수Jesus of Nazareth가 있다. 그들은 갈릴리 사람들에게 토라의 깊은 지식을 알려 주었다.

갈릴리 사람들은 성경에 대한 뛰어난 지식과 경외하는 마음을 가지고 있었으며, 그들은 그 시대에 종교적으로 보수주의자들이었다. 유대인의 메시아 민족주의가 번성한 곳도 바로 갈릴리였다. 예를 들면 갈릴리의 유다Judah the Galilean는 열심당 운동 Zealots movement의 창시자였고, 기원후 66년에 로마에 대항하여 일으킨 유대 대반란The Great Revolt은 유대 지역이 아닌 갈릴리에서 일어났다.

유대인의 일반적인 교육

신약 성경은 예수님이 태어나신 후부터 열두 살 때 성전에 나타나실 때까지, 그리고 그 때부터 30세에 공생애를 시작하실 때

---
2) Shmuel Safrai, 미쉬나와 탈무드 시대 유대 역사학 교수, 히브리 대학교.

까지 예수님의 삶에 대한 언급이 거의 없다. 그러나 예수님 시대에 일반적인 유대인이 받은 교육과 삶의 단계가 어떠했는지는 전해져 내려오는 랍비들의 말을 통해서 알 수 있다.

> 5살에는 성경(성문 토라)을 공부하고,
> 10살에는 미쉬나(구전 토라, 즉 성문 토라에 대한 랍비들의 주석)를 공부하고,
> 13살에는 계명에 복종하며(바르 미쯔바Bar Mitzvah, 종교적인 성인식),
> 15살에는 탈무드(할라콧Halachot, 랍비들의 법적 판결)를 공부하고,
> 18살에는 결혼을 하고,
> 20살에는 생계를 위하여 일을 하며,
> 30살에는 힘이 최고조에 이르고…[3]

이런 말이 언제부터 전해졌는지는 확실하지 않지만, 아마 예수님의 시대에서 100년 정도 지난 후에 나왔을 것이다. 랍비들의 글 중에는 자녀 교육의 중요성과 예수님의 유년기의 삶에 대한 실마리들을 제공하는 구절들이 많이 있다. 분명한 것은 유대

---

[3] "… 40살에는 지혜를 얻고, 50살에는 조언을 할 수 있으며, 60살에는 노년이 되고, 70살에는 햇수가 차고, 80살에는 '힘'의 나이이며, 90살에는 몸이 굽고, 100살에는 죽은 자와 같으며 세상에서 온전히 떠난다" (미쉬나 아봇m. Avot 5:21).

인 사회에서 교육을 매우 중요시했다는 것이다.[4] 심지어 탈무드는 한 학급의 적당한 규모가 어느 정도인지를 언급하기도 했다.[5]

보통 1세기 회당은 아이들과 성인들이 토라와 구전 문학을 공부할 수 있는 베트 세페르Bet Sefer(초등학교)와 베트 미드라쉬Bet Midrash(중등학교)를 자체적으로 가지고 있었다.

정규 교육은 대부분의 아이들이 일하기 시작하는 열두 살이나 열세 살 때에 끝났다. 재능이 있고 더 공부하기 원하는 학생들은 베트 미드라쉬에서 학업을 이어 갈 수 있었다. 그들은 거기서 여가 시간에 공부하는 어른들과 함께 공부했다. 그리고 베트 미드라쉬에서 가장 뛰어난 몇 명의 학생들은 집을 떠나 유명한 랍비와 함께 공부할 수 있었다. 그들은 가족의 격려를 받고 간혹 가족의 지원을 받는 경우도 있었다. 이 시기에 대부분의 아이들은 집에서 농사일을 도와야 했기 때문에 오직 장래가 유망한 학생들만 계속해서 공부할 것을 권유받았다.[6]

---

4) 1세기의 유대 역사가 요세푸스는 반유대주의에 반박하고 유대교를 변론하기 위하여 쓴 Against Apion에서 이렇게 말했다. "무엇보다 우리는 우리 아이들을 교육하는 것에 대하여 스스로를 자랑스럽게 생각하며, 이것이 우리가 물려받은 우리의 율법을 지키고 그것을 경건히 지키는 삶에서 가장 필수적인 일이라고 여긴다.", Against Apion 1:50 (Loeb ed.).

5) "초등학교에서 한 교사가 담당하는 학생의 수는 최대 25명 이하여야 한다. 만일 학생 수가 50명이면 교사 한 명이 추가되어야 한다. 만일 학생 수가 40명이면 상급 학생이 교사를 돕도록 해야 한다" (바빌로니아 탈무드 바바 바트라 b. Bava Batra 21a).

6) Shmuel Safrai, "Education and the Study of Torah", in The Jewish People in the First Century (Shmuel Safrai 및 Menahem Stern 편저; Amsterdam:

갈릴리 가버나움에 있는 4세기 회당의 유적

회당이 예배 장소이기 때문에 학교보다 더 중요하거나 더 신성한 곳이라고 생각할 수도 있지만, 실제로는 그렇지 않다. 오늘날까지 베트 미드라쉬는 회당보다 중요한 곳으로 간주된다. 이것은 유대교에서 예배보다 교육을 더 중요시해서가 아니라, 그들이 교육과 예배를 구별하지 않기 때문이다. 사실 유대교는 토라를 공부하는 것을 가장 높은 예배의 형태 가운데 하나로 여겨왔다.[7]

Van Gorcum, 1976), p. 953.
7) 바빌로니아 탈무드 샤밧b. Shabbat 30a를 보라.

암기를 통한 학습

유대인들이 두루마리를 읽으며 공부했고, 그들에게 쓰는 관습이 매우 발달하긴 했지만, 모든 사본들은 숙련된 서기관들이 손으로 필사한 것이기 때문에 값이 비쌌다. 그래서 두루마리는 진귀한 물건에 속했다. 아마도 예수님 시대에 모든 유대인 가정에는 약 20개의 성경 두루마리[8] 중에 최소한 한 개 이상의 두루마리가 있었을 것이다. 그렇지만 이 두루마리 모두를 쉽게 접할 수 있는 사람은 소수에 불과했다. 그래서 그들은 그 많은 내용을 외우는 방식으로 공부했다.[9] 랍비들도 배운 내용을 반복하는 것을 강조했다.

> 자기가 배운 것을 100번 반복하는 사람은
> 그것을 101번 반복하는 사람을 이길 수 없다.[10]

---

8) 우리의 구약 성경은 39권으로 되어 있지만 히브리어 성경은 22권 또는 24권으로 되어 있다. - 역자 주

9) Safrai 교수는 그 시대의 교육 방법에 관하여 이렇게 기록했다. "개인과 그룹이 성경을 공부하고 구절들을 암송하거나 할 때에는 그것을 큰 소리로 반복하는 방법으로 했다. '아이들이 지저귀는 소리'라는 자주 사용하는 표현이 있다. 이것은 회당에서 아이들이 구절을 암송할 때 그곳을 가까이 지나가는 사람들이 들을 수 있는 소리를 일컫는 말이다. 어른들도 마찬가지로 혼자서 또는 모여서 공부할 때에 주로 큰 소리로 읽는다. 이것은 배울 때에는 소곤거리지 말고 큰 소리로 하라고 계속 가르치기 때문이다. 이것이 잊어버릴 위험을 극복하는 유일한 방법이었다." (The Jewish People in the First Century p. 953).

10) 바빌로니아 탈무드 하기가b. Hagigah 9b.

토라를 배우고 그것을 계속해서 다시 보지 않는 사람은
심고 거두지 않는 사람과 같다.[11]

학생들이 배운 내용을 암기하는데 도움을 주기 위하여 많은 방법들이 사용되었다. 탈무드에는 어린 아이들에게 히브리어 알파벳을 가르치는데 사용하는 연상기억법을 자세히 설명한 구절도 있다.[12] 초등학교의 학생들은 일주일 내내 공부를 했는데, 안식일Sabbath에는 새로운 내용을 가르치지 않고 그 시간에는 6일 동안 배운 내용을 암기하도록 했다.[13] 중동에서는 오늘날에도 여전히 이런 암기 방식을 사용하고 있다. 이 지역의 마을과 도시 외곽의 길에서 앞뒤로 왔다갔다하며 걷는 청년들을 자주 볼 수 있는데, 그들은 겉보기에 혼자 중얼거리는 것처럼 보이지만 사실은 배운 내용을 반복하며 암기하고 있는 것이다.

이처럼 유대인의 교육에서 성문 토라와 구전 토라를 외우는 것은 상당히 큰 부분을 차지한다. 그들은 대부분 성경과 구전 토라의 많은 부분을 열심히 외우려고 노력했다. 그래서 2차 성전 시대에는 길거리에서 성경을 모르는 어린 아이들을 거의 찾아보기 힘들었을 것이다.

---

11) 바빌로니아 탈무드 산헤드린b. Sanhedrin 99a.
12) 바빌로니아 탈무드 샤밧b. Shabbat 104a.
13) Shmuel Safrai, "Education and the Study of Torah", (The Jewish People in the First Century p. 954).

제롬Jerome(A.D. 342-420)은 베들레헴에 살면서 성경을 라틴어(불가타 성경)로 번역하기 위하여 그 지역에 사는 유대인에게서 히브리어를 배웠다. 그는 이렇게 말했다. "유대인 아이들 가운데 아담에서 스룹바벨까지(즉, 성경의 시작에서 끝까지)의 역사를 외우지 못하는 아이는 없다." 이것은 제롬이 약간 과장하여 말한 것일 수도 있지만, 그의 말은 대부분의 경우 신뢰할 수 있는 것이었다.[14]

위에 소개한 것과 같은 유대인들의 자료를 읽어보면 예수님께서 어떤 유년기와 청소년기를 보내셨을지에 대하여 상당히 정확한 그림을 그릴 수 있다. 예수님은 그 시대에 읽을 수 있었던 모든 성문서들, 성경과 그에 대한 주석 등 많은 양의 자료를 공부하고 외우셨을 것이다. 그리고 예수님의 시대에 대부분의 다른 유대인 아이들도 비슷한 삶을 살았을 것이다.

"예수님이 받으신 정규교육"은 데이빗 비빈이 쓴 "Jesus' Education"을 편집 및 요약한 것으로 www.JerusalemPerspective.com에서 볼 수 있다.

---

14) Shmuel Safrai, 1985년 6월 5일 강의.

| 2. 랍비를 따른다는 것 |

랍비 예수

예수님은 공생애를 시작하시기 전까지 그 시대의 일반적인 유대인 남성과 마찬가지로 철저한 종교 교육을 받으셨다. 그런데 그것만이 아니라 주님은 아마도 갈릴리에서 뛰어난 랍비들 중 한 사람과 함께 수년간 공부하셨을 것이다. 그리고 주님은 그곳에서 존경받는 랍비로 나타나신 것이다. 성경의 많은 구절들이 예수님이 그 시대 사람들에게 그러한 랍비로 인정받으셨다는 것을 보여준다.

> 예수께서 대답하여 이르시되
> 시몬아 내가 네게 이를 말이 있다 하시니
> 그가 이르되 **선생님(랍비여)** 말씀하소서
> 누가복음 7:40

> 그 중의 한 율법사가 예수를 시험하여 묻되

선생님(랍비여) 율법 중에서 어느 계명이 크니이까

마태복음 22:35-36

어떤 사람이 주께 와서 이르되

선생님(랍비)이여 내가 무슨 선한 일을 하여야 영생을 얻으리이까

마태복음 19:16

무리 중에 한 사람이 이르되

선생님(랍비여) 내 형을 명하여 유산을 나와 나누게 하소서 하니

누가복음 12:13

무리 중 어떤 바리새인들이 말하되

선생(랍비)이여 당신의 제자들을 책망하소서 하거늘

누가복음 19:39

부활이 없다고 주장하는 사두개인 중 어떤 이들이 와서

물어 이르되 **선생님(랍비)이여**…

누가복음 20:27-28

이처럼 율법사, 부자, 바리새인, 사두개인, 일반 백성 등 다양한 사람들이 예수님을 '랍비'라고 부른 것을 알 수 있다. 그들이 주님을 '랍비'라고 부른 것의 온전한 의미를 알려면 1세기의 유대

랍비가 어떤 존재인지와 그가 그 사회 속에서 어떤 역할을 했는지를 알아야 한다.

'랍비'라는 용어는 히브리어 '라브(רב)'에서 나왔으며, 성서 히브리어에서는 '많은, 큰'이라는 뜻으로 사용되었다. 이 단어는 높은 지위의 정부 관리나 군대 장관을 가리킬 때 사용되기도 했다(예를 들면, 렘 39:3, 13). 예수님의 시대에 '라브'는 종이 주인을 부르거나 제자가 스승을 부르는 칭호로 사용되었다. 그리고 '라브(רב)'에 '나의'라는 뜻의 접미사 'י'가 붙은 것이 '랍비(רבי)'이다. 그러므로 '랍비(רבי)'는 직역하면 '나의 주(선생님)'라는 뜻이고 종들이 주인을 부를 때, 그리고 제자들이 스승을 부를 때 사용하는 존경의 의미를 담은 칭호였다.

'랍비'가 교사의 공식 호칭이 된 것은 기원후 70년 이후였다.[1] 그러므로 엄밀히 말하면 이것은 예수님께 적용될 수 없다. 이 시기에는 학식이 있는 교사를 보통 '현자sage'라고 불렀기 때문에 예수님을 가리키는 칭호로 '현자'가 더 적당하다고 볼 수 있다. 그렇지만 일반적인 기독교인들에게 예수님이 그 시대의 유대인들에게 성경을 가르치는 스승으로 인정받으셨고 많은 제자들이 모여들만큼 충분히 유명하셨다는 이미지를 전달하는데 '랍비'라는 칭호만큼 효과적이고 확실한 것은 없을 것이다.

---

1) Emil Schürer (Vermes, Millar 및 Black 편저), The History of the Jewish People in the Age of Jesus Christ, vol. 2, (Edinburgh: T&T Clark, 1973), pp. 325-326.

1세기의 전형적인 유대 랍비

예수님은 복음서에서 1세기의 전형적인 현인 또는 유대 랍비로 분명하게 묘사된다. 주님은 여러 곳을 돌아다니시고, 사람들이 대접하는 것을 받으시며, 야외와 집안과 마을과 회당과 성전에서 가르치셨다. 그리고 예수님이 여러 지역을 다니실 때 그분을 따라다니는 제자들이 있었다. 이것은 그 시대에 이스라엘 땅에 있었던 유대인 랍비들의 모습과 같았다.

예수님께서 그 시대의 현인이었다는 것을 보여주는 가장 확실한 증거는 아마 그분이 가르치는 방식일 것이다. 예수님은 그 시대의 다른 유대인 교사들과 같은 방법으로 성경을 해석하고 가르치셨기 때문이다. 간단한 예로 주님이 가르치실 때 비유를 사용하셨다는 점을 들 수 있다. 예수님께서 말씀하신 것과 같은 비유들은 고대 유대의 현인들도 자주 사용하던 것이었고, 그 비유들 가운데 4천 개 이상이 랍비 문헌에 남아 있다.

1세기 이스라엘의 유대 랍비들에게는 오늘날과 같이 많은 사람들에게 정보를 전달할 수 있는 수단이 없었다. 그래서 예수님 시대의 랍비들은 자기들의 가르침과 성경의 해석을 전하기 위하여 마치 고대의 선지자들처럼 오랜 기간 동안 온 나라를 돌아다녀야 했다. 랍비들이 여러 지역을 돌아다니는 것은 이상한 것이 아니라 오히려 일반적인 일이었다. 1세기에는 이스라엘 땅을 순회하는 그런 랍비들이 수백 또는 수천 명에 달했을 것이다. 이 랍비들은 주저하지 않고 그 땅에서 가장 작은 마을이나 가장 먼 지역까지 갔다. 그들은 가끔 누군가의 집에서 가르치기도 했지만, 보통은 마을의 광장이나 나무 밑에서 가르쳤다.

예수님도 이런 관습을 따르셨다. 주님은 주로 실내에서 많이 가르치셨는데, 집에서(눅 10:38-42), 회당에서(마 4:23), 그리고 성전에서(마 21:23, 눅 21:37)도 가르치셨다. 그렇지만 예수님은 1세기의 전형적인 랍비들이 그랬던 것처럼 즉석으로 야외에서 가르치기도 하셨다는 것을 알 수 있다. 누가복음 5장에는 예수님이 배에서 설교하시는 생생한 장면이 기록되어 있다. 오천 명을 먹이신 일은 "한적한 곳"(마 14:13; 막 6:32; 눅 9:12)에서 행하셨고, 산상수훈은 어느 지방의 산에서 말씀하셨기 때문에 그렇게 이름이 붙여졌다.

복음서를 보면 예수님은 다른 랍비들처럼 상당히 많은 곳을 돌아다니셨고 종종 무리들이 따라다니기도 했다. 예를 들어 마가복음 6장 6절을 보면 예수님께서 "모든 촌에 두루 다니시며 가르치시더라"고 기록했다. 주님은 갈릴리에서, 특히 해변 지역을 많이 다니셨고, 유대 지역에서도 여러 곳을 방문하셨다.[2]

---

2) David Bivin, "Jesus in Judea", Jerusalem Perspective 2 (Nov 1987), pp. 1-2.

생계의 유지

랍비 문헌에는 랍비들이 돌아다니며 가르치는 동안 그들이 성경을 가르치는 일로 돈을 받는 것을 금하는 내용이 많이 나온다.[3] 이런 금지 명령으로 인하여 거의 모든 랍비들이 상업 활동을 했다. 그들은 서기관으로 일하거나, 샌들을 만들거나, 가죽 세공을 하거나, 빵을 굽는 일 등을 했다. 마가복음 6장 3절에 따르면 예수님은 목수 일을 하셨고, 사도행전 18장 3절을 보면 바울은 천막을 만드는 일로 생계를 유지했다.[4]

대부분의 랍비들이 직업을 가지고 있었지만, 그들은 그 땅 전체를 두루 다녀야 했기 때문에 항상 일을 할 수는 없었다. 순회하는 랍비들은 어느 곳이든 그에게 제공된 장소에서 오래 머물지 않았기 때문에 쉽게 가게를 열거나 할 수가 없었다. 또 작은 공동체를 방문할 때에는 그 지역의 주민이 하는 것과 같은 일을 함으로 그들의 일을 빼앗게 되는 것을 바람직하지 않게 여겼을 것이다. 그리고 랍비와 동행하는 많은 수의 제자들이 할 일을 찾는 것도 쉽지 않았을 것이다. 그래서 랍비와 제자들은 어쩔 수 없이 그들이 방문하는 지역 사람들이 제공하는 것에 의지해야 했다.

---

3) "토라의 말씀으로 돈을 버는 자는 스스로 멸망을 가져오는 것이다." (미쉬나 아봇m. Avot 4:5); "토라를 가르치는 일에 값을 매기지 말라. 그것에 대한 보수를 받지 말라." (데렉 에레쯔 주타Derek Eretz Zuta 3:3).

4) 또는 가죽 세공, F. J. Foakes-Jackson and K. Lake, The Acts of the Apostle, vol. 4, (London: Macmillan, 1920-33) p. 223.

랍비가 한 공동체에 머무는 기간은 며칠에서 몇 주 또는 몇 달 정도였을 것이다. 랍비들이 토라를 가르치는 것으로 돈을 받지는 않았지만, 대부분은 공동체에서 자신과 제자들을 위하여 장소와 음식을 제공받았다. 예수님도 제자들이 밖에서 가르칠 때 집주인이 그들에게 필요한 모든 것을 제공해야 한다고 생각하신 것 같다. 한 예로, 예수님은 제자들을 파송하시면서 음식이든 돈이든 아무것도 가져가지 말라고 명령하셨다(눅 10:4).

랍비의 먼지를 뒤집어쓰다

예수님의 시대보다 약 100년 전부터 전해지는 한 격언에는 이스라엘의 랍비들의 이런 모습이 잘 나와있다. 이것은 예수님의 사역에 대한 묘사이기도 하다.

> 네 집이 현인들을 위한 모임의 장소가 되게 하고,
> 너는 그들의 발에 있는 먼지를 뒤집어쓰며,
> 너는 그들이 하는 말을 갈급해 하며 들어라.[5]

---

5) 미쉬나 아봇m. Avot 1:4. Yose ben Yoezer, 기원전 2세기 초에 살았던 이 격언의 저자는 미쉬나의 가장 이른 시기의 현인들 가운데 한 사람이다.
'먼지를 뒤집어쓰다'를 랍비의 발치에 앉는 것이 아니라 순회하는 랍비의 뒤를 따라 걷는 것으로 보는 견해는 Shmuel Safrai 교수의 해석에서 온 것이다.

이 글의 문맥에서 '현인들을 위한 모임의 장소'는 그들이 모일 수 있는 장소가 아니라 랍비들이 사람들에게 가르칠 수 있는 장소로 봐야 한다. 사람들이 랍비들에게 집을 제공하지 않았다면 많은 사람들에게 메시지를 전하는 일은 불가능했을 것이다.

누가복음 10장 38-42절에 이 명령을 주의 깊게 듣고 순종하여 랍비와 제자들을 영접한 한 가족에 대한 이야기가 나온다. 마리아와 마르다는 자기들의 집을 랍비 예수님을 위한 모임의 장소로 제공했으며, 그것만이 아니라 마리아는 그 랍비의 "발치에 앉아" "그의 말씀을 (갈급해 하며) 들었다."

위에 나온 랍비의 말에서 "그들의 발에 있는 먼지를 뒤집어쓰라"는 것은 전통적으로는 마리아가 한 것처럼 겸손하게 랍비로부터 배우기 위하여 '그의 발치에 앉는다'는 것을 의미한다. 그러나 이 말은 다른 것을 의미할 수도 있다. 오랜 기간을 제자로 헌신한 사람에게 있어서 랍비의 가르침을 받는다는 것은 많은 여정을 의미하기도 한다. 랍비로부터 배우기 위해서는 말 그대로 그의 뒤를 따라가야 한다. 그러므로 랍비가 길을 떠나면 제자도 마찬가지로 그 길을 가야 한다. 오늘날에도 이스라엘의 비포장도로에는 많은 먼지가 쌓여 있다. 그래서 사람들이 그 길을 걸어가면 항상 짙은 흙먼지를 일으키게 된다. 랍비의 뒤를 따라가는 제자들은 그 여정에서 먼지로 뒤덮였을 것이다. 어떤 사람이 랍비와 함께 동행하고자 한다면, 그는 말 그대로 그 랍비의 발에 있는 먼지를 뒤집어써야 했다.

제자를 삼는 일

랍비들은 더 많은 사람들이 "토라의 멍에를 메고"(자신의 삶에 하나님의 다스림을 받아들인다는 랍비적 표현) 하나님의 뜻을 따라 살도록 인도하는 일에 진심으로 관심을 기울였다. 그들은 이것을 이루기 위하여 높은 수준의 학생들을 제자로 양육하였고, 그 제자들이 대중들을 가르쳤다. "많은 사람을 제자로 삼는 것"은 미쉬나에 기록된 가장 이른 시기의 세 격언 중 하나이고,[6] 이것이 랍비의 가장 높은 부르심이었을 것이다.

랍비는 주로 많은 수의 제자들을 택하여 훈련시키지만, 오직 두세 명의 제자에게만 온전한 가르침을 전하고자 했다. 사도 바울의 스승인 가말리엘에게는 천 명의 제자들이 있었다는 기록이 있다.[7]

예수님께도 항상 함께 다니는 제자들이 많이 있었다. 우리는 예수님으로부터 특별한 훈련을 받은 핵심 멤버인 열두 제자를 알고 있다. 그러나 이들만이 주님의 제자는 아니었다. 예수님은 다른 사람들도 자기를 따르도록 부르셨다. 마태복음 8장 19절에서 어떤 사람이 "선생님이여 어디로 가시든지 저는 따르리이다"라고 말했다. 그는 어쩌면 별생각 없이 쉽게 이 말을 했을 것이다. 예수님은 그가 그렇게 말한 뒤에 치러야 할 대가에 대하여 경고하

---

6) 미쉬나 아봇m. Avot 1:1.
7) 바빌로니아 탈무드 소타b. Sotah 49b.

셨다. 누가복음 9장 59-62절에서는 제자가 되려는 두 사람이 예수님의 부르심에 답하기 전에 가족의 중요한 의무를 행하기 위하여 허락을 구하자 주님으로부터 책망을 받았다. 예수님은 부유한 사람도 제자로 부르셨는데 그에게 제자가 되기 전에 그의 재물을 버리라고 하기도 하셨다(막 10:21).

누가복음 19장 37절은 예수님이 생애의 거의 마지막에 예루살렘으로 들어가실 때 그분의 제자의 "온 무리"가 함께 했다고 기록했다. 예수님이 십자가에 못 박히신 후에 예루살렘에 남아 있던 갈릴리 제자의 수가 120명(행 1:15)이었다는 것을 보면, 이 "온 무리"가 얼마나 큰 규모인지 짐작할 수 있다. 예수님의 열두 제자는 그들의 스승과 함께 수년 동안 열심히 배우고 실제적인 훈련을 받았다. 그 후에 그들은 모든 민족을 제자로 삼고 예수님의 가르침을 전하기 위하여 보냄을 받았다.

"랍비를 따른다는 것"은 데이빗 비빈의 글, "The Traveling Rabbi", "At the Feet of a Rabbi", "Was Jesus a Rabbi?"를 편집한 것으로 www.JerusalemPerspective.com에서 볼 수 있다.

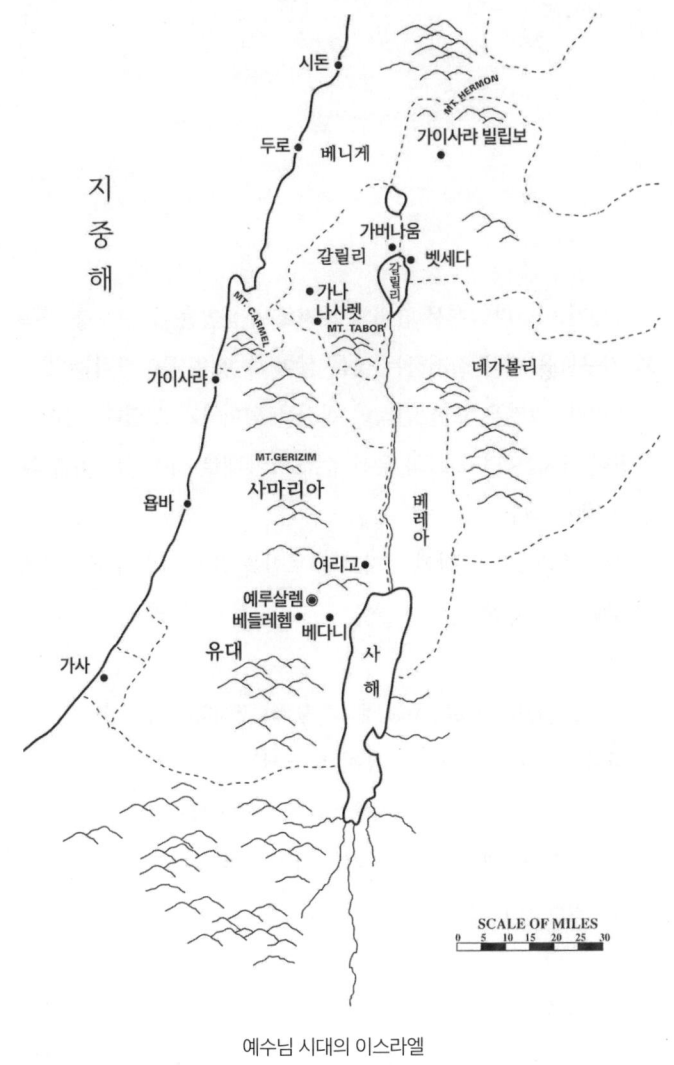

예수님 시대의 이스라엘

| 3. 제자도 |

1세기 이스라엘에서 랍비의 제자로 부름받는 것은 보통 가족과 친구들을 떠나 절제하는 삶을 살며 그 땅을 돌아다니는 것을 의미했다. 그것은 또한 전적인 헌신을 의미하기도 했다. 장래가 유망한 제자는 먼저 그의 우선 순위가 제대로 되어 있는가를 확실히 해야 한다.

누가복음 9장 61절에 제자로 부르심을 받은 사람이 예수님께 한 말을 생각해 보라.

> 또 다른 사람이 이르되 주여 내가 주를 따르겠나이다마는
> 나로 먼저 내 가족을 작별하게 허락하소서
> 예수께서 이르시되 손에 쟁기를 잡고 뒤를 돌아보는 자는
> 하나님의 나라에 합당하지 아니하니라 하시니라
> 누가복음 9:61-62

예수님은 자신을 온전히 주님께 헌신하고자 준비된 자들만을 제자로 받아들이겠다고 대답하신 것이다. 이것은 그 앞에서 자기

아버지를 장사한 후에야 주님을 따르겠다고 한 사람에게 "죽은 자들로 자기의 죽은 자들을 장사하게 하라"(눅 9:60)고 하신 주님의 대답에도 잘 나온다.

예수님의 이런 말씀은 자기의 집을 떠나 모든 시간 동안 예수님 아래에서 도제 교육을 받도록 청함받은 자들에게 하신 것이었다. 이런 형태의 제자 훈련은 고대 유대 사회에만 있었던 것이다.

희생

한 랍비 격언에 따르면, 어떤 사람이 부모를 공경하는 것과 같은 선행을 하면 이 세상에서는 '이자 수익'을 얻게 되고, 앞으로 올 세상에서는 그를 위한 '원금'이 준비되어 있다고 한다.[1] 그리고 그 뒤에는 다음과 같은 내용이 이어진다. "그러나 토라를 공부하는 것은 이 모든 것을 합한 것과 같다." 예수님도 이와 비슷한 말씀을 하셨다. 부모를 공경하는 것도 중요하지만, 집을 떠나 토라를 공부하는 것은 더 중요했다.

누가복음 18장에서 예수님이 부자에게 하신 말씀을 보면, 주님을 따르도록 부름받는 것은 자기의 모든 소유를 포기하는 것을 의미한다. 그러나 그 부자에게 이 대가는 너무나 큰 것이어서 그는 예수님의 제자가 되지 않았다.

---

1) 미쉬나 페아m. Peah 1:1.

베드로는 자신과 제자들이 예수님의 부르심을 받아들여서 그 부자와는 다르다는 것을 주님께 말씀드렸다. "우리가 우리의 것을 다 버리고 주를 따랐나이다"(눅 18:28). 예수님은 "아멘"[2]하고 답하셨다. 이것은 '그렇다. 너희가 그렇게 하였으니 칭찬할 만하다'라는 뜻으로 볼 수 있다. 이어서 예수님은 누구든지 하나님 나라를 위하여 전적인 헌신의 희생을 한 자는 자기가 포기한 것보다 더 큰 것을 받고, 오는 세상에서 영생을 받을 것이라고 약속하셨다(눅 18:28-30).

헌신

예수님은 유망한 제자들이 어떤 헛된 기대도 하지 않기를 바라셨다. 그래서 주님은 그들이 제자로 헌신하기 전에 그것의 대가에 대하여 생각할 것을 자주 말씀하셨다.

> 너희 중의 누가 망대를 세우고자 할진대
> 자기의 가진 것이 준공하기까지에 족할는지 먼저 앉아
> 그 비용을 계산하지 아니하겠느냐 …
> 이와 같이 너희 중의 누구든지 자기의 모든 소유를

---

[2] 누가복음 18:29에서 개역개정은 "진실로"로 번역했지만 헬라어 본문은 히브리어 '아멘'을 그대로 음역하여 "아멘(ἀμὴν)"이라고 기록했다. - 역자 주

버리지 아니하면 능히 내 제자가 되지 못하리라

누가복음 14:28, 33

예수님은 제자가 되려면 어느 정도의 헌신이 필요한가에 대하여 매우 명확히 말씀하셨다.

무릇 내게 오는 자가 자기 부모와 처자와 형제와 자매와
더욱이 자기 목숨까지 미워하지 아니하면 능히 내 제자가 되지 못하고
누구든지 자기 십자가를 지고 나를 따르지 않는 자도
능히 내 제자가 되지 못하리라

누가복음 14:26-27

여기서 '미워하다'라는 표현은 우리가 보통 알고 있는 미워한다는 의미가 아니라 히브리적인 의미로 사용된 것으로 보인다. 히브리어에서 '미워하다'는 '덜 사랑하다' 또는 '(우선순위에서) 두 번째에 두다'를 의미하기도 한다. 예를 들어 창세기 29장 31절을 보면 레아가 '미움을 받았다'[3)]고 나온다. 그러나 이것은 문맥을 보면 레아가 미움을 받은 것이 아니라 야곱의 다른 아내인 라헬보다 덜 사랑받고 있다는 것을 나타낸다. 바로 앞구절에서 야곱이 레아보다 라헬을 더 사랑했다고 기록된 것을 보면 알 수 있다.

---

3) 히브리어를 직역한 의미, 개역개정에는 '사랑 받지 못함' - 역자 주

'미워하다'라는 단어가 이런 히브리어의 특이하고 미묘한 의미로 사용된 예는 신명기 21장 15절에도 나온다.

> 어떤 사람이 두 아내를 두었는데
> 하나는 사랑을 받고 하나는 미움을 받다가 …
> 신명기 21:15

이 구절도 문맥을 보면 '미움을 받는' 아내는 말 그대로 미움을 받는 것이 아니라 가장 사랑하는 아내 다음으로 사랑받고 있다는 것을 의미한다. 예수님도 이와 같은 의미로 말씀하셨다. 예수님은 '누구든지 자기 가족이나 심지어 자기 자신보다 나를 더 사랑하지 않는 자는 나의 제자가 될 수 없다'고 말씀하신 것이다.

> 예수께서 이르시되 여우도 굴이 있고
> 공중의 새도 집이 있으되
> 인자는 머리 둘 곳이 없도다 하시고
> 누가복음 9:58

예수님의 이 말씀은 여러 곳을 돌아다니는 랍비의 고된 삶을 넌지시 말씀하신 것이다. 주님의 제자들이 져야 했던 짐은 무거운 것이었다. 그러나 이것은 1세기의 랍비들이 제자들에게 요구한 것과 다르지 않았다. 그 시대의 유대인 사회의 기준으로 볼 때 이것은 지나친 것이 아니었다.

제자가 겪어야 했던 또 하나의 어려움은 자기 아내로부터 떨어져 지내는 것이었다. 제자들은 보통 결혼을 하지 않았지만, 결혼을 한 제자들은 대개 18세[4] 정도의 비교적 이른 나이에 결혼을 했기 때문에 많은 제자들에게 아내와 자녀들이 있었다. 예를 들면, 누가복음 4장 38절에도 예수님의 제자 중 하나인 베드로의 장모가 나온다. 어떤 사람이 랍비와 공부하기 위하여 30일 이상 집을 떠나고자 한다면, 그는 자기 아내의 허락을 받아야 했다.[5]

아버지와 같은 랍비

비록 많은 고난이 있다 할지라도, 위대한 랍비를 따르며 그에게서 배우고 그의 제자의 모임에 들어가는 것만큼 기쁜 일은 없었다. 랍비와 제자의 관계는 특별한 것이었다. 제자에게 있어서 랍비는 마치 아버지와도 같았다. 사실 랍비는 아버지 이상이었고 제자는 랍비를 자기 아버지보다 더 공경해야 했다. 미쉬나에 이것을 잘 보여주는 구절이 있다.

어떤 사람이 아버지의 잃어버린 물건과 스승의 잃어버린 물건을 찾을

---

4) 미쉬나 아봇m. Avot 5:21.
5) 미쉬나 케투봇m. Ketubot 5:6.

때, 아버지의 물건보다 스승의 물건을 먼저 찾아야 한다. 왜냐하면 그의 아버지는 그에게 오직 이 세상에서의 생명만을 주었지만, 그의 스승은 그에게 지혜, 즉 토라를 가르침으로 오는 세상에서의 생명을 주었기 때문이다. 그러나 그의 아버지가 그의 스승 못지 않은 학자라면 그의 아버지의 물건을 먼저 찾아야 한다… 만일 그의 아버지와 그의 스승이 포로로 잡혀가면, 그는 먼저 그의 스승의 몸값을 지불하고, 그런 다음에야 그의 아버지의 몸값을 지불할 수 있다. 그러나 그의 아버지가 학자라면 그는 먼저 그의 아버지의 몸값을 내야 한다.[6]

아버지보다 스승의 몸값을 먼저 지불해야 한다는 것이 우리에게 충격적으로 느껴질 것이다. 그러나 그것은 제자들, 더 크게는 공동체의 사람들이 그들의 랍비들을 얼마나 지극히 사랑하고 존경했는지를 우리가 알지 못하기 때문이다. 성경에 엘리야 시대의 기록을 보면 제자들을 랍비의 '아들들'이라고 부르기도 했다.[7]

---

6) 미쉬나 바바 메찌아m. Bava Metsi'a 2:11.

7) 엘리야와 엘리사 같은 고대 이스라엘의 선지자들은 많은 제자들과 함께 다녔는데 이들은 "선지자의 아들들"이라고 불렸다(예를 들면, 왕하 2:3, 4, 7, 15. 개역개정은 '선지자의 제자들'로 번역했다. - 역자 주).
아버지와 아들의 관계는 엘리야와 엘리사의 관계에서도 볼 수 있다. 엘리야가 떠날 때 엘리사는 그를 "내 아버지여"라고 불렀고(왕하 2:12), 장자가 아버지에게서 물려 받는 '갑절의 유산'을 엘리야에게 구했다(왕하 2:9). 엘리야와 엘리사는 아버지와 아들과 같은 가까운 관계였고, 이것이 후대에 랍비와 제자 관계의 모델이 되었을 것이다.
'아들'을 '제자'의 의미로 사용하는 것은 예수님 시대의 히브리어에서도 찾아볼 수 있다. 이런 예는 누가복음 11장 19절에 잘 나와 있다.

엘리야의 제자로 부름 받은 엘리사(왕상 19:19-21)

예수님께서 제자가 될 사람들에게 주님을 따를 채비를 하기 전에 가족에게 인사하는 것조차 허락하지 않으신 일에 대하여 우리는 매정하다고 생각할 수 있다. 그러나 1세기 예수님의 시대에 살던 사람들은 이것을 사리에 어긋나지 않고 지극히 정상적인 것으로 여겼을 것이다. 그 사람들은 예수님이 "자기 부모와 처자

내가 바알세불을 힘입어 귀신을 쫓아내면
너희 아들들은 누구를 힘입어 쫓아내느냐
누가복음 11:19

바울이 그의 제자 디모데에게 "사랑하는 아들"(딤후 1:2)이라고 말한 것도 이와 같은 맥락에서 한 말이었을 것이다.

3. 제자도

와 형제와 자매를 미워하지 아니하면 능히 내 제자가 되지 못하고"(눅 14:26)라고 말씀하신 것이 무슨 뜻인지 잘 알고 있었다.

"제자도"는 데이빗 비빈이 쓴 "First-century Discipleship"을 편집한 것이며 www.JerusalemPerspective.com에서 볼 수 있다.

| 4. 예수님의 멍에와 짐 |

> 수고하고 무거운 짐 진 자들아 다 내게로 오라
> 내가 너희를 쉬게 하리라
> 나는 마음이 온유하고 겸손하니 나의 멍에를 메고 내게 배우라
> 그리하면 너희 마음이 쉼을 얻으리니
> 이는 내 멍에는 쉽고 내 짐은 가벼움이라 하시니라
> 마태복음 11:28-30

예수님의 말씀을 가장 먼저 들은 사람들은 주님의 멍에를 메는 것에 대한 말씀을 어떻게 생각했을까? 예수님 시대의 글과 문화에서 '멍에'의 의미를 공부하면 예수님의 말씀을 명확하게 이해할 수 있을 것이다. 랍비와 제자의 관계에서 제자는 랍비와 그의 철학에 자신을 온전히 복종시키고 헌신해야 한다. 제자가 가장 바라는 것은 자신이 따르는 랍비와 같이 되는 것이다. 이것이 랍비의 '멍에'를 메는 것이라고 전해진다.

'멍에'라는 말을 들으면 소가 메는 것이 생각나고 그것은 곧 무거운 짐이라는 인상을 받게 된다. 그러나 정확한 문맥으로 보

면 랍비의 멍에를 메는 것은 부정적인 의미가 아니다. 어떤 사람이 자신의 스승과 같은 짐을 지고 가기를 바란다면, 가장 좋은 방법은 자신을 스승의 멍에와 수레에 기꺼이 묶는 것이다.

유대 문헌에 나오는 멍에

예수님의 이 말씀은 무척 아름다워 보이지만 그 뜻은 알아듣기 어렵다. 이 말씀의 의미는 무엇이며 예수님의 '멍에'와 '짐'은 무엇인가? 이것에 대하여 말씀하신 마태복음 11장 28-30절의 배경을 알아내는 것은 쉽지 않다. 그런데 유대 문헌에 나오는 구절들을 보면 예수님이 말씀하시려는 것이 무엇인지 알아내는데 도움을 얻을 수 있다. 벤 시라서Ben Sira 또는 집회서Ecclesiasticus는 예수님의 시대보다 100년 이상 앞선 시기에 나온 책으로 헬라어 외경 가운데 하나다. 거기에는 예수님이 하신 말씀과 놀라울 정도로 비슷한 구절들이 있다.

너희 무지한 자들아, 내게로 가까이 와서 배움의 집에 머물러라. 너희 혼이 매우 갈급한데 너희는 어찌하여 더디며, 너희가 이 일에 대하여 무엇이라 말하겠느냐? 내가 입을 열어 말한다. "너희를 위하여 그녀(지혜)를 값없이 사라. 너희 목을 (그녀의) 멍에 아래에 넣고, 너희 혼이 가르침을 받게 하라. 가까운 곳에서 그녀를 찾으라. 내가 어떻게 적은 수고로 많은 쉼을 얻었는지 너희 눈으로 보아라.

- 벤 시라서 51:23-27

벤 시라서의 구절들은 마태복음 11장 28-30절과 같은 주제들을 가지고 있다. 그 주제들은 다음과 같다.

- 가르침의 근원으로 가까이 가는 것
- 멍에나 짐을 메는 것
- 배움의 수고로 안식을 얻는 것

벤 시라서 51:27의 "적은 수고"는 마태복음 10:30의 "그 멍에는 쉽다"와 같다. "너희 혼이 가르침을 받게 하라"는 예수님이 말씀하신 "내게 배우라"와 비슷하다. 벤 시라서와 예수님의 말씀에서 핵심적인 단어들은 '찾다', '네 혼', '멍에', '짐'이다. 벤 시라서의 다른 부분에도 비슷한 내용이 들어있다. 이 부분을 보면 예수님의 말씀을 더 잘 알 수 있다.

내 아들아 듣고 나의 판단을 받아라. 내 조언을 거절하지 말아라. 네 발에 그녀(지혜)의 족쇄를 채우고, 네 목에 그녀의 목줄을 매라. 네 어깨를 그녀의 아래에 두어 그녀를 지고, 그녀의 속박 아래에서 염려하지 말아라. 네 마음을 다하여 그녀에게 오라. 네 힘을 다하여 그녀의 길을 지켜라. 구하고 찾아라. 그리하면 그녀가 너에게 알려질 것이다. 네가 그녀를 붙들면 놓지 말아라. 마침내 너는 그녀가 주는 안식을 얻게 될 것이며, 그녀는 너에게 기쁨이 될 것이다. 그러면 그녀의 족쇄가 너에게 큰 보호가 되며, 그녀의 목줄이 영광의 옷이 될 것이다. 그녀의 멍에는 금 장신구이고, 그녀의 속박은 청색 끈이다. 네가 그녀를 영광의 옷처럼 입을 것이며, 기쁨의 관처럼 쓰게 될 것이다.

- 벤 시라서 6:23-31

이 구절도 마태복음 11장 28-30절 말씀과 비슷한 부분이 많다. "네 마음을 다하여 그녀에게 오라"는 예수님이 말씀하신 "내게로 오라"(마 11:28)를 생각나게 한다. "너는 그녀가 주는 안식을 얻게 될 것이다"도 "내가 너희를 쉬게 하리라"(마 11:28)는 말씀과 비슷하다. "그녀의 멍에, 그녀의 속박"은 "내 멍에, 내 짐"과 병행을 이룬다. 벤 시라서에서 따르면, 지혜의 멍에, 즉 배움의 짐은 기쁨, 강력한 보호, 금 장식, 청색 끈, 영광의 옷 그리고 기쁨의 관이 될 것이다. 다시 말하면, 그 멍에는 짐이지만 그것을 지는 자는 쉽고 가볍게 느낄 것이다.

위에 나오는 구절처럼 예수님이 마태복음 11장 28-30절에서 말씀하신 것은 배움에 대한 것이다. 여기서 주님은 자신의 짐을 다른 곳에서 언급한 바리새인의 무거운 짐(마 23:4)과 대비시켜 말씀하신 것 같지는 않다. 그보다 예수님은 그분의 제자의 모임에 들어오도록 초청하시면서 제자가 됨으로 지게 될 짐 또는 대가에 대하여 말씀하신 것으로 보인다.

제자가 되는 것의 대가

제자의 삶은 꽃길을 걷는 삶이 아니었다. 미쉬나는 제자의 삶을 "고된 생활"이라고 말한다.

이것이 토라의 (지식을 얻는) 길이다.
빵에 소금을 쳐서 먹고, 물은 되어 마시며(겔 4:11),
땅바닥에서 잠을 자고, 고된 생활(직역하면, 슬픈 삶)을 하며,
토라를 경작한다(공부한다)[1]

예수님도 그 시대의 다른 랍비들이 말한 것처럼 제자의 생활이 힘들 것이라고 분명하게 말씀하셨다.

여우도 굴이 있고 공중의 새도 집이 있으되
인자는 머리 둘 곳이 없도다 하시고
누가복음 9:58

이 말씀대로 예수님의 제자들은 정해진 거처 없이 떠도는 삶을 살았다. 예수님 아래에서 배우기로 한 제자들에게는 엄격한 삶과 함께 큰 희생이 동반되었을 것이다. 그들은 배우는 일과 그들의 스승에 대하여 온전히 헌신된 삶을 살았을 것이다.

---

[1] 미쉬나 아봇m. Avot 6:4.

예수님은 마태복음 11장 28-30절을 말씀하시면서 제자가 될 사람들을 부르셨다. 그들은 토라를 배우는 것이 멍에이자 무거운 짐이라는 것을 잘 알고 있었다. 그러나 예수님은 "내 멍에는 쉽다", 즉 "내게서 배우는 것은 너무나 기쁜 일이라 너희는 그 멍에의 무게조차 느끼지 못할 것이다"라고 말씀하셨다. 그렇지만 어떤 일에 지루함과 좌절감을 느낀다면 그것이 가장 작은 일이라도 지치게 될 것이다.

예수님은 제자가 되려는 자들에게 그들이 치러야 할 대가에 대하여 매우 신중하게 생각하라고 말씀하셨다. 예수님은 이것을 설명하시기 위하여 망대를 세우는 일과 전쟁을 일으키는 일에 필요한 자원을 신중히 헤아리는 것을 비유로 말씀하셨다(눅 14:26-32). 그러나 한편으로 주님은 제자들에게 "내 멍에는 쉽다"고 하시면서 그들이 치르는 희생보다 더 많은 것을 받게 될 것이라고 약속하셨다. 베드로가 "보옵소서 우리가 우리의 것(또는 우리의 가족)을 다 버리고 주를 따랐나이다"(눅 18:28)라고 말했을 때, 예수님은 "하나님의 나라를 위하여 집(가족)을 버린 자는 현세에 여러 배를 받고"(눅 18:29-30)라고 대답하셨다.

다시 말하면, 예수님의 제자가 받는 기쁨과 보상은 그가 치른 희생보다 훨씬 크다. 주님은 하나님 나라의 한 부분이 되는 것의 가치는 헤아릴 수 없이 크며, 그것은 밭에 감추인 보화나 값을 매길 수 없는 좋은 진주와 같다(마 13:44-46)고 가르치신 것이다.

무거운 짐의 의미

마태복음 11장 28-30절에 나오는 '짐', 헬라어로 '포르티온 (φορτίον)'의 의미를 알려면 예수님이 마태복음 23장 4절에서 말씀하신 '무거운 짐(포르티아 바레아, φορτία βαρέα)'과 사도행전 15장 28절에서 사도들과 예루살렘의 장로들이 안디옥, 시리아, 길리기아의 이방인들에게 보내는 편지에서 쓴 '짐(바로스, βάρος)'[2]을 함께 봐야 한다.

> 서기관들과 바리새인들이 모세의 자리에 앉았으니
> 그러므로 무엇이든지 그들이 말하는 바는 행하고 지키되
> 그들이 하는 행위는 본받지 말라 그들은 말만 하고 행하지 아니하며
> 또 무거운 짐을 묶어 사람의 어깨에 지우되
> 자기는 이것을 한 손가락으로도 움직이려 하지 아니하며
> 마태복음 23:2-4

예수님은 서기관들과 바리새인들이 '무거운 짐'을 묶어 사람들의 어깨에 지운다고 말씀하셨다. 이 짐은 바리새인들이 종교적으로 규정한 것들과 구전 토라의 계명들을 말한다. 이것은 히브

---

[2] 요한일서 5:3 "하나님을 사랑하는 것은 이것이니 우리가 그의 계명들을 지키는 것이라 그의 계명들은 무거운 것이 아니로다"에서 '무거운'은 헬라어로 '바레이아이(βαρεῖαι)'가 사용되었다. 요한일서의 저자는 마태복음 11:28-30, 23:4 그리고 아마도 사도행전 15장의 영향을 받았을 수 있다.

리어에서 '묶다'라는 표현이 '할라카[3]로 금한다'[4]는 뜻으로 사용되는 것을 통하여 확실히 알 수 있다.

대부분의 권위 있는 전문가들은 마태복음 11장 30절의 '짐'이 바리새인들이 정한 구전 토라의 계명을 지키는 짐을 말한다고 하지만[5] 내 생각은 다르다. 나는 이것이 제자들이 토라의 온전한 지

---

3) 율법의 구체적 적용에 대한 랍비들의 법적 판단. 277쪽의 '용어 설명'을 참고하라. - 역자 주

4) '묶다'와 이것의 반대말인 '풀다'는 법적인 규례에 있어서 '금지하다'와 '허락하다'라는 뜻으로 랍비들이 사용하는 관용구다. 182-185쪽을 보라.

5) 대부분의 주석가들은 바리새인들과 구전 토라에 대하여 지나친 편견을 나타냈다. Weiss는 이렇게 기록했다. "바리새인 랍비들이 의인들에게 지키도록 한 규례에 대하여 예수님은 성내시며 이렇게 말씀하셨다… '지기 힘든 무거운 짐'(마 23:4)… 율법의 정말 중요한 것들이… 궤변적이고 의례적인 의무들, 즉 이 포르티아(짐들)에 의하여 가려졌다. 이것으로 예수님께서 말씀하신… 수고하고 무거운 짐진 자들이 주님의 포르티온(짐)을 받아들이면 쉼을 얻으리라(마 11:28-30)는 약속에 대하여 알 수 있다." (Konrad Weiss, "Phortion", Theological Dictionary of the New Testament, Vol. 9 (1974), G. Kittel 등 편저, [Grand Rapids, MI: Eerdmans, 1964-1976) p. 85). Albright와 Mann은 이런 의견을 밝혔다. "바리새 율법주의의 자의적인 의무들과 급격히 늘어나는 법적 판결에서 오는 불확실성 대신에 쉬운 멍에와 가벼운 짐이 제시되었다." (W. F. Albright와 C. S. Mann, Matthew [Anchor Bible Vol. 26; Garden City: Doubleday, 1971], p. 146). Robert H. Gundry는 이렇게 썼다. "… 11장에서 예수님이 그의 제자들에게 지우신 짐은 23장에서 서기관들과 바리새인들이 그들을 따르는 사람들에게 지운 짐과 대조된다. 마태가 의도적으로 그의 독자들로 하여금 이런 식으로 두 구절을 연결시켜서 읽게 했다는 것은 그가 23장 4절(그리고 누가복음 11장 46절)에서 '너희 짐'을 누락시킨 것으로 알 수 있다. (Matthew: A Commentary on His Handbook for a Mixed Church under Persecution, [2nd ed.; Grand Rapids, MI: Eerdmans, 1994] p. 219). Donald A. Hagner는 "바리새인들의 힘들고 피곤한 길"(Matthew, p. 325), "바리새인

식을 얻기 위하여 감내해야 하는 무거운 짐을 말한 것이라고 생각한다. 마태복음 23장 4절에 사용된 '묶다'와 복수형의 '짐들'을 보면 이것을 알 수 있다.

예수님은 성문 토라와 구전 토라의 계명을 지키는 것을 중요하게 여기셨다.[6] "그러므로 무엇이든지 그들이 말하는 바는 행하고 지키되"(마 23:3). 주님은 토라를 철저하게 공부하고 잘 이해하면 그 계명들을 지킬 수 있다고 확신하셨다.

들의 지나친 율법주의"라고 말하며 그들의 법적 규례들이 "복잡한 궤변들을 포함하고 있다"(p. 323)고 언급했다. 그의 관점에서 바리새인들은 예수님의 "주요 경쟁자"였다(p. 324).
바리새인들과 그들의 가르침에 대한 더 정확한 평가는 David Flusser의 Jesus (3판; Jerusalem: Magnes, 2001), pp. 66-73, 89, 150, 182-3, 202-3을 보라.

6) 마태복음 11:28-30에서 예수님은 새롭고 더 가벼운 계명이 토라의 계명을 대신할 것이라고 하신 것이 아니다. 주님은 자기의 계명과 하나님의 계명을 대비시키지 않으셨을 것이다. 주님은 '마지막 때까지 하나님의 토라의 가장 작은 글자도 사라지지 않을 것이라'(마 5:18)고 말씀하셨다(175-178쪽을 보라). 그것만이 아니라, 예수님은 계명과 구전 토라의 계명까지도 지키셨다. 예수님이 그 시대에 유대인의 율법을 지키신 것에 대한 더 자세한 정보는 107-126쪽을 보라. 초대 교회가 정한 이방인이 지켜야 할 계명에 대해서는 252-257쪽을 보라.

히브리어 성경의 인용

수고하고 무거운 짐 진 자들아 다 내게로 오라
내가 너희를 쉬게 하리라
나는 마음이 온유하고 겸손하니 나의 멍에를 메고 내게 배우라
그리하면 너희 마음이 쉼을 얻으리니
이는 내 멍에는 쉽고 내 짐은 가벼움이라 하시니라
마태복음 11:28-30

"수고하고 무거운 짐 진 자들아" 이것은 예레미야 31장 25절 "내가 그 피곤한 심령을 상쾌하게 하며 모든 연약한 심령을 만족하게 하였음이라"에서 가져오신 것으로 보인다.[7] 70인역은 이 구절을 "내가 모든 목마른 자에게 마시게 하고 모든 굶주린 자를 배부르게 하리라"(렘 38:25 LXX)고 번역했다.

"내게로 오라" 이것은 주님의 제자가 되어 배우라고 초청하시는 것이다.[8] 벤 시라서에 따르면 지혜가 사람들을 청하여 안식을

---

7) Gundry는 이렇게 기록했다. "28절의 '수고하고 무거운 짐 진 자들아'는 예레미야 31:25의 '내가 그 피곤한(70인역: 목마른) 심령을 상쾌하게 하며 모든 연약한(70인역: 주린) 심령을 만족하게 하였음이라'를 생각나게 한다. 또 28절의 '내가 너희를 쉬게 하리라'는 출애굽기 33:14과 정확히 같은 단어로 이루어져 있다. 29절의 '너희 마음이 쉼을 얻으리니'는 예레미야 6:16을 문자 그대로 인용한 것이다"(Matthew, p. 219).

8) Hagner는 이렇게 말했다. "예수님께로 오라는 초청은 제자가 되도록 청하는 것, 즉 주님과 그분의 가르침을 따르라는 것이다. '멍에(주곤, ζυγόν)'는 유

얻고 멍에를 메도록 한다.

"내가 너희를 쉬게 하리라" 예수님은 여기서 자신이 메시아임을 나타내신 것일 수도 있다. 유대인들은 메시아가 의인들에게 안식을 줄 것이라고 믿고 있었다.[9] 더 놀라운 것은 예수님이 "여호와께서 이르시되 내가 친히 가리라 내가 너를 쉬게 하리라"(출 33:14)는 말씀을 인용하셨다는 것이다.[10] 예수님은 오직 하나님만이 말씀하시는 방법으로 "내가 너희를 쉬게 하리라"고 말씀하신 것이다.[11] (아래 설명 참고)

> 대교(미쉬나 아봇 3:5; 미쉬나 베라콧 2:2; 1QH 6:19와 비교해 보라)와 신약(행 15:10; 갈 5:1) 모두에서 율법을 가리키는 비유적인 표현이다."(Matthew [Word Bible Commentary 33A-33B; Dallas: Word Books, 1993-1995], p. 324). 집회서 6:26, 28, 30; 24:19; 51:26을 참고하라.

9) Samuel Tobias Lachs는 다음과 같은 점에 주목했다. "메시아의 시대에 있을 축복 가운데 하나는 피곤한 자들에게 주어지는 안식이다"(A Rabbinic Commentary on the New Testament: The Gospels of Matthew, Mark, and Luke [Hoboken, NJ: Ktav, 1987], p. 196). Lachs는 그의 주장(p. 196, n. 1)의 근거로 En.48.4, Pesiq. Rab Kah. 27 (163a) 그리고 Pesiq. Rab. 32 (149a)를 인용했다.

10) 출애굽기 33:14의 '바하니호티 라크(הנחתי לך)'의 의미는 "내가 너를 쉬게 하리라"라는 온전한 쉼을 의미하는 것이 아니라 JPS의 번역처럼 "내가 네 짐을 가볍게 하리라"일 것이다.

11) W. D. Davies와 Dale C. Allison, Jr.는 "내가 너희를 쉬게 하리라"는 말씀이 원래 예수님의 입에서 나온 것이 아니고, 이것은 출애굽기 33:14을 인용한 말씀으로 후대의 편집자에 의하여 삽입된 것이라고 했다. "예수님이 말씀하신 '내가 너희를 쉬게 하리라'와 가장 가까운 구약의 병행구절은 출애굽기 33:14로 하나님께서 모세에게 '내가 너를 쉬게 하리라'고 말씀하신 것이다. 구약의 본문에서는 쉼을 주시는 분이 모세가 아니라 하나님인 반면, 신약에서는 예수님이 쉼을 주신다. 그러므로 예수님은 모세보다 위대하신 분이다" (A Critical

"나는 마음이 온유하고 겸손하니… 내게 배우라" "내게 배우라"는 것은 '와서 나의 여정에 참여하여 배우라'는 말씀일 것이다.[12] 예수님께서 자신을 "온유하고 겸손하다"고 하신 것은 "이 사람 모세는 온유함이 지면의 모든 사람보다 더하더라"(민 12:3)는 말씀과 연결시켜 볼 수 있다. 주님은 자신이 신명기 18장 15, 18절에 예언된 '모세와 같은 선지자'라고 말씀하신 것일 수 있다.[13]

"나의 멍에를 메고" 29절의 "메다"는 28절의 "오라"와 같은 뜻으로 사용되었다.[14] "멍에"는 토라를 깊이 공부하는 과정에서

---

and Exegetical Commentary on the Gospel According to Saint Matthew International Critical Commentary, vol. 2, [Edinburgh: T&T Clark, 1988-1997], p. 287).

12) 헬라어 동사 '만싸노(μανθάνω)'와 전치사 '아포(από)'가 함께 사용된 곳은 마 24:32(= 막 13:28)과 요세푸스의 유대고대사 8:317("그(아합)는 그 여자의 신들에게 경배하기 위하여 그 여자(이세벨)에게 배웠다")을 보라.

13) NIV 성경은 마태복음 11:29의 '프라우스(πραΰς)'를 "gentle"로 번역했다. 그러나 '프라우스'는 70인역에서 주로 구약의 히브리어 '아나브(יָנָו, 온유한)'를 번역하는데 사용되었다. 예수님은 아마도 모세를 설명하는데 사용된 이 히브리어 '아나브'를 동일하게 사용하셨을 것이다. '프라우스'는 70인역에서 '아니(יָנִי, 겸손한)'의 번역으로도 사용되었는데 예를 들면 스가랴 9:9이 있다. "시온의 딸아 크게 기뻐할지어다 예루살렘의 딸아 즐거이 부를지어다 보라 네왕이 네게 임하시나니 그는 공의로우시며 구원을 베푸시며 겸손하여서(아니) 나귀를 타시나니 나귀의 작은 것 곧 나귀 새끼니라".

14) 히브리어의 문학적 특징 중에 대구법Parallelism이 있다. 이것은 비슷한 의미의 두 단어나 어구를 병렬로 배치하는 것을 말한다. 헬라어 본문에서 28절과 29절에 대구법이 사용되었는데 28절의 처음에 나오는 '오다(두테, Δευτε)'와 29절의 처음에 나오는 '메다(아라테, αρατε)'가 같은 의미로 사용되었다. - 역자 주

의 고난과, 제자로서의 고된 삶을 가리키는 것일 수 있다(이 시대에 랍비의 제자가 되는 것은 오늘날의 박사 후 과정과 비슷하다). 또 "멍에"는 토라의 계명에 순종하는 것[15]이나 그 계명에 대한 예수님의 해석[16]으로 볼 수도 있다.

"너희 마음(혼, 심령)이 쉼을 얻으리니" 예레미야 6장 16절의 "너희는 길에 서서 보며 옛적 길 곧 선한 길이 어디인지 알아보고 그리로 가라 너희 심령이 쉼[17]을 얻으리라 하나 그들의 대답이 우리는 그리로 가지 않겠노라 하였으며"를 말씀하신 것이 분명하

---

15) F. J. Foakes Jackson과 Kirsopp Lake는 사도행전 15:10에 사용된 "멍에"에 대하여 이렇게 설명했다. "유대인 저자들은 일반적으로 주곤(ζυγόν)을 '의무'라는 뜻으로 사용했다" (The Acts of the Apostles, vol. 4 [London: Macmillan, 1920-33], pp. 173-174). Davies와 Allison은 이렇게 말했다. "'이 단어(멍에)는 순종, 복종, 예속을 의미하는 은유적 표현이 되었다" (A Critical and Exegetical Commentary on the Gospel According to Saint Matthew, vol. 2, p. 289). Gundry는 (행 15:10; 갈 5:1, 집회서 51:26; 솔로몬의 시 7:9; 19:32; 미쉬나 아봇 3:6; 바룩2서 41:3; 바빌로니아 탈무드 베라콧 13a를 인용하며) "멍에"는 순종을 나타내는 잘 알려진 은유적 표현이라고 했다(Matthew: A Commentary on His Handbook for a Mixed Church under Persecution, p. 219). Weiss는 이렇게 설명했다. "랍비들의 문서에서 '마싸(משא, 짐)'는 '의무'라는 의미를 갖는다(예루살렘 탈무드 베라콧 3, 1 [5d, 53-56, 61])" ("Phortion", Theological Dictionary of the New Testament, vol. 9, p. 85).

16) Hagner의 의견은 이렇다. "예수님이 '너희 위에 나의 멍에를 메고'라는 말씀으로 사람들을 청하셨을 때에 주님은 그들에게 율법의 온전한 해석인 주님의 가르침을 따르라고 청하신 것이다… 바로 다음에 같은 의미가 강조되어 있다. '내게 배우라'" (Matthew, p. 324).

17) 개역개정은 '평강'으로 번역했으나 원문의 뜻은 '쉼'으로 보는 것이 더 정확하다. - 역자 주

다. 여기서도 예수님은 오직 하나님만이 말씀하실 수 있는 "너희 심령이 쉼을 얻으리라"는 말씀을 하셨다.

"내 멍에는 쉽고 내 짐은 가벼움이라" '쉽고'로 번역된 헬라어 '크레스토스(χρηστὸς)'는 신약에서 이곳 외에 누가복음 6장 35절, 베드로전서 2장 3절 등에 사용되었다. '가볍다'로 번역된 헬라어 '엘라프론(ἐλαφρόν)'은 이곳과 고린도후서 4장 17절에만 사용되었다. 그리고 '쉽다'와 '가볍다'는 히브리어의 대구법으로 기록되었고 이 구절은 히브리어로 쉽게 바꿀 수 있다.

메시아에 대한 암시

예수님이 "너희 위에 내 멍에를 메라"고 말씀하신 것은 계명을 지키라는 뜻이다. 여기서 주님은 하나님만이 하실 수 있는 말씀을 하신 것으로 보인다. 예수님이 그 멍에를 "내 멍에"라고 하시고 그 짐을 "내 짐"이라고 하신 것은 놀라운 일이다. 랍비들도 계명을 지키는 것을 '멍에'로 말하긴 하지만, 그 멍에가 '내 멍에'라고 말하는 일은 거의 보기 힘들다.

이외에도 주님은 자신이 메시아임을 암시하는 표현을 많이 사용하셨다.

'인자' - 다니엘 7:13, 누가복음 22:69[18], 19:10; 마태복음 25:31

'푸른 나무' - 에스겔 20:47, 누가복음 23:31

'왕' - 마태복음 25:34

'안식일의 주인' - 마태복음 12:28, 누가복음 6:5

'솔로몬과 요나보다 더 큰 이' - 누가복음 11:31-32

사람들도 예수님을 메시아와 관련된 칭호로 불렀다.

'주' - 누가복음 5:8

'인자' - 누가복음 1:35

'다윗의 자손' - 누가복음 18:38

'모세와 같은 선지자'[19] - 신명기 18:15, 누가복음 7:16

그러나 예수님은 대놓고 자신이 메시아라고 말씀하시지는 않았다. 주님은 말씀을 가르치실 때 구체적인 상황과 다양한 주제들을 말씀하시면서 자연스럽게, 거의 스쳐 지나가듯이 메시아를 암시하는 성경 구절들을 언급하셨다. 그 구절들은 그 시대의 랍비들이나 그 이전 세대들이 메시아를 나타내는 말씀으로 해석한 것이다.

---

18) Randall Buth의 "Jesus' Most Important Title", Jerusalem Perspective 25 (Mar/Apr 1990), pp. 11-15를 보라.

19) David Bivin의 "'Prophet' as a Messianic Title", Jerusalem Perspective 2 (Nov 1987), pp. 3-4, 133-135를 보라.

예수님이 언급하신 구절들 가운데 어떤 것들은 단지 메시아임을 나타내는 것 이상의 의미를 갖는다. 예수님이 말씀을 전하실 때 오직 하나님만이 말씀하시는 방법으로 말씀하시는 경우가 있었다. 예를 들면 반석 위에 지은 집에 대한 비유에서 예수님은 이렇게 말씀하셨다.

> 누구든지 **나의 이 말**을 듣고 행하는(지키는) 자는
> 그 집을 반석 위에 지은 지혜로운 사람 같으리니
> 마태복음 7:24, 누가복음 6:47

여기서 예수님은 하나님의 계명을 '나의 이 말'이라고 하셨다. 또 주님은 "내가 이 반석 위에 '내 교회'를 세우리니"(마 16:18)라고 말씀하셨다.[20] 예수님이 '내 멍에', '내 짐'이라고 말씀하신 것은 '나의 말', '나의 교회'라고 말씀하신 것과 같은 맥락으로 볼 수 있다.

> 인자가 온 것은 잃어버린 자를 찾아 구원하려 함이니라
> 누가복음 19:10

---

[20] '교회'는 헬라어로 '에클레시아(ἐκκλησία)'이며 '회중, 총회, 교회'를 의미한다. 이것은 구약의 히브리어 '카할(קהל)'과 같은 것이며 '여호와의 총회'(민 16:3, 20:4, 신 23:1-3)라는 표현으로 자주 사용되었다. 예수님은 이 '여호와의 총회'를 '나의 교회'라고 말씀하신 것이다. - 역자 주

이 구절도 하나님만이 하실 수 있는 말씀으로 에스겔 34장의 말씀을 인용하신 것이다. 하나님은 에스겔 34장에서 잃어버린 양을 찾아 구원하실 것이라고 계속해서 말씀하셨다.

> 그 잃어버린 자를 내가 찾으며…
> 에스겔 34:16

> 내가 내 양 떼를 구원하여…
> 에스겔 34:22

예수님은 자신을 '잃어버린 자를 찾고 구원하는 자'라고 하심으로 '잃어버린 양들의 목자'이신 하나님의 일을 맡으신 것이다.

"예수님의 멍에와 짐"은 데이빗 비빈의 "Jesus' Yoke and Burden"을 편집 및 요약한 것이며 www.JerusalemPerespective.com에서 볼 수 있다.

| 5. 예수님의 말씀의 기록과 순서 |

　예수님의 가르침은 어떻게 복음서로 기록되었는가? 복음서는 얼마나 예수님의 말씀을 잘 보존하고 있는 것인가? 예수님의 말씀들은 왜 복음서마다 다른 순서로 기록되어 있는 것인가? 우리는 1세기 랍비들이 그들의 말씀을 오랜 세월 동안 정확하게 보존하기 위하여 사용한 특별한 방법을 살펴봄으로 복음서가 어떻게 기록되었는지를 잘 이해할 수 있을 것이다.

　예수님의 시대에 제자가 스승의 말을 기록해서 전달하는 것이 금지되었다는 것은 놀라운 일이다.[1] 랍비의 가르침은 '구전 토

---

1) 바리새 랍비들의 독특한 공부 방법 중 하나는 암기한 자료들을 사용하는 것이다. 1세기 유대교에서 다른 분파의 교사와 학생들은 공부할 때 두루마리를 사용하였다. 예를 들면 에세네파는 그들의 가르침을 두루마리에 기록하여 보존하고, 공부할 때에 그것을 사용했다. 그러나 바리새인들은 공부할 때에 두루마리를 가져오지 않았다. 대신에 그들은 성경과 구두 전승들을 잘 외워서 왔다. 바리새파의 랍비들과 제자들이 토론할 때에 제시하는 자료들은 그들의 기억 창고에서 나온 것들이다. 예수님은 유대교 안에서 바리새파와 관련된 분파에 속하셨을 것이다. Shmuel Safrai의 "Jesus and the Hasidim", Jerusalem Perspective 42, 43 & 44 (Jan-Jun 1994), pp. 3-22에서 "Jesus and the Pharisees"(pp. 3-4)를 보라.
1세기에 바리새파의 문학은 구전으로 전해졌다. 이후 200년 경에 이 문학을

라'(영감을 받은 권위 있는 성경 해석)로 여겨졌다. 그래서 그것을 글로 전하는 것을 엄격히 금하였다. 그러므로 예수님의 최초의 제자들도 주님의 가르침을 글로 남기지 않고 말로 전달했을 것이다. 이것이 후대를 위하여 예수님의 말씀을 변질시키지 않고 정확히 보존하는 비결이었을 것이다.

구전의 정확성

우리는 구두로 전해진 자료가 기록으로 전해진 자료보다 신뢰성이 낮다고 보는 경향이 있다. 이것은 우리가 잘 알고 있는 구전 문학인 신화나 전설 등이 전달될 때마다 그 내용이 조금씩 바뀐다는 것을 알기 때문이다.

대부분의 신학자들이 거의 한 세기 동안 받아들였던, 소위 '구전설Oral Hypothesis'이라는 것은, 복음서의 이야기들이 원래는 셈어로 된 이야기의 희미한 기억에서 나온 것이며, 헬라어를 사용하는 초대 교회 안에서 구전을 통하여 발전되었다는 가정에 기초한 것이다. 그들은 이 이야기들이 헬라어를 사용하는 교사들과 설교가들에 의하여 윤색되었고, 이야기가 전해질 때마다 내용이

나타내는 말로 "구전 토라"라는 용어가 사용되었다. 이것은 성문 토라에 대한 권위 있는 주석으로 인정받았다(Shmuel Safrai의 "Literary Languages in the Time of Jesus", Jerusalem Perspective 31 [Mar/Apr 1991], p. 3을 보라).

늘어나 현재의 분량에 이르게 되었으며, 예수님이 돌아가신 뒤 수십 년이 지나서야 헬라어로 기록된 것으로 생각했다.

그러나 1세기 유대 사회의 랍비 공동체 안에서 이루어진 구두 전승은 이들이 생각하는 것과 전혀 달랐다. 랍비들과 제자들에 의하여 구두로 전달된 내용의 정확도는 100%에 가까우며, 이것은 기록을 통하여 전승되었을 경우의 정확도보다 훨씬 더 높은 것이었다.

문학이 필사로(손으로 베껴 써서) 전달되면 불가피하게 '필사오류scribal errors'로 알려진 실수가 생기기 마련이다. 랍비들은 이 위험성을 잘 알고 있었다. 그들은 자기들의 문학이 기록으로 전달되면 그 내용의 정확성이 제대로 유지되지 않을 것이라는 것을 알았다. 그래서 그들은 그것을 글로 전달하는 것을 금했다.[2]

마태복음 6장에 나오는 주님의 기도를 예를 들어 보자. "나라가 임하시오며 뜻이 하늘에서 이루어진 것 같이 땅에서도 이루어지이다." 기독교인들은 대부분 이 구절을 기억하고 있기 때문에 아주 작은 오류라도 알아볼 수 있다. 이와 비슷하게, 어떤 공동체 안에서 말씀을 구두로 전하는데 그 구절을 몇 사람이 알고 있다면, 일부 틀린 사람이 있더라도 다른 사람들이 그 실수를 바로 잡음으로 그 구절의 정확성을 유지할 수 있다. 그러나 만약 말씀이

---

[2] 구전으로 전해지는 말을 기록으로 남기는 것을 금하는 내용은 바빌로니아 탈무드(b. Gittin 60b)에서 볼 수 있다. 기록을 금하는 것은 축복문과 기도문에도 적용된다(t. Shabbat 13:4).

기록으로만 보존되어 전달된다면 내부적인 교정은 없을 것이다. 그리고 오류가 생기면 그것을 인식하지 못한 채 계속 남아 있게 될 것이다.

1세기 랍비들의 공동체 안에서 이루어진 구두 전승 덕분에 신뢰할 수 있는 정확한 자료가 보존된 것은 무척 감사한 일이다. 랍비의 제자는 스승의 말을 다른 사람들에게 인용하여 말할 때 그가 받은 전승에서 단어 하나도 바꿀 수 없었다.[3] 그리고 인용할 때에는 그것의 출처를 반드시 언급해야 했다. 그래서 많은 랍비들의 글이 "랍비 A의 이름으로 랍비 B가 말한다", 즉 "랍비 B는 랍비 A로부터 전하여 받은 말씀을 전한다"와 같이 시작한다.

우리가 1세기 랍비들에게 감사할 또 다른 점은 그들이 열심히 외워서 구전으로 전달한 자료의 양이 엄청나게 많다는 것이다. 그들은 성경을 포함하여 어마어마한 양의 구전 문학을 알고 있었는데, 그것은 기독교인들이 주기도문을 외우는 것과 같은 방식으로 전해졌다.

여기서 다음과 같은 생각을 할 수 있을 것이다. 헬라어로 처음에 기록된 예수님의 말씀과 행적은 히브리어로 구두로 전해진 자료를 번역한 것이고, 그것은 예수님의 최초의 제자들이 외워서 매우 정확하게 전한 것일 것이다. 어쩌면 이것은 초기에 그 도를 따르는 자들(행 9:2) 가운데 2개 국어를 하는 제자가 날마다 앉아

---

[3] "전승을 전할 때에는 항상 자기 스승에게서 받은 것과 같은 말로 전해야 한다" (미쉬나 에두욧m. Eduyot 1:3).

서 열두 제자 또는 예수님의 공생애의 처음부터 함께 다니던 다른 제자들(행 1:21-22) 중 한 사람이 히브리어로 전한 설교나 가르침을 듣고 기록한 것일 수 있다. 열두 제자는 말씀을 선포하고 가르치면서 예수님의 많은 행적과 말씀들을 전했다. 그리고 아마도 청중들은 그것을 히브리어로 적고 뒤에 그것이 헬라어로 번역되었거나, 아니면 들은 내용을 바로 헬라어로 적었을 것이다.

히브리어와 헬라어를 사용하며 주님의 말씀을 기록한 이 사람은 마가 요한(행 12:25)일 가능성이 있다. 2세기 중반 소아시아 히에라폴리스의 교부인 파피아스Papias는 이렇게 말했다.

> 베드로의 통역사였던 마가는 그가 기억하는 것을 정확히 기록했다. 그런데 그는 주님의 말씀이나 행적을 정확한 순서대로 전하지 않았다. 이것은 그가 주님과 함께 다닌 자가 아니어서 주님의 말씀을 직접 듣지 못했고, 나중에 베드로가 전한 것을 들었기 때문이다. 베드로는 (그의 청중들의) 필요에 맞게 주님의 가르침을 전했고, 주님의 말씀 전체를 처음부터 끝까지 전하지는 않았다. 그러므로 마가는 그가 기억하는 대로 일들을 기록했을 뿐이다. 그의 관심사는 오직 그가 들은 것을 하나도 빠짐없이 기록하고, 사실이 아닌 것은 아무것도 기록하지 않는 것이었다.[4]

---

4) 유세비우스의 교회사Eusebius, Ecclesiastical History III, 39, 15. Papias도 "마태는 (주님의) 말씀을 히브리어로 기록했고, 다른 사람들이 할 수 있는 대로 그것을 번역했다" (교회사 III, 39, 16)고 했다. Papias의 마태복음에 대한 전승과 공관복음에 나오는 셈어의 특징에 대한 언급으로 Jerusalem School 의 Robert Lindsey는 기록된 히브리어 자료의 존재를 긍정적으로 받아들였

파피아스의 전승을 어느 정도까지 믿어야 할지는 의문이다. 그렇지만 파피아스에 따르면, 마가는 베드로의 번역가로서 섬겼고 베드로의 가르침을 그가 기억하는 대로 기록했다. 마가의 이야기가 시간 순서대로 기록되지 않은 것은 베드로의 설교가 연속적인 이야기가 아니었기 때문이다.[5]

복음서마다 순서가 다른 이유

예수님에게서 배운 열두 제자 및 다른 제자들은 주님의 생애를 기억하고 있었다. 그러나 그들은 말씀을 가르치거나 설교할 때에 그것을 시간 순서대로 전하지 않았다. 오히려 그들은 자기들의 설교에 맞게 주님이 행하신 일들과 가르침들을 가져왔다.

예를 들면, 어떤 사도는 예수님이 하나의 내용을 가르치기 위하여 사용하신 두 개의 비유 중에서 자신의 설교 주제에 적합한 비유 하나만을 사용했을 것이다. 그들이 히브리어로 된 주님의 일대기를 단편적으로 설교하고 가르치기는 했지만, 그것이 구두로 전달되는 한 그 내용은 정확하게 보존되었다.

마태, 마가, 누가의 저자들은 모두 그들의 복음서의 이야기들

다(The Jesus Sources: Understanding the Gospels [Tulsa, OK: HaKesher, 1990], p. 13; Jesus Rabbi & Lord: The Hebrew Story of Jesus Behind Our Gospels [OaK Creek, WI: Cornerstone Publishing, 1990], p. 207).
5) Papias가 언급한 문서는 마가복음 정경과 다른 것일 수도 있다.

을 시간순으로 구성하려고 했다. 복음서들 안에 같은 이야기들이 많지는 않지만, 저자들은 그 공통된 이야기들을 항상 같은 순서로 배열하지는 않았다. 예를 들면, 마태복음과 누가복음에만 들어 있는 47개의 이야기가 있는데, 복음서의 두 저자가 이 이야기들을 배치한 곳들 가운데 같은 위치에 둔 것은 오직 하나뿐이다. 이 이야기들이 이렇게 다른 순서로 기록된 중요한 이유 중 하나는 아마 저자들이 자신이 사용한 자료에 시간적인 순서가 없다고 느꼈기 때문일 것이다.

누가복음의 저자는 그가 저술하는 이유를 데오빌로라는 어떤 사람에게 그 모든 일들을 "차례대로"(눅 1:3) 써서 보내려는 것이라고 밝혔다. 예수님의 생애를 '순서대로 기록'할 필요가 있다고 생각한 사람이 질서(order, 순서)를 추구하는 헬라 문화권의 저자였다는 것은 중요한 사실이다.

가장 초기에 예수님의 가르침을 기록한 문서들은 그 말씀을 정확하게 인용하는 것에 크게 공을 기울였지만, 말씀이나 이야기들을 원래의 문맥 안에서 보존하는 것에는 그다지 신경을 쓰지 않았을 것이다. 현대의 이방인 독자들은 역사적 순서를 민감하게 생각하지만, 고대 유대교에서 성경의 역사를 진행된 순서와 관계없이 배치하는 것은 흔한 일이었다. 어떤 이야기나 격언을 성경의 말씀에 연결시켜서 기록하는 것이 원래의 역사적 정황을 보존하는 것보다 우선시되었다. 예를 들면 이사야, 예레미야, 에스겔 같은 선지서들은 선지자들의 생애에 일어난 사건들을 순서대로 기록하지 않았다.[6] 그들에게 연대기적 순서는 우선적으로 고려할 사항이 아니었다.

복음서에서 예수님이 행하신 많은 일들과 말씀들이 원래 있었던 순서에서 벗어난 이유는 이런 고대 현인들과 제자들의 관례로 설명할 수 있을 것이다. 예수님의 생애를 처음 기록한 것은 2개 국어를 하는 제자가 헬라어로 작성한 것이었을 것이고, 그것은 예수님의 열두 제자나 주님과 항상 함께 다니던 제자들 중 하나 또는 몇 명이 히브리어로 구두로 전한 가르침들에 기반한 내용이었을 것이다. 마태와 마가와 누가복음에 기록된 이야기들의 순서가 다른 원인을 해명하는 것은 신약 학자들에게 가장 큰 과제 중 하나이다.

"예수님의 말씀의 기록과 순서"는 데이빗 비빈이 쓴 "The Discomposure of Jesus' Biography"를 편집 및 요약한 것으로 www.JerusalemPerspective.com에서 볼 수 있다.

---

6) 랍비들은 토라에 나오는 사건들이 꼭 연대기적 순서에 따라 구성된 것은 아니라고 생각했다. "토라에 연대기적 순서(직역하면, '이르고 늦은')는 없다" (예루살렘 탈무드 메길라j. Megillah 70b, 바빌로니아 탈무드 페사힘b. Pesahim 6b).

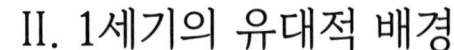

II. 1세기의 유대적 배경

| 6. 예수님은 유대인의 관습을 지키셨는가? |

예수님은 후대에 '구전 토라'라고 불린, 그 시대의 다른 랍비들의 규례를 얼마나 잘 지키셨는가? 어떤 사람들은 주님이 그들의 가르침을 거부하셨다고 생각하지만, 성경을 자세히 읽어 보면 주님이 율법과 그 시대의 전통의 테두리 안에서 사셨다는 것을 알 수 있다. 이 전통과 예수님이 이것에 대하여 어떻게 반응하셨는가를 알면 주님을 더 잘 이해할 수 있다.

구전 토라

랍비들의 가르침에서 토라는 항상 중심 주제였다. 그러나 불행하게도 우리 성경에는 히브리어 토라가 그냥 '율법'으로 번역되었다. 이런 번역은 우리에게 '토라'는 단지 '계명'과 관련된 것이라는 인상을 심어주었다. 그러나 실제로는 전혀 그렇지 않다. 토라는 하나님이 주신 것으로, 삶의 모든 여정을 위한 지침(가이드라인)을 모아 놓은 것이다. 그러므로 '토라'를 더 제대로 번역하면

'하나님의 지도서'라고 할 수 있다.

성문 토라는 하나님께서 시내산에서 이스라엘에게 주신 가르침으로 이루어져 있으며 모세오경, 즉 창세기, 출애굽기, 레위기, 민수기, 신명기로 기록되었다. 구전 토라는 랍비들이 만든 것으로, 그 가르침들을 일상 생활에 적용할 수 있도록 설명하고 법적으로 해석한 것이다. 이것은 예수님의 시대에 기록된 것은 아니지만 주님의 말씀을 이해하는데 큰 도움이 된다.

구전 토라는 살아 있는 전승으로, 기록된 율법을 해석하거나 때로는 수정할 수도 있는 권위를 갖고 있었다. 요즘으로 말하면, 판사들이 입법 기관이 제정한 법을 해석하여 내린 판결들로 이루어진 판례집과 비슷한 것이다. 초기의 랍비들과 마찬가지로, 판사들은 사건이 오면 성문법을 적용하고 해석하는 전통과 판례를 남기는데 이것은 법에 못지 않은 권위를 갖는다.

구전 토라는 그 이름이 말하는 것처럼 구두로 전해졌으며 예수님의 시대에는 아직 기록되지 않았다. 이것이 기록된 것은 이스라엘에서 유대인이 거의 사라진 이후로, 기원후 200년경 랍비 예후다 하나시Rabbi Yehudah ha-Nasi에 의하여 편찬되어 미쉬나Mishnah에 기록되었다. 미쉬나에는 그 이전 수백 년 동안의 현자들의 가르침이 기록되어 있고, 일부분을 제외하면 거의 전체가 히브리어로 기록되었다.

랍비 예후다가 구두 전승을 글로 기록하지 못하도록 한 전통을 깨자, 구전 토라를 모아 기록한 다른 문학들이 나왔는데, 그중에는 특히 미쉬나에 대한 주석인 게마라Gemara가 있었다. 그리고 게마라와 미쉬나를 함께 기록한 탈무드가 나오게 되었다. 여기에는 기원후 3세기까지 글로 기록되지 않은 랍비들의 전승이 포함되어 있다. 이 전승들은 예수님이 사셨던 2차 성전 시대의 역사적 실제를 보여주는 믿을 수 있는 증거라 할 수 있다.[1]

탈무드는 두 종류가 존재한다. 하나는 기원후 400년경에 이스라엘에서 편찬된 예루살렘 탈무드이고, 다른 하나는 그보다 약 100년 후에 바빌로니아의 유대인 랍비들이 편찬한 바빌로니아 탈무드다. 두 번째 작품은 엄청난 양의 랍비들의 가르침이 기록되어 있는데, 약 250만 개의 단어와 5,894쪽으로 이루어져 있다. 오늘날에도 바빌로니아 탈무드는 유대인의 종교 교육에서 가장 중요한 자료다.

조상들의 격언

미쉬나의 63개의 논문 중에서 가장 잘 알려진 것은 '피르케 아봇Pirke Avot(조상들의 장)' 또는 짧게 '아봇Avot(조상들)'으로 알려진 논문이다. 이것은 주로 '조상들의 격언'이나 '조상들의 강령'으로 불리기도 한다. 아봇은 기원전 3세기의 격언들로 시작해서 60명

---

[1] Shmuel Safrai, "Talmudic Literature as an Historical Source for the Second Temple Period", Mishkan 17-18 (1993), pp. 121-137.

이상의 유명한 랍비들의 귀중한 격언들로 이루어졌다. 미쉬나의 다른 논문들의 주제는 주로 법적인 내용이지만, 아봇은 사실상 거의 전체가 도덕적 행위를 다루는 경건에 대한 내용이다. 랍비 문학에서 예수님의 말씀과 비슷한 구절들로 알려진 것들 중 일부가 이 논문에 들어 있으며, 그 길이는 6장 정도이다.[2]

이 논문의 글 중에 예수님의 말씀과 비슷한 구절을 예를 들면 다음과 같다.

> 낮은 짧고 일은 많으나 일꾼들은 게으르다.
> 그렇지만 그 품삯은 비싸니 이는 주인이 서두르기 때문이다.[3]

이것은 예수님이 마태복음 9장에서 하신 말씀과 비슷하다.

> 추수할 것은 많되 일꾼이 적으니 추수하는 주인에게 청하여
> 추수할 일꾼들을 (더) 보내 주소서 하라.
> 마태복음 9:37-38

---

[2] 성경과 기도서와 유월절 학가다를 제외하고, 아봇은 랍비들의 문헌 중에서 종교적 유대인들에게 가장 잘 알려진 책일 것이다. 왜냐하면 아봇에 대하여 쓴 책들과 주석서가 가장 많기 때문이다. 종교적인 지식이 적은 유대인들조차도 아봇에 들어 있는 격언들을 잘 알고 있다. 아봇은 너무나 잘 알려져 있어서, 유월절과 유대인의 새해 사이에 (약 5개월 정도) 회당에서 매주 토요일 오후 기도가 끝나면 아봇을 공부하는 것이 관례가 되었다. 그리고 마침내 아봇 전체의 내용이 기도서에 포함되게 되었다.

[3] 미쉬나 아봇 2:15, 랍비 타폰의 말, (기원후 50-55년 출생).

또 다른 예로 "보상을 받으려고 자기 주인을 섬기는 종과 같이 되지 말아라. 오히려 보상을 받지 않고 자기 주인을 섬기는 종과 같이 되어라."(미쉬나 아봇 1:3)라는 말은 예수님의 말씀 중에 "이와 같이 너희도 명령 받은 것을 다 행한 후에 이르기를 우리는 무익한 종이라 우리가 하여야 할 일을 한 것뿐이라 할지니라"(눅 17:10)와 비슷하다.

아봇에 기록된 내용 중에서 예수님의 말씀과 비슷한 구절들 외에도 중요한 것은 예수님 시대의 종교적 생활 방식, 그중에서도 특히 랍비와 제자들의 삶에 관한 것이다. 이 논문은 첫 구절부터 랍비들에게 "많은 제자를 양육하라"(미쉬나 아봇 1:1)고 권고하고 있다. 이것은 예수님이 "모든 민족을 제자로 삼으라"(마 28:19)고 하신 것과 비슷하다. 다른 구절에서는 사람들에게 랍비들을 환대하도록 권하고 있다.

> 너희 집이 랍비들의 모임의 장소가 되게 하고,
> 너희는 그들의 발의 먼지를 뒤집어 쓰고,
> 갈급함으로 그들의 말을 잘 들어라.[4]

누가복음에 마리아와 마르다가 이 가르침을 따라 예수님과 제자들을 자기들의 집으로 영접한 이야기가 기록되어 있다(눅

---

4) 미쉬나 아봇 1:4, 요세 벤 요에제르의 말. 그는 예수님보다 약 200년 전인 기원전 2세기 초반 사람이다. 더 자세한 내용은 53-54쪽을 보라.

바빌로니아 탈무드의 첫 페이지.
미쉬나와 탈무드의 중요한 본문이 중앙에 위치해 있고
각주와 주석이 그것을 둘러싸면서 기록되어 있다.
전체 분량은 거의 6,000쪽에 이른다.

6. 예수님은 유대인의 관습을 지키셨는가?   99

10:38-42). 또 다른 구절은 예수님 시대에 한 유대인의 전형적인 삶을 묘사하고 있다. 여기서는 성경을 가르치고 배우는 것을 강조하고 있다.[5]

아봇의 많은 구절들을 보면, 그것이 예수님의 말씀과 완전히 같지는 않더라도, 그것을 통하여 주님이 가르치신 말씀의 영적 깊이를 알 수 있다.

> 이 세상은 앞으로 올 세상의 입구와 같다.
> 너희는 입구에서 스스로 준비하여 연회장에 들어갈 수 있도록 하라.
> 미쉬나 아봇 4:16

> 표범처럼 강하고, 독수리처럼 빠르고,
> 사슴처럼 날렵하며, 사자처럼 용맹하여
> 하늘에 계신 너희 아버지의 뜻을 행할 수 있게 하라.
> 미쉬나 아봇 5:20[6]

---

[5] 미쉬나 아봇 5:21. 더 자세한 내용은 40-43쪽을 보라.
[6] 다른 랍비 문헌들을 참고하려면 다음의 자료들을 보라. Abraham Cohen, Everyman's Talmud, 2판 (1949; reprinted New York: Schocken Books, 1975); Claude Montefiore, Herbert Loewe, A Rabbinic Anthology (1938; reprinted New York: Schocken Books, 1974).

예수님의 축복의 관습

예수님은 어느 정도까지 구전 토라의 규례들을 지키셨는가? 예수님은 그 규례들을 어긴 일로 비난받으신 적이 거의 없다. 다만 제자들이 간혹 구전 토라의 일부 규례를 지키지 않은 것으로 비난을 받았다(눅 6:1-2). 예수님이 비난받으신 일이 하나 있었는데 그것은 주님이 안식일에 병든 자를 고치신 일로 안식일을 어겼다는 것이다(눅 14:1-4). 그러나 주님이 안식일에 병을 고치신 일은 랍비들의 규례에서 허용되는 것이었다.[7]

신약 성경에 예수님이 이런 규례들을 지키신 것에 대한 구체적인 증거가 부족하다고 볼 수도 있지만, 여기서 알아두어야 할 것은 신약 성경은 유대인들이 유대인 독자들을 위하여 기록했다는 것이다. 신약의 저자들과 이것을 읽었던 초기의 독자들은 일반적인 유대교의 종교적 관습을 너무나 잘 알고 그것을 따랐던 사람들이다. 그래서 그것에 대하여 논하는 것은 불필요했을 것이다. 그렇다 하더라도 복음서를 읽어보면 예수님이 유대인들이 구전 토라에서 해석한 성경의 계명들을 지키셨다는 것에 대하여 충분한 증거를 얻을 수 있다.

예수님은 (그 시대에 아직 기록되지 않았지만) 구전 토라를 중

---

7) Shmuel Safrai, "Religion in Everyday Life", The Jewish People in the First Century (Shmuel Safrai, Menahem Stern 편저; Amsterdam: Van Gorcum, 1976), p. 805.

요하게 생각하셨고, 그것을 권위 있는 것으로 여기신 것 같다. 주님이 제자들에게 "무엇이든지 그들(서기관들과 바리새인들)이 말하는 바는 행하고 지키되"(마 23:3)라고 말씀하시며 주의를 주실 때, 주님은 바리새인들의 구전 전승과 성문 토라에 대한 해석을 말씀하신 것이다.

성문 토라 자체는 유대교의 모든 종파가 수용한 것이고, 예수님도 "천지가 없어지기 전에는 토라(율법)의 요드(י ,히브리어 알파벳 가운데 가장 작은 글자)나 코츠(가시, 1세기 서기관들이 요드에 장식으로 덧붙여 쓴 가시 모양의 획)도 결코 없어지지 아니하고"(마 5:18)라고 하셨다. 많은 랍비들도 같은 의견을 말했다. "세계의 모든 민족이 연합하여 토라에서 한 단어를 없애려고 할지라도 그렇게 할 수 없을 것이다."[8]

모든 일에 축복

예수님이 랍비들의 명령을 지키신 것 중에 가장 간단한 예로 축복의 관습이 있다. 율법을 준수하는 유대인이 매일 선포하는 다양한 축복에 대한 성경적 기초는 신명기 8장 10절이다.

---

8) 레위기 랍바Leviticus Rabbah 19:2. 마태복음 5:18과 예수님이 율법에 대하여 말씀하신 것에 대한 더 자세한 내용은 175-177쪽을 보라.

네가 먹어서 배부르고 네 하나님 여호와께… 찬송하리라

(직역하면, "너는 먹을 것이고, 너는 배부를 것이며,

너는 네 하나님 여호와를 축복할 것이다")

신명기 8:10

랍비들은 이 구절에서 식사 전과 식사 후, 그리고 다른 많은 경우, 사실 거의 모든 경우에 있어서 축복을 선포할 타당한 근거를 발견했다. 일반적인 랍비들의 원칙은 "즐거움을 누릴 수 있는 것은 무엇이든지 축복을 해야 한다"는 것이었다.[9]

어떤 사람이 집을 짓거나 새로운 물건을 샀으면 그는 "우리에게 이 순간을 주신 그분께 복이 있습니다"라고 말해야 했다. 어떤 사람이 이스라엘 역사 속에서 큰 기적이 일어난 장소를 보았다면 그는 "우리 조상들을 위하여 이곳에서 기적을 행하신 그분께 복이 있습니다"라고 말해야 했다. 유성이나 번개나 폭풍이나 지진이 일어나는 경우 그 사람은 "온 세계에 가득한 권능을 가지신 그분께 복이 있습니다"라고 말해야 했다. 그리고 산이나 언덕이나 호수나 강이나 광야를 보면 "창조의 작품들을 만드신 그분께 복이 있습니다"라고 해야 했다."[10]

---

[9] 바빌로니아 탈무드 베라콧 35a.

[10] 심지어 소변을 볼 때 하는 축복도 있었다. "지혜로 사람을 지으시고, 몸 안에 수많은 구멍과 빈 공간을 만드신 분께 복이 있습니다. 이 일이 주의 영광의 보좌 앞에 드러나 알려졌으니, 그 중 하나라도 열리거나 하나라도 막히면 주 앞에 존재하여 서 있을 수 없습니다" (바빌로니아 탈무드 베라콧 60b).

6. 예수님은 유대인의 관습을 지키셨는가?

또 사람들 앞에서 토라를 읽기 전에 축복의 말을 해야 하고, 읽기를 끝낸 후에 또 다른 축복을 해야 했다. 미크베(침례를 위한 욕조)에 들어간 후에 축복이 있었고, 위대한 학자를 보면 축복의 말을 해야 했다. 번영과 행운이 있을 때만이 아니라 재앙과 불운에 대해서도 하나님을 축복해야 했다. 비가 올 때, 그리고 좋은 소식이 있을 때에는 "선하신 분, 선한 것을 주시는 분께 복이 있습니다"라고 말하고, 나쁜 소식이 있을 때는 "신실한 재판관이신 주님께 복이 있습니다"하고 말해야 했다.

예수님이 다양한 축복을 하실 때 구전 토라의 규례를 잘 지키셨다는 증거가 있다. 식사 후에 하나님께 음식을 주신 것에 대하여 축복하는 것은 성경의 계명이다. 그러나 예수님은 식사 전에도 축복을 하셨다. 식사 전 축복은 구전 토라의 계명이며, 더 정확히 말하면 성문 토라의 계명에 대한 랍비들의 해석이다.

예수님은 신명기 8장 10절에 대한 랍비들의 해석을 따라서 식사 후에 축복을 하셨을 뿐만 아니라 식사 전에도 축복을 하셨다. 그 내용은 다음과 같다. "바룩 하모찌 레헴 민 하아레쯔(땅에서 먹을 것을 주신 그분께 복이 있습니다)" 예루살렘의 마지막 유월절 만찬에서 주님은 제자들과 함께 식사하시면서 "떡을 가지사 축복하시고 떼어 제자들에게 주시며"(마 26:26)라고 기록되었다.

마태복음 26장 26절의 헬라어 본문에는 "축복하시고", "떼어", "주시며" 뒤에 직접목적어가 나오지 않는다. 영어 성경 번역가들은 이 동사들 중에 적어도 "떼어"와 "주시며" 뒤에는 직접목

적어가 있어야 한다고 생각해서 "it(그것)"을 삽입했다. 그래서 이것을 읽는 독자들은 예수님이 떡을 축복하셨다고 이해하게 되었다. 이것은 잘못된 해석이다. 식사를 시작하기 전에 떡 한 조각을 들고 하신 그 축복은 오직 하나님을 향한 축복이었을 것이다.

예수님은 엠마오로 가던 두 제자와의 저녁 식사 전에 오병이어의 기적을 행하시기 전에 하신 것처럼[11] "축사하시고, 떼어서 주셨다." 복음서의 본문에 "떡을 축복하시고 떼어 주셨다"는 내용이 반복해서 나오기 때문에 일반적인 기독교인들은 예수님이 그 떡을 축복하신 것으로 오해하고 있다. 그 결과 기독교에서는 의례적으로 식사를 하기 전에 '음식을 축복'하게 되었다.

예수님 시대의 사람들이 식사 전에 했던 축복은 "땅에서 먹을 것을 내시고" 자녀들을 먹이는 경이로운 일을 행하시는 하나님께 찬양하고 감사드리는 것이었다. 그들은 음식을 축복하지 않았고, 하나님께 음식을 축복해 달라고 구하지도 않았다. 그들은 먹을 것을 주신 하나님을 축복한 것이다. 이것은 기독교인들이 유대인의 관습에 대한 지식이 부족해서 예수님이 하신 행동을 오해한 좋은 예다. 이 경우에는 이것이 기독교의 관습으로 발전하게 되었는데, 나쁜 것은 아니지만 예수님이 하신 행동이나 가르침에서 나온 것은 아니다.

---

11) 마태와 마가복음에는 나오지 않지만 누가복음 9:16 헬라어 본문에 "그것들을 축복하시고"라고 나온다. 그러나 또 다른 중요한 헬라어 사본은 "그들을 위하여 축복하시고"라고 기록되었다.

이와 비슷한 경우로 예수님이 떡과 물고기를 축복하심으로 그 양이 크게 늘어나게 되었다는 것도 오해다. 예수님은 평상시대로 식사 전에 하나님을 축복하신 것이다. 그 기적은 축복으로 일어난 것이 아니다. 예수님이 다른 때에 떡을 떼시기 전에 축복하셨을 때에는 그런 일이 일어나지 않았기 때문이다.

누가는 헬라어를 사용하는 독자들을 위하여 사도행전 27장 35절에서 바울의 행동을 명확하게 기록했다. 이것을 직역하면 "떡을 가져다가 모든 사람 앞에서 하나님께 축사하고 떼어 먹기를 시작하매"가 된다.

"예수님은 유대인의 관습을 지키셨는가?"는 데이빗 비빈이 쓴 "Written and Oral Torah", "Jesus and the Oral Torah: Blessing", "Rabbinic Literature: A Spiritual Treasure"를 편집하여 요약한 것이며 www.JerusalemPerspective.com에서 볼 수 있다.

7. 탈릿과 찌찌옷과 테필린

> 열두 해 동안이나 혈루증으로 앓는 여자가
> 예수의 뒤로 와서 그 겉옷 가를 만지니
> 이는 제 마음에 그 겉옷만 만져도 구원을 받겠다 함이라
> 마태복음 9:20-21

신약 성경은 예수님이 1세기에 율법을 준수한 다른 유대인들처럼 '찌찌옷'을 입으셨다는 것을 분명하게 보여준다. 이것은 민수기 15장 37-41절과 신명기 22장 12절에서 명령하신 것으로, 겉옷의 네 가장자리에 다는 술을 말한다.

> 그들의 옷단 귀에 술을 만들고 청색 끈을 그 귀의 술에 더하라
> 이 술은 너희가 보고 여호와의 모든 계명을 기억하여 준행하고…
> 민수기 15:38-39

예수님이 이 계명을 순종하신 것은 마태복음 9장과 마가복음 5장, 누가복음 8장에 나오는 열두 해 동안 혈루병을 앓는 여인의

이야기에 잘 나타난다. 그 여자가 예수님의 뒤로 와서 주님의 "겉옷 가(KJV 성경에는 '옷단hem')"를 만지자 병이 나았다.

이 이야기가 히브리어로 기록되었다면, 이 여자가 만진 것은 '옷단'이 아니라 예수님의 옷에 달려 있는 '찌찌욧' 가운데 하나라고 나왔을 것이다. 킹제임스 성경의 번역가가 '옷단'이라고 번역한 단어는 헬라어로 '크라스페돈(κράσπεδον)'이다. 이 단어는 히브리어 구약 성경을 헬라어로 번역한 70인역에도 사용되었는데, 크라스페돈은 히브리어 '찌찌트(ציצית, 찌찌욧의 단수형)'를 번역한 것이다. 이 단어는 민수기 15장 37-41절에서 찌찌욧을 달라는 계명에 세 번 사용되었다. 그러므로 열두 해 혈루병 앓은 여인의 이야기를 히브리어로 보면 그 여인이 '찌찌욧 탈리토(ציציות טליתו)', 즉 '그의 탈릿(겉옷)의 찌찌욧(술)'을 만졌다고 기록했을 것이다.

민수기 15장 39절에 이 술은 그것을 단 옷을 입은 사람이 그것을 보고 "여호와의 모든 계명을 기억하여 준행하고 너희를 방종하게 하는 자신의 마음과 눈의 욕심을 따라 음행하지 않게 하기 위한" 표시라고 나온다.

이 '찌찌욧'의 길이를 어느 정도까지 길게 해도 되는가에 대하여 정해진 바는 없었다.[1] 그러나 이 계명을 더 온전히 지키기 위

---

1) "샴마이 학파와 힐렐 학파의 장로들이 요나단 벤 바티라의 윗방에 모여서 찌찌트의 길이에 대하여 정해진 바는 없다는 결정을 내렸다." (민수기 15:38에 대한 시프레 민수기Sifre Numbers 115).

하여 매우 긴 찌찌옷을 단 사람들이 있었던 것으로 보인다. 탈무드에는 예루살렘에 사는 한 부유한 유대인에 대한 이야기가 있는데 그는 아주 긴 술을 달고 다녀서 벤 찌찌트 하케셋이라는 별명이 생겼다고 한다. 그는 매우 신실하여 그의 찌찌옷을 땅에 끌고 다닐 정도였다고 한다.[2] 그후에 자연스럽게 그를 따라하는 사람들이 있었다. 그들은 다른 사람들보다 긴 찌찌옷을 달고 다님으로 자기가 더 경건해 보이기를 원했다. 예수님은 경건하게 보이려고 긴 찌찌옷을 한 사람들을 책망하셨다(마 23:5).

1세기의 의복

예수님은 그 시대에 지중해 인근에 사는 다른 사람들과 마찬가지로 두 가지 의복을 입으셨다. 그것의 하나는 '할룩haluk'이고 다른 하나는 '탈릿talit'이다. 안쪽에 입는 옷인 할룩은 가볍고 헐렁한 옷으로 주로 아마linen로 만들었다. 탈릿은 할룩 위에 걸치는 두꺼운 옷으로 주로 양털로 짜서 만들었으며 사각형 모양의 천으로 되어 있다. 이것은 네모난 모양의 로마의 팔리움pallium이나 그리스의 히마티온himation과 같은 것이며, 반원 모양으로 된 로마의 토가toga와는 다른 것이었다.

---

[2] 바빌로니아 탈무드 기틴b. Gittin 56a; Shmuel Safrai, The Jewish People in the First Century, p. 798, note 3.

이 시대 사람들은 공공장소에서 일반적으로 이 두꺼운 외투를 입었다. 할룩이 발목 아래까지 내려오는 긴 옷이긴 하지만, 유대 사회에서는 안에 입는 옷인 할룩만 걸치고 사람들이 있는 곳으로 나가는 것을 천박한 행동으로 여겼다. 탈릿 없이 할룩만 입어도 되는 경우는 (집에 손님이 없을 때) 집 근처에서나, 아니면 육체 노동을 하는데 위에 걸치는 옷이 방해가 될 때이다.

현대의 탈릿

현대의 유대인들이 걸치는 탈릿은 고대의 탈릿과 다른 것이다. 일부 번역가들은 이것을 혼동하여 고대의 탈릿이 남자들이 기도할 때에 어깨에 걸치는 숄[3]과 같은 것이라고 생각했다. 예를 들면 NIV 성경 번역가들은 마태복음 23장 5절을 "그들은 그들의 기도숄에 있는 술을 길게 하고"로 번역했다. 이것은 오역이다. 예수님의 시대에 탈릿은 일상복이었고 종교적인 의복이 아니었다. 그 시대에 사람들이 대중 앞에서 기도할 때에 할룩만 입지 않고 그 위에 탈릿을 입었지만 그것은 종

---
3) 현대의 탈릿 - 역자 주

교적 이유가 아니라 단정함을 지키기 위한 것이었다.

예수님 시대에 사람들이 입었던 이 두 가지 의복을 알면, 주님이 마태복음 5장 40절에서 하신 말씀을 이해하는데 도움이 된다.

> 너를 고발하여 할룩(속옷)을 가지고자 하는 자에게
> 탈릿(겉옷)까지도 가지게 하며
> 마태복음 5:40

집 안에 있을 때에는 탈릿 없이 할룩만 입고 있을 수 있었지만, 할룩만 입고 밖에 나가는 것은 부끄러운 일이었다. 그러나 옷이 없는 사람의 경우 가장 필요한 옷은 할룩보다는 탈릿이었다. 예수님은 어떤 사람이 고발하여 나의 할룩을 가져가려고 하면 화평을 위하여 그에게 탈릿도 주어야 한다고 말씀하신 것이다.

테필린(성구함)

복음서는 예수님이 네 모서리에 술이 달린 겉옷(탈릿)을 입으셨다는 것을 증거한다(마 9:20, 14:36; 막 6:56; 눅 8:44).

> 예수께 그의 **옷 가**에라도 손을 대게 하시기를 간구하니 …
> 마가복음 6:56

그것만이 아니라 복음서에 직접적인 증거는 없지만 주님은 성구함도 착용하셨을 수 있다. '성구함phylactery'은 헬라어 '풀락테리온(φυλακτήριον)'에서 나온 것으로 직역하면 '부적'[4]을 의미한다. 'phylacteries'는 잘못된 번역이다. 예수님 시대에는 이것을 전혀 부적으로 생각하지 않았다. 이것은 히브리어로 '테필린(תפילין)'이며 기도를 의미하는 '테필라(תפילה)'의 복수형이다.

테필린은 출애굽기 13장 1-10절, 11-16절, 신명기 6장 4-9절, 11장 13-21절의 말씀을 기록한 양피지를 담고 있는 가죽으로 만든 보관함을 말한다.

예수님의 시대처럼 오늘날의 유대인들도 테필린을 이마와 팔에 줄로 묶는다. 팔에 묶는 테필린은 한 칸으로 되어 있고 위에 나온 네 구절들을 적은 하나의 양피지가 들어 있다. 반면 머리에 묶는 테필린은 네 칸으로 되어 있고 각 칸에 위의 네 구절들이 각각 기록된 양피지가 하나씩 들어 있다.

테필린을 착용하는 것은 하나님의 계명을 "네 팔의 기호와 네 이마의 표"(신 6:4-9, 11:18-21)로 삼아 묶으라는 계명을 지키는 것이었다. 그러나 이것은 은유적 표현으로 '잘 기억하라'는 뜻일 뿐이라는 논쟁이 있을 수 있다.

예를 들면 같은 표현이 출애굽기 13장 16절에도 나온다. 여기에서 하나님은 이스라엘 백성에게 가축의 태에서 처음 난 수컷은

---

[4] 헬라어 '풀락테리온'은 영어 성경에서 'phylacteries'로 번역되었으며 이것은 1차적으로 '부적'을 뜻한다. 개역개정 성경은 '경문'으로 번역했다. - 역자 주

모두 하나님께 드리고 처음 태어난 아들은 모두 대속하라는 명령(출 13:15)을 하신 후에 "이것이 네 팔의 기호와 네 이마의 표가 되리라"(출 13:16)고 말씀하셨다. 이것은 확실히 사람의 몸에 착용할 수 있는 것은 아니다. 그렇지만 유대인들은 최소한 기원전 2세기까지 하나님의 계명을 팔과 이마에 묶으라는 성경의 명령을 문자 그대로 해석했다.[5]

예수님 시대의 사람들도 테필린을 묶는 것을 성경의 계명으로 보았을 것이다. 그러나 사실 이 계명을 문자 그대로 이해한 것은 구전 토라의 성경에 대한 해석에서 나온 것이었다. 그리고 테필린이라는 단어는 성경에 나오지도 않는다.

테필린

---

5) Shmuel Safrai, The Jewish People in the First Century, p. 799.

매일 착용하는 것

1세기에 테필린은 유대인들이 매일 입는 일상복의 일부였다. 오늘날 경건한 유대인들이 주중에 아침 기도 시간에만 테필린을 착용하는 것은 후대에 생긴 관습이다. 예수님 시대의 사람들은 그것을 하루 종일 차고 있었고, 오직 일할 때나 부정한 곳에 들어갈 때만 그것을 벗었다.[6)]

이마와 팔에 테필린을 착용한 모습

사해 근처 유대 광야의 동굴에서 예수님 시대의 테필린 조각이 발견되었다. 그중에서 가장 놀라운 것은 쿰란에서 발견된 머리에 착용하는 테필린인데, 거기에는 원래 네 개 중에 세 개의 양피지가 접힌 채로 각각의 칸에 잘 고정되어 있었다.[7)]

머리에 묶는 테필린과 줄은 수수한 편이라 그것 자체로 눈에 띄는 것은 아니었다. 쿰란에서 발견된 것은 아주 작은 네모 모양이며 가로 13mm, 세로 20mm 정도로 우표보다 작은 크기이다.

---

6) Safrai, p. 798.

7) Yigael Yadin, Tefillin from Qumran (Israel Exploration Society, 1969).

마태복음 23장 5절에서 예수님은 "경문(테필린)을 넓게 한" 사람을 책망하셨다. 주님이 사람들에게 보이려고 공개적으로 구제한 사람을 비판하신 일(마 6:2)을 보고 테필린을 착용하는 것 자체를 책망하셨다고 생각해서는 안 된다. 주님은 '영적으로 높은 수준'이라는 것을 보이기 위하여 테필린을 크게 만든 종교적 위선을 책망하신 것이다.

예수님이 찌찌욧(옷술)이 달린 옷을 입으셨지만, 사람들에게 보이려고 그것을 길게 한 사람을 책망하신 것처럼, 테필린을 위선적으로 크게 만든 사람을 비판하실 때에도 주님은 테필린을 하고 계셨을 것이다. 주님이 테필린을 하지 않으셨다면, 그것을 크게 만든 것만이 아니라 테필린 자체에 대하여 책망하셨을 것이다. 그러나 그들이 그것을 어떻게 착용했는지에 대하여 비판하신 것을 보면 예수님은 성경에 나오는 이 계명을 랍비들이 문자적으로 해석해서 착용하도록 한 관습은 받아들이셨다는 것을 알 수 있다.

"탈릿과 찌찌욧과 테필린"은 데이빗 비빈이 쓴 "Jesus and the Oral Torah: The Hem of His Garment", "Jesus and the Oral Torah: Did Jesus Wear Phylacteries?"를 편집하여 요약한 것으로 www.JerusalemPerspective.com에서 볼 수 있다.

| 8. 말할 수 없는 하나님의 이름 |

 예수님이 구전 토라, 즉 유대 랍비들의 전통과 규례를 지키신 또 다른 예는 주님이 하나님의 거룩한 이름을 말하지 말라는 전통을 따르셨다는 것이다. 유대인들은 수천 년 동안 하나님의 이름이 너무나 거룩해서 그 이름을 크게 말해서는 안 된다고 생각했다. 우리는 예수님이 오랜 세월 동안 다른 유대인들이 지켜온 것처럼 하나님의 이름을 경외하신 것에 대하여 놀랄 수도 있다.

 십계명의 세 번째 계명, "너는 네 하나님 여호와의 이름을 망령되게 부르지 말라"(출 20:7)는 원래 어떤 사람이 하나님의 이름으로 맹세하면 그 맹세를 반드시 지켜야 한다는 뜻이었다. 랍비들은 이 계명을 하나님의 이름을 가볍게 또는 경솔하게 언급하지 말라는 것으로 해석했다. 그래서 랍비들은 하나님의 이름을 불경스럽게 사용하는 위험 자체를 피하기 위하여 아예 그 이름을 말하는 것을 금지하기로 결정했다.

 예수님의 시대에, 하나님의 거룩한 이름 네 글자 tetragrammaton, 'יהוה'(YHWH)'[1]는 매일 성전 안에서 제사장이 축복을

---

[1] 학자들은 고대의 다른 셈어와의 비교를 통해서 하나님의 거룩한 이름이 원래

할 때나 속죄일에 대제사장이 죄를 아뢸 때만 말할 수 있었다.[2] 랍비들은 하나님의 거룩한 이름을 말하는 것을 철저히 금지하면서, "하나님의 거룩한 이름을 철자 그대로 말하는 사람"은 앞으로 올 세상에서 받을 기업이 없을 것이라고 했다.[3] 어떤 사람이 성경을 읽거나 낭독할 때 하나님의 이름이 나오면 그 이름을 말해서는 안 되고, 대신 '나의 주'라는 뜻의 '아도나이'라고 말해야 했다.

하나님의 거룩한 이름을 말하지 않는 관습은 매우 이른 시기부터 시작되었다. 기원전 586년 바벨론 포로기 전까지의 1차 성전 시대 동안에는 일상 속에서 그 거룩한 이름을 말하는 데에 어려움이 없었지만, 기원전 3세기 경에는 이미 그 이름이 '아도나이'로 대체되었다.[4]

시간이 지나자, 대체어로 사용된 '아도나이'도 거룩한 이름이라는 인식이 생겨서 성경을 읽거나 기도할 때만 부를 수 있는 이

는 '야훼'라는 발음이었을 것이라고 거의 확실시하고 있다. 이 하나님의 거룩한 이름 네 글자의 첫 음절의 발음은 하나님의 이름의 축약형인 '야'를 통해서 확인되었다. '야'는 시편 등에 사용되었고(시 68:4 등), '엘리야', '오바댜' 같은 히브리어 이름들에도 많이 사용되었다(한글 성경에는 주로 '여호와'로 번역되었다. - 역자 주).

2) 시프레 민수기Sifre Numbers 39; 미쉬나 소타m. Sotah 7:6; 미쉬나 요마m. Yoma 6:2.
3) 미쉬나 산헤드린m. Sanhedrin 10:1; 7:5와 비교해 보라.
4) Louis F. Hartman, "Names of God", Encyclopedia Judaica (Jerusalem: Keter Publishing House, 1971), 7:680. Ray Pritz, "The Divine Name in the Hebrew New Testament", Jerusalem Perspective 31 (Mar/Apr 1991), pp. 10-12를 참고하라.

름이 되었다. 그리고 일상적인 대화에서 하나님의 이름을 말할 때는 그 대신에 '하쉠(그 이름)', '하마콤(그곳)', '하가보아(높으신 분)', '하라숀(그 혀)', '샤마임(하늘)' 및 다른 이름들이 사용되었다. 이것만이 아니라 이스라엘의 하나님이나 다른 신들을 가리킬 때 사용하는 '엘로힘(하나님)'도 대화에서 사용할 수 없었다. 이 전통은 오늘날 많은 세속적인 유대인들 사이에서도 그대로 유지되고 있다. 정통 유대인들은 '엘로힘'을 그대로 말하지 않으려고 '엘로킴'이라고 말하고, 유대인들은 종종 'God'라고 쓰지 않고 'G-d'라고 쓴다.

기독교의 오해로 생긴 '여호와'

성경을 더 잘 이해하기 위해서는 고대 유대인들의 관습과 관례에 대한 지식이 반드시 필요하다. 예를 들면, 많은 기독교 성경에서 하나님의 이름이 '여호와'로 나오는데 이것은 유대인의 관습을 모르기 때문에 생긴 오해다.

중세 시대 초까지 히브리어는 모음 없이 기록되었다. 그러나 기원후 6세기에 이르자, 히브리어를 모국어로 사용하는 사람은 소수만 남았고, 대부분의 유대인은 히브리어를 잘 알지 못했다. 그래서 그 시대에 마소렛Masoretes이라 불리는 유대인 학자들이 히브리어를 정확한 발음으로 읽는데 도움이 되도록 모음 부호 체계를 개발했다. 그들은 기원전 3세기 이래로 성경을 읽거나 낭독할 때 지키던 관습을 따라서 하나님의 거룩한 이름의 네 개의 자음 위에 아도나이라는 단어의 모음 부호를 기록했다. 이것은 그 이름을 읽는 사람들이 그것을 말하면 안 된다는 것을 알게 하기 위한 것이었다. 그래서 그들은 그 이름을 아도나이로 읽었다.[5]

유럽의 기독교 학자들이 처음 히브리어를 연구할 때 그들은 이 경고의 메시지를 오해했다. 그들은 유대인의 문화와 관습에 대한 가장 기초적인 지식조차 없어서 아도나이의 모음과 거룩한 이름의 자음을 합쳐서 교회에 '여호와'라는 이름을 알려주었다. 이것은 히브리어로 아무 의미 없는 단어이다.[6] 이 단어의 첫 번째 자음인 'י(유드)'는 라틴어 'j'로 음역되었고, 세 번째 자음 'ו(바브)'는 'v'로 음역되었다.

---

[5] '아도나이'의 모음과 하나님의 거룩한 이름 네 글자의 모음은 약간 다르다. 마소라 학자들은 첫 음절의 '아' 모음을 바꿔서 읽는 사람들이 그것을 '야'로 보고 무심결에 말해서는 안 되는 이름을 입 밖에 내는 일이 없도록 하였다.

만약 성경 본문에서 그 거룩한 이름이 '아도나이' 앞이나 뒤에 오게 되면, 마소라 학자들은 '엘로힘'의 모음을 'יהוה(YHWH)'에 적어서 그것을 '엘로힘'이라고 읽게 했다. 그리하여 '아도나이 YHWH'와 'YHWH 아도나이'는 각각 '아도나이 엘로힘'과 '엘로힘 아도나이'로 읽었다. 성경을 번역하는 사람들은 보통 이것을 'Lord GOD', 'GOD Lord', 한글로는 '주 여호와'로 번역했다.

[6] 처음 이 실수를 한 사람은 기원후 1518년 이탈리아의 신학자이자 프란체스코 수도원의 수도사인 갈라티누스Galatinus로 그가 기독교 신비주의에 대하여 쓴 기념비적인 작품 De arcanis catholicae veritatis에 나온다. Godfrey Edmond Silverman "Galatinus, Pietro (Petrus)Columna", Encyclopaedia Judaica, 7:262-263을 보라.

나는 우리가 기독교인으로서 이 고대 유대인의 전통에 주의를 기울여야 한다고 생각한다. 우리는 기독교 서적, 찬송가, CCM 그리고 번역된 성경에서 이 오류를 계속 반복하고 있다.[7] 아무 의미 없는 '여호와'라는 이름이 계속 사용되는 것은 기독교인들이 히브리어와 유대인의 관습을 알지 못하는 상태가 지속되고 있음을 보여준다.

예수님의 그 이름에 대한 경외

예수님은 하나님의 이름에 대한 완곡한 표현을 자주 사용하셨다. 주님이 이런 표현을 사용하지 않으셨다면 그것을 듣는 유대인들이 매우 놀랐을 것이다. 예수님이 하나님을 가리키는 완곡한 표현으로 가장 많이 사용하신 것은 '하늘'이었다. 이것은 마태복음 전체에서 예수님이 자신의 제자들의 공동체를 가리키는 용어로 사용하신 '하늘 나라(천국)'라는 표현으로 자주 볼 수 있다.

마가와 누가는 그들의 복음서를 읽는 헬라어권의 독자들이 이 은유적인 표현을 이해할 수 없었을 것이기 때문에 '하나님의 나라'라고 기록했다. 그러나 이것은 원래 히브리어로 하면 '말쿠트

---

[7] American Standard Version과 The Living Bible은 전체적으로 YHWH를 '여호와'로 번역한 반면, 킹제임스 성경, New English Bible, New Berkeley Version은 '여호와'를 가끔씩 사용하였다.

샤마임(מלכות שמים, 하늘 나라)'이다. 이 용어는 그 시대의 히브리어 문학에서 일반적으로 사용되었고, '하나님의 나라'로는 전혀 사용되지 않았다.

복음서에서 '하늘'이 '하나님'의 의미로 사용된 예는 다음과 같다. 성전에서 예수님의 권위에 대하여 묻는 자들에게 주님은 "요한의 세례가 어디로부터 왔느냐 하늘(하나님)로부터냐 사람으로부터냐"(마 21:25)라고 말씀하셨다. 그리고 누가복음 15장의 탕자의 비유에서 탕자는 아버지에게 "내가 하늘(하나님)과 아버지께 죄를 지었사오니"(눅 15:21)라고 말했다.

예수님이 하나님의 이름을 완곡히 말한 또 다른 표현은 '하그부라(권능)'이다. 주님은 대제사장들에게 심문을 받으실 때 메시아임을 시인하도록 요구받으셨다. 주님의 대답은 마태복음 26장 64절과 누가복음 22장 69절에 기록되었는데 이것은 랍비적인 궤변의 전형적인 예이다.

> 이 후에 **인자**가 **권능의 우편**에 앉아 있는 것과 …
> 마태복음 26:64

이 말씀은 성경에서 메시아를 나타내는 두 구절, 다니엘서 7장 13절과 시편 110편 1절을 암시하고 있다.

내가 또 밤 환상 중에 보니

인자 같은 이가 하늘 구름을 타고 와서

옛적부터 항상 계신 이에게 나아가 그 앞으로 인도되매

다니엘 7:13

여호와께서 내 주에게 말씀하시기를 내가 네 원수들로

네 발판이 되게 하기까지 너는 **내 오른쪽에 앉아 있으라** 하셨도다

시편 110:1

여기서 예수님은 하나님을 완곡한 방법으로 공손히 언급하고 있지만, 이것을 듣는 모든 사람들은 그가 자신이 예언된 메시아, 인자임을 강력히 주장하고 있다는 것을 알았을 것이다.

"말할 수 없는 하나님의 이름"은 데이빗 비빈이 쓴 "Oral Torah: The Unutterable Name of God", "'Jehovah' - A Christian Misunderstanding"을 편집 및 요약한 것이며 www.JerusalemPerspective.com에서 볼 수 있다.

| 9. 주님의 기도와 아미다 |

　기독교는 예수님이 제자들에게 가르쳐 주신 기도(마 6:9-13; 눅 11:2-4)를 기도의 본보기로 삼고 있다. 주님의 기도는 30초 안에 쉽게 할 수 있기 때문에, 다른 기도도 이 정도의 길이로 해야 한다고 말하는 사람들도 있다. 예수님 시대의 유대인들의 기도에 대한 약간의 배경 지식을 알면 주님의 기도의 중요한 면을 이해하는데 도움이 될 것이다.

유대인의 삶에서 중심적인 기도

　유대인의 삶과 예배 의식에서 가장 중심이 되는 기도는 여러 가지 이름으로 불린다. 이것은 원래 18개의 축복으로 이루어졌다고 해서 '셰모네 에스레Shemoneh Esreh(히브리어로 '18'이라는 뜻)'라 하고, 서서 하는 기도이기 때문에 '아미다Amidah('서 있다')'라고 하기도 하며, 탁월한 기도이기 때문에 그냥 '테필라Tefillah('기도')'라고 하기도 한다. 이것은 아주 오래 전부터 있었던 기도이며, 이 기도에 열아홉 번째 축복이 추가되어 최종적인 형태를 갖게 된 것은 기원후 90-100년 경이다.

이 기도는 주중에 매일 아침, 오후, 저녁에 회당에서 드리는 예배에 들어가는 필수적인 기도이다. 예배를 인도하는 사람이 먼저 작은 소리로 기도를 하면, 이어서 기도문을 읽는 사람들이 그것을 크게 낭독했다.

이 기도를 시작하는 세 개의 축복 기도에는 다음과 같은 내용이 포함된다. "주의 이름이 가장 높은 하늘들에서 거룩하게 된 것처럼 우리가 이 세상에서 주의 이름을 거룩히 여깁니다." 그리고 13개의 간청하는 기도가 있는데 거기에는 지혜, 치유, 용서, 가난과 고통에서의 구원 및 '다윗의 가지'이신 메시아를 보내 주시도록 구하는 내용이 포함된다. 마지막으로 세 개의 마치는 기도에는 '매일 우리에게 기적을 베푸시고', '저녁과 아침과 정오에 이적과 은혜를 주시며', '인애와 자비가 무궁하신' '우리의 생명의 반석과 구원의 방패'되시는 분께 감사드리는 내용이 포함된다. 히브리어를 능숙하게 하는 사람은 이 기도를 5분 안에 할 수 있다.

모든 유대인은 종교적인 의무로서 매일 이 열여덟 개의 축복 기도를 드려야 했다.[1] 그러나 긴급한 상황에서는 18개의 기도문을 짧게 요약한 형태의 기도를 하는 것으로 의무를 다할 수 있었다. 축약된 기도는 예를 들면 다음과 같다.

---

1) 랍반 가말리엘Rabban Gamaliel, "18개의 축복기도는 매일 해야 한다" (미쉬나 베라콧 4:3).

오 주여, 당신의 백성인 이스라엘의 남은 자를 구원하소서.

그들이 어려울 때마다 그들이 구하는 것이 주께 보이게 하소서.

기도에 응답하시는 주님께 복이 있습니다.[2]

어떤 랍비들은 제자들에게 짧게 요약한 기도들을 가르쳤다.[3] 랍비 엘리에젤Rabbi Eliezer(예수님 시대에 살았던 더 젊은 랍비)은 이렇게 기도했다.

주의 뜻이 위에 하늘에서 이루어지게 하시고,

아래에 (땅에서) 주를 두려워하는 자들에게 마음의 평안을 주시며,

주께서 보시기에 가장 좋은 일을 이루소서.

기도에 응답하시는 주님께 복이 있습니다.

"주의 뜻이 이루어지고"와 "위에 하늘에서… 아래에 (땅에서)"는 주님의 기도와 비슷하다는 것을 알 수 있다. 또 엘리에젤의 기도에서 "마음의 평안을 주시고"와 주님의 기도에서 "악에서 구원하소서"는 병행을 이룬다. 바빌로니아 탈무드 베라콧 29b에는 다음과 같은 축약된 기도문이 나온다.

---

[2] 랍비 여호수아Rabbi Yehoshua (미쉬나 베라콧 4:4).

[3] 바빌로니아 탈무드 베라콧 29b.

랍비 여호수아가 말했다. "당신의 백성 이스라엘의 간청을 들으시고 그들이 구하는 바를 속히 이루소서. 기도에 응답하시는 주께 복이 있습니다."

랍비 사독의 아들 랍비 엘르아살은 이렇게 말했다. "당신의 백성 이스라엘의 부르짖음을 들으시고 그들이 구하는 바를 속히 이루소서. 기도에 응답하시는 주께 복이 있습니다."

다른 현자들이 말했다. "당신의 백성 이스라엘에게 부족한 것이 많으나 그들이 어떻게 구해야 할지를 모릅니다. 우리 하나님 주여, 그들 모두를 붙들어 주시고 각 사람의 부족한 것을 채워 주소서. 기도에 응답하시는 주께 복이 있습니다."

하나님께 생계를 유지해 주시고 부족한 것을 공급해 달라고 간청하는 것은 주님의 기도에서 "일용할 양식"을 구하는 기도를 생각나게 한다.

랍비들은 제자들에게 위와 같이 18개의 축복기도를 요약한 기도를 가르쳐 주었다. 예수님도 제자들에게 이런 기도를 가르쳐 주신 것으로 보인다. 주님의 기도는 전통적으로 기도를 짧게 해야 한다는 증거가 아니라, 이 기도가 18개의 축복기도와 연관이 있다는 것을 보여준다. 예수님과 제자들도 매일 주님의 기도보다 더 긴 형태의 18개의 축복기도를 드렸을지도 모른다. 예수님의 시대에 중심이 되었던 기도와, 주님의 기도를 그것의 요약된 형태로서 알아봄으로 우리가 어떻게 기도해야 하는지에 대한 지혜를 얻을 수 있다.

모여서 기도하는 유대인들(예루살렘 올드 시티의 서쪽 벽)

아미다 기도

기독교인들이 유대인의 종교적인 삶에서 중심이 되는 이 기도를 아는 것은 중요하다. 이 기도는 매우 오래된 것으로, 예수님 시대보다 200년 전에도 이 기도에 일부 변화가 있었다. 또 이 기도는 매우 아름다우며, 성경의 많은 구절들을 인용하거나 암시하고 있다.

아래 각 기도문의 앞에 나오는 제목들은 기도의 내용을 간략하게 알려주기 위한 것이며, 기도할 때에 이 제목들은 낭독하지 않는다. 각 기도문의 마지막에 "~이신 주님께 복이 있습니다"라는 형태로 나오는, 하나님의 어떠하심을 나타내는 구절들도 각각의 기도의 내용을 이해하는데 도움이 된다. 그리고 이 내용들을 모아서 보면 하나님에 대하여 잘 묘사하고 있다.

아미다

1. 역사의 하나님

우리 하나님, 우리 조상들의 하나님, 아브라함의 하나님, 이삭의 하나님, 야곱의 하나님, 크고 강하며 두려우신 하나님, 은혜를 베푸시는 지극히 높으신 하나님, 만물의 창조자, 조상들의 선한 행실을 기억하시고 주의 이름을 위하여 사랑으로 그들의 후손들의 후손들에게 구속자를 주실 하나님을 축복합니다. 오 왕이요, 도움이요, 구원자요, 방패이신 분. 아브라함의 방패이신 주님께 복이 있습니다.

2. 자연의 하나님

오 주여, 주는 영원히 강하시고, 죽은 자를 살리시며, 구원할 능력이 있습니다. (초막절의 끝에서 유월절 전날까지 주님은 바람을 일으키고 비를 내리십니다.) 주님은 인자로 살아 있는 것들을 붙드시고, 큰 자비로 죽은 자들을 살리시고, 엎드러진 자들을 도우시며, 병든 자들을 치유하시고, 결박된 자들을 자유하게 하시고, 먼지 속에서 자는 자들에게 신의를 지키십니다. 경이로운 일을 행하시는 주님, 누가 주님과 같습니까? 죽이기도 하며 살리기도 하고 구원을 크게 베푸는 왕이시여, 누가 주님의 형상과 같겠습니까? 주님은 확실히 죽은 자들을 살리십니다. 죽은 자들을 다시 일으키시는 주님께 복이 있습니다.

3. 하나님을 거룩히 여김

낭독자: 가장 높은 하늘들에서 그 이름이 거룩해진 것처럼, 우리가 이 세상에서 주의 이름을 거룩히 여깁니다. 이것은 주의 선지자들을 통하여 기록된 것과 같습니다. 그들이 서로 부르며 말하기를

회중: 거룩, 거룩, 거룩 만군의 주여. 그의 영광이 온 세상에 충만합니다(사 6:3).

낭독자: 그 마주보는 자들이 하나님을 찬송하며 말하기를

회중: 그의 처소에 있는 주의 영광을 찬송합니다(겔 3:12).

낭독자: 주의 거룩한 말씀으로 기록되기를

회중: 시온아 주는 영원히 다스리시고 네 하나님은 대대로 통치하시리로다. 할렐루야(시 146:10).

낭독자: 우리가 대대로 주의 위대하심을 알리며, 우리가 영원히 주의 거룩하심을 선포할 것입니다. 우리 하나님, 주를 향한 찬송이 우리 입에서 떠나지 않을 것이니, 주는 위대하고 거룩하신 하나님이며 왕이기 때문입니다. 오 주 거룩하신 하나님. 주는 거룩하시고, 주의 이름이 거룩하시며, 거룩한 자들이 날마다 주를 찬양합니다. (셀라) 거룩하신 하나님, 주께 복이 있습니다.

4. 명철을 구하는 기도

주께서 인간에게 지식을 주시고, 사람에게 명철을 가르치셨습니다. 우리에게 주께로부터 오는 지식과 명철과 깨달음을 주십시오. 지식을 주시는 자비로우신 주님께 복이 있습니다.

5. 회개의 기도

우리 아버지여, 우리를 주의 교훈으로 다시 인도하소서. 왕이시여, 우리가 주를 섬길 수 있도록 가까이 이끄소서. 우리가 온전한 회개로 주께 돌이키게 하소서. 회개를 기뻐하시는 주님께 복이 있습니다.

6. 용서를 구하는 기도

우리 아버지, 우리가 지은 죄를 용서하소서. 우리 왕이시여, 우리가 범죄한 것을 사하소서. 주는 용서하시고 죄를 사하여 주십니다. 자비롭고 언제나 용서하시는 주님께 복이 있습니다.

7. 고난에서 구원을 구하는 기도

주는 강한 구속자시니 우리의 고난을 보시고 우리의 억울함을 풀어주시며, 주의 이름을 위하여 우리를 속히 건져주소서. 이스라엘의 구속자이신 주님께 복이 있습니다.

8. 치유를 구하는 기도

주여, 우리를 고치시면 우리가 낫겠고, 우리를 구원하시면 우리가 구원을 받을 것입니다. 이는 주께서 우리의 찬송이시기 때문입니다. 우리의 모든 질병을 온전히 고쳐주소서. 이는 전능한 왕이신 주는 신실하고 자비로우신 치료자이기 때문입니다. 주의 백성 이스라엘의 병든 자들을 고치시는 주님께 복이 있습니다.

9. 가난에서 건져주심을 구하는 기도

우리 하나님 주여, 우리를 위하여 올해에 복을 주시고, 우리의 안녕을 위하여 여러 산물들에 복을 주소서. 땅 위에 (이슬과 비가 내리는) 복을 주소서. 우리를 주의 선하심으로 만족시켜 주시고, 우리의 한 해를 최고의 해처럼 복을 주소서. 여러 해에 복을 주시는 주님께 복이 있습니다.

10. 사로잡힌 자들이 돌아오기를 구하는 기도

우리의 해방을 위하여 큰 쇼파르(양각나팔)를 부시고, 우리의 사로잡힌 자들을 모으기 위하여 깃발을 드시며, 땅의 사방에서 우리를 모으소서. 주의 백성 이스라엘의 흩어진 자들을 모으시는 주님께 복이 있습니다.

11. 하나님의 의를 구하는 기도

옛날과 같이 우리의 사사들을 다시 세워 주시고, 처음과 같이 우리의 모사들을 일으켜 주소서. 우리에게서 슬픔과 탄식을 없애소서. 오 주여, 주만 홀로 자비와 긍휼로 우리를 다스리시고, 재판에서 우리의 누명을 벗겨 주소서. 의와 정의를 사랑하시는 왕, 주님께 복이 있습니다.

12. 배교자들과 하나님의 대적의 멸망을 구하는 기도

비방하는 자들에게 소망이 없게 하시고, 모든 악한 자들이 한순간에 소멸하게 하소서. 주의 모든 대적들이 속히 죽고, 주께서 우리 시대에 오만한 자의 통치를 뽑아서 부서뜨리고 던지며 꺾으시기를 원합니다. 대적을 물리치고 오만한 자들을 꺾으시는 주님께 복이 있습니다.[4]

13. 의인들과 개종자들을 위한 기도

우리 하나님 주여, 의인들과 경건한 자들과 주의 백성 이스라엘 족속의 장로들과 그 학자들의 남은 자들과 (유대교로) 개종한 자들과 우리에게 주의 긍휼을 일으키소서. 진심으로 주의 이름을 믿는 모든 자들에게 좋은 상을 주소서. 그들에게 영원한 몫을 주셔서 그들이 절대 수치를 당하지 않게 하소서. 이는 우리가 주를 신뢰하기 때문입니다. 의인들의 도움이며 거처이신 주님께 복이 있습니다.

14. 예루살렘의 재건을 위한 기도

주의 성읍 예루살렘을 불쌍히 여기셔서 그리로 돌아오시고, 주께서 약속하신 대로 그곳에 거하소서. 우리의 시대에 그것을 영원한 성으로 재건하시고, 그곳에 다윗의 보좌를 속히 세우소서. 예루살렘을 재건하시는 주님께 복이 있습니다.

---

4) 이 19번째 축복은 (순서상으로는 20번째) '비르캇 하미님'(이단에 대한 축복기도)이라 불렀으며 예수님 시대에서 60-70년 정도 지난 후에 추가되었다. 이것은 유대인들과 빠르게 성장하는 예수님을 따르는 사람들 사이의 반감에 의하여 생겼을 것이다.

15. 메시아 왕을 위한 기도

우리가 온종일 주의 구원을 기다리니, 주의 종 다윗의 자손이 속히 자라게 하시고, 주의 구원의 능력으로 그를 높이소서. 구원을 번성하게 하시는 주님께 복이 있습니다.

16. 기도의 응답을 구하는 기도

우리 하나님 주여, 우리의 음성을 들으소서. 우리를 살리시고 우리를 불쌍히 여기소서. 주는 기도와 간구를 들으시는 하나님이시니, 긍휼과 인애로 우리의 기도를 들어 주소서. 우리의 왕이시여, 주는 주의 백성 이스라엘의 기도를 긍휼히 여기며 들으시니 우리를 주의 임재 앞에서 빈 손으로 돌려보내지 마소서. 기도를 들으시는 주님께 복이 있습니다.

17. 성전 예배의 회복을 위한 기도

우리 하나님 주여, 주의 백성 이스라엘과 그들의 기도를 기뻐하소서. 주의 성전의 지성소의 예배를 회복하시고, 이스라엘의 화제와 그들의 기도를 사랑과 인애로 받으소서. 주의 백성 이스라엘의 경배를 주께서 기쁘게 받으시기를 원합니다. 그리고 주께서 긍휼로 시온으로 돌아오시는 것을 우리의 눈이 보게 하소서. 시온에 주의 거룩한 임재를 회복시키시는 주님께 복이 있습니다.

18. 하나님의 변함없는 자비하심에 감사드리는 기도

주는 우리와 우리 조상들의 영원한 하나님이 되시니 우리가 주께 감사를 드립니다. 주는 대대로 우리의 생명의 반석이시며 우리의 구원의 방패이십니다. 우리의 생명이 주의 손에 위탁되었고, 우리의 혼이 주께 맡겨졌으며, 주의 기적이 매일 우리와 함께하고, 주의 표적과 주의 은혜가 저녁과 아침과 정오에, 항상 우리와 함께 있으니 우리가 주께 감사하며 찬송을 드립니다. 은혜로우신 주여, 주의 자비는 항상 있습니다. 자비로우신 주님, 주의 인애는 그치지 않습니다. 우리가 항상 주께 우리의 소망을 둡니다. 우리의 왕이신 주께서 행하신 이 모든 일로 인하여 주의 이름이 영원히 찬송과 높임을 받기를 원합니다. 살아 있는 모든 생명은 우리의 구원이시요 우리의 도움이신 하나님께 감사드리며, 진실로 주의 이름을 찬양할지어다. (셀라) 은혜로우신 분, 주님께 복이 있습니다. 주님께 감사드리는 것이 합당합니다.

19. 평안을 구하는 기도

우리와 온 이스라엘에게 평화와 안녕과 복과 은혜와 인애와 자비를 주소서. 우리 아버지, 주의 얼굴빛으로 우리 모두에게 복을 주소서. 이는 우리 하나님 주께서 주의 얼굴빛으로 우리에게 생명과 인애와 구원의 토라와, 복과 자비와 생명과 평안을 주셨기 때문입니다. 주의 평안으로 매 시간마다, 항상 주의 백성 이스라엘에게 복 주시는 것을 주께서 기쁘게 여기시기를 원합니다. 평안으로 주의 백성 이스라엘에게 복 주시는 주님께 복이 있습니다.

"주님의 기도와 아미다"는 데이빗 비빈이 쓴 두 개의 글을 편집하여 요약한 것이다. 하나는 "Prayers for Emergencies"이며 www.JerusalemPerspective.com에서 볼 수 있고, 다른 하나는 "The Amidah Prayer: A New Translation"으로 Jerusalem Perspective Pipeline에 게재되었으며 현재는 www.egrc.net에서 볼 수 있다.

| 10. 결혼하지 않은 30세의 랍비 |

예수님이 결혼하시지 않은 것과 관련하여 교회 지도자들이 어떤 삶을 살아야 하는가에 대한 논쟁이 2천년 동안 있어 왔다. 주님과 같이 되고자 하는 사람들은 독신으로 사는 것을 최고의 목표로 삼아야 하는가? 예수님 시대의 랍비들의 삶을 살펴보면 이 문제에 대한 답을 얻을 수 있을 것이다.

유대교에서는 "생육하고 번성하라"(창 1:28)는 계명을 항상 크게 강조했다. 그것은 예수님의 시대만이 아니라 오늘날에도 마찬가지다. 그래서 다른 모든 계명들을 지키셨던 주님이 결혼은 하지 않으셨다는 것은 놀라운 일이다. 적어도 신약 성경에는 예수님께 아내나 자녀가 있었다는 기록이 없다.[1]

랍비들은 사람들이 결혼을 통해서 인류를 계속 이어가야 한다

---

1) Michael Hilton과 Gordian Marshall은 복음서가 이 문제에 대하여 침묵한 것은 예수님이 결혼하셨다는 것을 나타내는 것일 수 있다고 했다. "랍비가 결혼을 하지 않는다는 것은 매우 이례적인 일이었기 때문에 (예수님이 결혼하지 않으셨다는) 그러한 사실은 아마도 언급이 되었을 것이다. 그러므로 (그런 기록이 없는 - 역자 주) 복음서를 읽은 유대인들은 예수님이 결혼하셨다고 생각했을 것이다." (The Gospels and Rabbinic Judaism: A Study Guide [Hoboken, NJ: Ktav, 1988], p. 135).

고 가르쳤다. "생육하고 번성하라"는 계명이 모세오경에서 그 순서상 가장 처음에 나오는 계명이라는 것은 특별한 의미를 갖는다. 힐렐 학파는 남자가 이 계명을 지키기 위해서는 최소한 아들 하나와 딸 하나를 가져야 한다고 정했다.

이미 자녀가 있는 사람이 아니라면, 어떤 사람도 "생육하고 번성하라"(창 1:28)는 계명을 무시해서는 안 된다. 이 계명에 대하여 샴마이 학파는 두 아들을 낳아야 한다고 했다. 힐렐 학파는 아들 하나와 딸 하나를 낳아야 한다고 했는데 그것은 "하나님이 남자와 여자를 창조하시고"(창 1:27)라고 기록되었기 때문이다.[2]

1세기 유대 사회에 속한 사람들이 결혼하지 않은 30세의 랍비를 존경했을까? 그들이 그의 가르침을 잘 들었을까?
예수님의 시대에 독신으로 활동하는 랍비는 그렇게 비정상적인 것이 아니었다. 랍비들은 처음에는 제자로, 그 후에는 순회하는 랍비로 집에서 멀리 떠나 오랜 시간을 보냈다. 그런 랍비들이 30대 후반이나 40대에 결혼하는 것은 흔한 일이었다. 오늘날 학생들이 자기의 학업을 마칠 때까지 결혼을 미루는 것과 같았다. 그래서 제자들이나 심지어 랍비들 가운데에도 결혼을 나중으로 미루는 사람들이 있었.

---

[2] 미쉬나 예바못m. Yevamot 6:6; 바빌로니아 탈무드 예바못b. Yevamot 64a 와 비교해 보라.

그런 랍비들 가운데 한 사람이 사도 바울의 스승(행 22:3; 5:34)인 랍반 가말리엘 1세Rabban Gamaliel the Elder의 손자 랍반 가말리엘 2세Rabban Gamaliel다. 아래의 이야기는 젊은 가말리엘이 결혼하기 전에 이미 랍비였고 그에게 제자들이 있었다는 것을 보여준다.

신랑은 그의 신혼 첫날밤에 쉐마를 외우는 일에서 면제된다… 랍반 가말리엘은 결혼을 하고 첫날밤에 쉐마를 외웠다. 그의 제자들이 그에게 물었다. "스승님, 신랑은 첫날밤에 쉐마를 외우는 일을 면제받는다고 스승님께서 저희에게 가르쳐 주시지 않았습니까?"

그가 대답했다. "나는 너희의 말을 듣지 않을 것이다. 나는 내게서 한순간이라도 하나님의 나라가 떠나지 않게 할 것이기 때문이다."[3]

토라에 마음을 빼앗기다

또 한 명의 결혼하지 않은 랍비로 시몬 벤 아짜이Shim'on ben Azzai가 있었다. 그는 기원후 70년 성전이 무너진 직후 시대의 사람이다. 그에 대하여 전해지는 이야기가 있는데, 그가 결혼하라는 계명의 중요성을 그렇게 강조하여 가르쳤지만 정작 자신은 결

---

3) 미쉬나 베라콧m. Berachot 2:5. (예수님 시대의 유대인들은 자신을 한 분이신 진정한 이스라엘의 하나님께 재헌신하는 의미로 매일 두 번 쉐마를 외웠다.)

혼을 하지 않아서 그의 동료들이 크게 놀랐다고 한다. 이에 대하여 그는 이렇게 말했다.

> 나보고 어쩌란 말인가? 나는 토라에 마음을 빼앗겼다.
> 다른 사람들이 계속해서 세상을 이어갈 수 있을 것이다.[4]

지금까지 살펴본 것처럼, 예수님은 결혼을 하지 않으셨더라도 1세기 유대인의 사회 속에서 랍비로 인정받으셨을 것이다.

시몬 벤 아짜이는 결혼을 하지 않았지만 독신으로 지내는 것을 추천하지 않았다. 그는 아마 나중에 결혼했을 수도 있다. 예수님은 자신이 독신으로 지내셨기 때문에 결혼하는 것이 바람직하지 않다고 말씀하셨을 것 같지는 않다. 예수님이 십자가를 지셨을 때는 아직 젊으셨을 때이고, 그 나이에는 아직 결혼할 기회가 없었을 수도 있다.

"결혼하지 않은 30세의 랍비"는 데이빗 비빈이 쓴 "Jesus, a Jewish Bachelor?"를 편집 및 요약한 것이며 www.JerusalemPerspective.com 에서 볼 수 있다.

---

4) 토세프타 예바못 t. Yevamot 8:7.

11. 갈릴리 바다에서 일어난 기적

> 예수께서 한 배에 오르시니 그 배는 시몬의 배라
>
> 육지에서 조금 떼기를 청하시고 앉으사 배에서 무리를 가르치시더니
>
> 말씀을 마치시고 시몬에게 이르시되 깊은 데로 가서
>
> 그물을 내려 고기를 잡으라 시몬이 대답하여 이르되
>
> 선생님 우리들이 밤이 새도록 수고하였으되 잡은 것이 없지마는
>
> 말씀에 의지하여 내가 그물을 내리리이다 하고
>
> 그렇게 하니 고기를 잡은 것이 심히 많아 그물이 찢어지는지라 …
>
> 시몬 베드로가 이를 보고 예수의 무릎 아래에 엎드려 이르되
>
> 주여 나를 떠나소서 나는 죄인이로소이다 하니
>
> 누가복음 5:3-6,8

이것은 예수님이 처음 행하신 기적 가운데 한 장면을 기록한 것으로, 이 사건은 겨울에 갈릴리의 가버나움에서 가까운 헵타페곤Heptapegon[1]의 해변에서 일어났을 것이다. 고대 갈릴리 바다

---

[1] 헬라어로 '일곱 개의 샘'이라는 뜻이며 '타브가Tabgha'라고 부르기도 한다. - 역자 주

에서 고기를 잡는 방법을 알면 이 장면이 더욱 생생하게 다가올 것이다.[2]

베드로와 다른 어부들은 무쉬트musht(틸라피아 갈릴레아Tilapia galilea, 베드로 물고기)라는 물고기를 잡으려고 삼중망trammel net을 치고 있었다.

그들은 밤에 고기를 잡았고 새벽이 되면 그 일을 그쳤다. 해가 뜨면 물고기들이 그물을 보고 피해서 가기 때문이다. 그들은 쉬러 가기 전에 조심스럽게 그물을 씻고 널어서 말렸다. 그물들은 아마실로 만들었기 때문에 사용하고 나서 즉시 말리지 않으면 금방 썩게 된다.

물고기들이 삼중망에 걸려드는 그림

누가복음 5장에서 어부들이 호숫가에서 그물을 씻고 있을 때에 예수님이 오셔서 한 배에 올라 말씀을 가르치셨다. 만약 그들

---

[2] 이 장은 Mendel Nun의 연구를 기초로 썼다. 그는 (2005년 당시) 87세이며 고대에 갈릴리에서 물고기를 잡는 방법을 평생 동안 연구했다. 예수님이 갈릴리 바다와 근처에서 많은 시간을 보내셨고, 그의 제자들이 갈릴리의 어부였기 때문에 Nun의 연구는 복음서에 기록된 많은 이야기들을 이해하는데 큰 도움이 된다.

11. 갈릴리 바다에서 일어난 기적   141

이 삼중망을 씻고 있었을 때가 새벽 직후라고 생각한다면, 예수님이 말씀을 가르치신 때는 매우 이른 아침이었을 것이다.[3]

유대인들의 자료를 보면 복음서의 이 장면에 나오는 것처럼 그 시대 이스라엘의 랍비들이 매우 부지런하고 성실했으며, 사람들은 토라를 배우려는 열심히 대단했다는 것을 알 수 있다. 그리고 랍비들의 문헌을 보면 랍비들은 낮이든 밤이든 어느 때나 가능한 모든 장소에서 가르쳤다는 것을 알 수 있다. 누가복음 5장에도 바닷가에 정박해 있는 배에서 아침 7시 정도 되는 이른 시간에 말씀을 가르치는 랍비가 나온다. 그 이른 시간에도 많은 사람들이 말씀을 들으려고 모였기 때문에 예수님은 배 위에서 말씀을 가르치셨다.

어부들의 고된 노동

예수님이 어부들을 제자로 삼으신 것은 우연이 아니다. 그들이 어부로서 고된 노동을 한 것은 그들이 택함을 받아서 하게 될

---

[3] Nun은 많은 물고기를 잡은 기적의 이야기에서 베드로가 사용한 그물이 삼중망이나 삼중망의 일종인 베란다 그물이었을 것이라고 했다. 그 이유는 가버나움이나 헵타페곤(타브가) 근처에서는 후릿그물이 사용되지 않았기 때문이다. 그 지역 호숫가의 바닥에는 돌이 너무나 많아서 후릿그물을 던지면 계속 그 돌들에 걸렸을 것이다. 그리고 베드로가 배에서 동료들과 함께 물고기를 잡았다고 나오기 때문에 투망을 사용한 것 같지는 않다.

일을 위하여 준비되는 과정이었다. 갈릴리의 어부들은 강인한 사람들이었다. 그들은 많은 시간을 물에 젖은 채로 생활해야 했는데 겨울도 예외는 아니었다.

겨울은 갈릴리 바다에서 고기가 가장 많이 잡히는 계절이기 때문이다. 이 때는 무쉬트와 정어리가 가장 많이 잡히는 시기이기도 하다. 이스라엘에서 겨울은 비가 많이 오는 우기에 해당한다. 그래서 어부들이 갈릴리에서 물고기를 잡는 긴 겨울 밤에도 그들 위로 비가 자주 내렸다.[4] (그 시대에는 오늘날 어부들이 입는 방수 고무 재질의 옷이나 신발이 없었다.)

해변에서 어부가 투망을 던지는 모습

---

4) 갈릴리에서 삼중망으로 물고기를 잡는 것에 대한 더 자세한 정보는 Mendel Nun의 "Let Down Your Nets", Jerusalem Perspective 24 (Jan/Feb 1990), pp. 11-13을 보라.

어부의 일은 육체적으로 힘든 일이었다. 그것은 배에서 노를 젓고, 무거운 그물을 끌어당기며, 잡은 물고기들을 들어올리는 것과 같은 일들이다. 투망으로 물고기를 잡는 어부들은 그들이 던진 그물을 가져오기 위하여 계속해서 물 속으로 잠수를 해야 했다. 대부분의 어부들은 밤새 일하고 낮에 잠을 잤다. 가버나움과 같은 전형적인 어촌은 낮 12시나 1시까지 조용했고, 여인들은 아이들이 떠들거나 개들이 짖지 못하게 했을 것이다.

이제 다시 누가복음 5장으로 돌아가서 베드로의 입장이 되어보자. 당신은 춥고 어둡고 비가 내리는 밤에 작은 배에서 밤새도록 물고기를 잡았다. 그리고 녹초가 된 몸을 이끌고 뭍으로 올라와 그물을 씻고 있었다. 그 때 어떤 사람이 당신의 배에 올라타서 다시 노를 저어서 호수의 조금 더 안쪽으로 가자고 한다. 그래서 그의 말대로 배를 옮겼더니 그 사람이 모인 사람들에게 말씀을 가르치기 시작했다.

당신은 그 작은 배에 앉아서 몇 시간 동안 그의 말이 끝날 때까지 기다려야 했다. 지금 당신은 피곤하고 졸릴 뿐만 아니라 매우 굶주린 상태이다. 그래서 당신의 인내심은 곧 바닥을 드러낼 것이다. 그런데 거기서 끝이 아니다. 그 사람은 당신에게 더 깊은 곳으로 가서 당신이 방금 씻은 그물을 다시 내리라고 한다. 이 얼마나 당돌한 사람인가!

예수님이 베드로에게 "깊은 데로 가서 그물을 내려 고기를 잡으라"고 말씀하셨을 때, 그리고 그 후에 베드로가 놀라서 예수님의 무릎 아래에 엎드렸을 때 주님은 어느 곳에 계셨는가?

사람들은 누가복음 5장 1-11절의 이야기를 읽을 때에 요한복음 21장 1-14절에 나오는 비슷한 이야기의 영향을 받는다. 요한복음에 나오는 이야기는 예수님께서 부활하신 후에 일어난 사건이지만, 사람들은 베드로가 주님의 말씀에 순종하여 엄청나게 많은 물고기를 잡은 일을 같은 것으로 보고 요한복음에 나오는 상황을 누가복음과 같은 것으로 착각하는 경우가 많다.

그래서 사람들은 예수님이 고고하게 바닷가에 서 계시고, 어쩌면 바다 위에 있는 베드로의 배를 향하여 손을 뻗고 계셨을 것이라고 상상한다. 또 베드로는 그의 배에서 뛰어내려, 해변으로 헤엄쳐 가서, 예수님의 무릎 아래에 엎드렸다가, 다시 그의 배로 가서 물고기가 가득 찬 그물을 육지로 끌어올렸을 것이라고 생각한다. 이것은 누가복음 5장의 이야기와 요한복음 21장에서 베드로가 주님이시라는 말을 듣고 배에서 내려 200규빗[5] 정도의 거리를 헤엄쳐서 육지로 간 일을 함께 생각하기 때문이다.

그러나 누가의 이야기에서 예수님이 베드로에게 다시 깊은 데로 가서 그물을 내려 물고기를 잡으라고 하셨을 때 주님은 베드로의 배에 타고 계셨다. 또 베드로가 엄청나게 많은 물고기를 잡아서 간신히 배로 끌어올린 후에 주님의 무릎 아래에 엎드렸을 때에도 주님은 그 배에 계셨다.

---

5) 약 90미터, 개역개정은 '오십 칸'으로 번역했지만 원문에는 '200규빗(페콘)'이라고 나온다. - 역자 주

이 이야기를 영어로 번역된 성경으로 읽으면 베드로 혼자 예수님이 말씀을 전하실 수 있도록 배를 움직이고, 베드로 혼자 깊은 곳으로 노를 저어서 가고, 베드로 혼자 그물을 내린 것으로 이해된다.

그러나 예수님이 하신 말씀, "(너희) 그물을 내려"(눅 5:4)를 헬라어로 보면 "χαλάσατε τὰ δίκτυα ὑμῶν(칼라사테 타 디크투아 후몬)"인데 모두 복수형으로 기록되어 있다. 이것은 베드로와 예수님이 탄 배에 다른 어부가 한 명 이상 있었다는 것을 나타낸다. 또 7절의 "(그들이) 다른 배에 있는 동무들에게 손짓하여 와서 도와 달라(복수형) 하니"라는 말씀은 그 배에 베드로 외에도

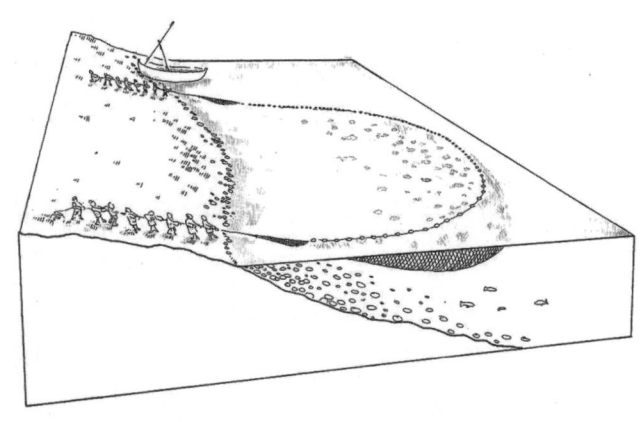

후릿 그물로 물고기를 잡는 모습

그와 함께 물고기를 잡는 어부가 더 있었다는 것을 보여준다.

삼중망 어선에는 보통 어부 네 명이 탄다. 그러므로 예수님과 베드로가 탄 배에는 다른 어부들 두세 명이 더 탔을 것이다. (물론 두 명만 탈 수도 있다. 한 사람은 노를 젓고, 다른 사람은 그물을 던지고 끌어올리는 일을 할 수 있지만 두 사람만으로는 힘들다.) 만약 베드로와 예수님 외에 두 사람이 배에 탔다면 예수님이 네 번째 어부의 역할을 하셨을 수도 있다. 그리고 만약 베드로와 예수님 외에 세 사람이 더 탔다면 약 5미터 길이의 그 배는 어부 네 명과 어구만으로도 거의 차기 때문에 예수님은 구석에 계셨을 것이다.

예수님 시대와 동일한 크기와 모양의 삼중망 어선.
이 배에는 최소한 두 명이 필요하다.

11. 갈릴리 바다에서 일어난 기적

지금까지 살펴본 것처럼 예수님이 호숫가에서 말씀을 가르치신 풍경은 그동안 우리가 생각한 것과는 사뭇 다르다. 몰려온 사람들이 예수님의 말씀을 들을 때 그들은 예수님이 배에서 두 명 내지 네 명의 어부들 옆에 서 계신 것을 보았을 것이다. 그것만이 아니라, 어부들이 그물을 배로 끌어 올릴 때에는 예수님이 그들과 함께 일하지 않으셨더라도 배에 가득한 물고기로 인하여 예수님은 구석으로 내몰리시고 주님의 발은 물고기들과 그물에 덮였을 것이다.

많은 물고기를 잡은 기적

베드로가 많은 물고기를 잡는 기적을 보자 그는 배에서 예수님의 무릎 아래에 엎드려 말했다. "주여, 나를 떠나소서. 나는 죄인입니다!" 그리고 베드로 및 그와 함께 한 사람들이 "그 고기 잡힌 것으로 말미암아 놀랐다." 이 어부들이 이렇게 놀란 이유는 무엇인가?

보통 밤새 일하고도 아무것도 잡지 못했다면 다시 그물을 던진다 해도 물고기는 여전히 잡히지 않았을 것이다. 이것은 예수님이 베드로에게 깊은 데로 가서 그물을 내리라고 하셨을 때 베드로가 한 말에 잘 나타난다. "선생님 우리들이 밤이 새도록 수고하였으되 잡은 것이 없습니다." 베드로를 포함한 어부들이 모두 결과는 같을 것이라고 생각했지만 그들의 예상과는 다르게 그들이 한동안 일을 하지 않아도 될 정도로 많은 물고기를 잡게 되었다. 그러니 그들이 그렇게 놀라는 것은 당연하다.

그러나 이 갈릴리의 어부들이 놀란 것은 단지 안 되는 날에 물고기가 잡힌 것이나, 그 엄청난 양 때문이 아니었다. 1950년대 중반에 투명한 나일론 재질의 그물이 나오기 전까지 삼중망을 이용한 어업은 밤에만 이루어졌다. 왜냐하면 낮에는 물고기들이 그 그물을 보고 피해 가기 때문이다. 이 사건에서 기적은 그 물고기들이 마치 눈이 먼 것처럼 그 그물 안으로 들어왔다는 것이다. 또 삼중망으로 물고기를 잡을 때는 그물을 내린 뒤에 물고기들을 놀라게 해야 그것들이 그물 안으로 들어오게 된다. 누가복음의 이야기에서 어부들이 물고기들을 놀라게 했을 수도 있지만, 본문을 보면 그렇게 하지 않은 것으로 보인다.

그러면 베드로가 예수님의 발 앞에 엎드린 이유는 무엇인가? 그것은 예수님이 그 기적을 행하신 타이밍이 기가 막혔기 때문이다. 그는 모든 것이 예수님의 손 안에 있다는 것에 놀란 것이다. 주님은 말씀을 가르치신 후에 그 어부들이 인내한 불편함에 대하여 보상해 주셨다.

예수님은 모여든 무리에게 말씀을 가르치시면서 그로 인하여 어부들이 겪는 어려움에 대해서는 신경을 쓰지 않으셨다. 왜냐하면 주님은 그들이 수고한 것에 대하여 보상해 주실 것이고 그렇게 하실 수 있는 분이기 때문이다. 오순절 이후에 베드로도 이와 같은 확신을 가지고 있었다. 베드로가 성전 미문에 앉아 구걸하던 사람을 일으켜 걷게 했을 때(행 3:6) 그는 자신이 할 일과 그 결과를 알고 있었다.

예수님은 그 어부들이 밤새도록 열심히 일하여 피곤하고 잡은 것이 없어 낙담하고 있었다는 것을 알고 계셨다. 주님은 그들이 죽도록 피곤해서 집에 가서 쉬고 싶다는 것을 알고 계셨다. 주님은 그들이 먹고 살기 위하여 필요한 것과 그들이 그 밤에 어업의 실패로 그것이 부족하다는 것도 알고 계셨다.

주님은 그 기적을 통해서 그들이 그 밤에 헛되이 수고한 것으로 낙심한 마음이 사라지게 하셨을 뿐만 아니라, 그들이 주님을 위해 봉사한 시간에 대한 보상을 훨씬 뛰어넘는, 그들이 며칠 밤을 계속해서 잡아야 얻을 수 있는 심히 많은 물고기들로 그들에게 복을 주셨다. 누가복음 5장에서 기록한 물고기의 무게는 대략 700-800킬로 정도로, 베드로와 그의 동료들이 허탕치기도 하는 날들을 포함하여 보통 2주 정도 일해야 잡을 수 있는 무게였다.

"갈릴리 바다에서 일어난 기적"은 데이빗 비빈이 쓴 "The Miraculous Catch (Luke 5:1-11): Reflections on the Research of Mendel Nun"를 편집 및 요약한 것이며 www.JerusalemPerspective.com에서 볼 수 있다.

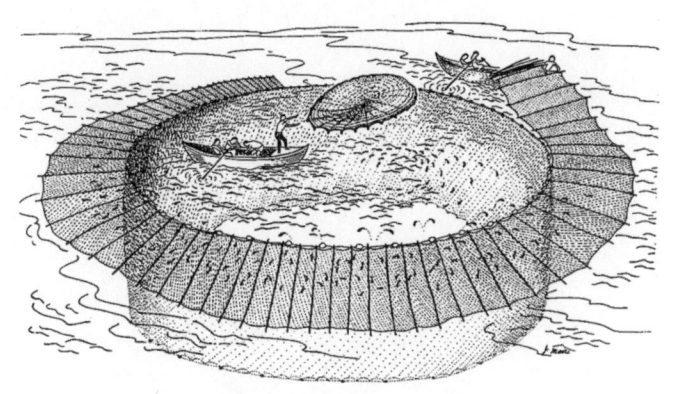

베란다 그물을 사용한 고기잡이.
물고기들이 원통형 그물에서 빠져나가기 위하여
바깥으로 뛰어오르면 테두리에 있는 그물에 잡히게 된다.

III. 예수님의 말씀의 재발견

| 12. 천국을 거부한 부자 |

어떤 사람이 주께 와서 이르되
선생님이여 내가 무슨 선한 일을 하여야 영생을 얻으리이까
예수께서 이르시되 어찌하여 선한 일을 내게 묻느냐
선한 이는 오직 한 분이시니라
네가 생명에 들어 가려면 계명들을 지키라
그 청년이 이르되 이 모든 것을 내가 지키었사온대
아직도 무엇이 부족하니이까
예수께서 이르시되 네가 온전하고자 할진대
가서 네 소유를 팔아 가난한 자들에게 주라
그리하면 하늘에서 보화가 네게 있으리라
그리고 와서 나를 따르라 하시니
그 청년이 재물이 많으므로 이 말씀을 듣고 근심하며 가니라
마태복음 19:16-17, 20-22

부자 청년의 질문

1세기 이스라엘 사람들은 "내가 영생을 얻으려면 무슨 선한 일을 해야 하는가?"라는 질문을 가지고 있었다. 이 질문은 미가서 6장 8절에 나오는 질문과 연결된다.

> 사람아 주께서 선한 것이 무엇임을 네게 보이셨나니
> 여호와께서 네게 구하시는 것은 …
> 미가 6:8

랍비들의 자료에 직접적으로 나오지는 않지만 랍비들 가운데 미가서 6장 8절의 말씀을 "주께서 네게 무슨 선한 일을 구하시느냐?"라는 질문으로 바꾼 사람들이 있었을 것이다. 그리고 이 미가서 6장 8절에 대하여 널리 잘못 알려진 가르침을 따라서 본문의 부자 청년처럼 "내가 영생을 얻기 위하여 무슨 '미쯔바(선한 행위; 직역하면 계명)'를 행해야 합니까?"라고 묻는 사람들도 있었을 것이다.

예수님은 이런 질문을 한 그에게 "너는 왜 나에게 '선한 것'[1]을

---

1) 대부분의 성경이 마태복음 19:17을 "선한 이는 오직 한 분이시니라"로 하나님을 가리키는 것으로 번역했다. 이것은 병행 구절인 누가복음 18:19에 "하나님 한 분 외에는 선한 이가 없느니라"라고 나오고, 성경에 '하나님은 선하시다'는 표현이 많이 나오기 때문이다. 그러나 마태복음에 나오는 구절을 헬라어로 보면 "헤이스 에스틴 호 아가쏘스"이며, 직역하면 '선한 것은 하나다'가 된다.

12. 천국을 거부한 부자

묻느냐?"라고 하셨다. 예수님은 아마 그 부자 청년이 "선한 일"이라고 말한 것의 의미를 물으신 것이 아닐 것이다. 주님은 그가 말한 의미를 아셨지만, 그가 "선하다"는 말을 그렇게 사용한 것에 대하여 책망하신 것이다. 주님은 여기서 문맥상 "너는 왜 '선하다'를 그런 식으로 사용하느냐?"라고 하신 것이다.

예수님은 하나의 선한 일을 행함으로 영생을 얻을 수 있다는 부자 청년의 생각에 강하게 반대하신 것이다. 주님은 성경에서 모든 계명을 아우르는 포괄적인 말씀이 있다는 그 시대의 랍비들의 생각에 동의하셨다.[2] 그러나 주님은 미쯔봇(계명들)마다 수준이나 정도가 있다는 생각에는 반대하셨다. 예수님과 그 시대의 많은 랍비들은 '가벼운' 계명이 '무거운' 계명과 똑같이 중요하다고 가르쳤다(마 5:19).[3]

여기서 '하나'는 문맥상 하나님이 아니라 토라를 말하는 것으로 볼 수 있다. 예수님이 바로 다음에 토라의 계명들에 대하여 언급하시기 때문이다. "너는 왜 나에게 선한 것을 묻느냐? 선한 것은 하나(토라)다. 그러니 너는 (토라의) 계명들을 지켜라."

2) 랍비들은 성경 전체를 요약한 것을 '켈랄 가돌 바토라(토라의 큰 계명)'라고 했다. 랍비 아키바는 성경을 요약한 가장 중요한 한 구절이 "네 이웃을 네 자신과 같이 사랑하라"라고 했다(레위기 19:18에 대한 Sifra, Kedoshim [ed. Weiss, p. 89b]). 누가복음 10:27 및 그 병행 구절들과 비교해 보라.

3) 이런 접근 방법을 줄여서 히브리어로 '칼라 카하무라(무거운 것과 같은 가벼운 것)'라고 한다. 이것은 가벼운(쉬운) 계명이 무거운(엄중한) 계명만큼 중요하다는 뜻이다. (미쉬나 아봇 2:1, "'가벼운' 계명을 '엄중한' 계명과 같이 여기고 주의하라. 이는 네가 각 계명에 대한 보상을 알지 못하기 때문이다.") 랍비들의 관습에 대한 더 자세한 내용은 179-182쪽을 보라.

그러므로 누구든지 이 계명 중의 지극히 작은 것 하나라도
버리고 또 그같이 사람을 가르치는 자는
천국에서 지극히 작다 일컬음을 받을 것이요
누구든지 이를 행하며 가르치는 자는
천국에서 크다 일컬음을 받으리라
마태복음 5:19

주님의 생각은, 하나님의 계명 중 가장 사소한 것이라도 주의해서 지켜야 한다는 것이다. 그러므로 영생으로 인도하는 문을 여는 단 하나의 "선한 일", 즉 한 가지 계명은 존재할 수 없는 것이다.

상을 얻기 위하여 선한 일을 행한다는 생각은 예수님만이 아니라 대부분의 랍비들도 반대했다. 미드라쉬는 이 문제에 대하여 이렇게 설명했다.

다윗이 말했다. "어떤 사람은 자기의 아름답고 정직한 행위를 신뢰하고, 어떤 사람은 자기 조상의 공적을 신뢰하지만, 나는 당신을 신뢰합니다. 내가 행한 선한 행위는 없으나, 내가 주께 부르짖으니 주께서 내게 응답하십니다."[4]

바리새인들은 "내가 무슨 선한 일을 행하여야 합니까?"라고

---

[4] 시편 141편에 대한 미드라쉬 (ed. Buber, pp. 530-531).

계속해서 묻는 사람들을 비판했다. 그들은 일곱 종류의 바리새인이 있다고 하면서 자기들을 풍자했는데, 다섯 번째 종류는 "계산하는 바리새인"으로 "악한 행위 하나를 없애기 위하여 내가 할 수 있는 선한 행위가 무엇인지 내게 말하라"고 항상 얘기하는 사람이다.[5]

랍비들에게 전해지는 다음과 같은 격언들도 비교해 볼만하다.

"그의 계명을 크게 즐거워하는 자는 복이 있도다"(시 112:1). 이 사람이 크게 즐거워하는 것은 그의 계명이지 그의 계명에 대한 보상이 아니다.[6]

보상을 받으려고 자기 주인을 섬기는 종과 같이 되지 말아라. 오히려 보상을 받지 않고 자기 주인을 섬기는 종과 같이 되어라.[7]

부자 청년의 이야기에서 예수님은 미쯔봇(계명)의 중요성을

---

5) 예루살렘 탈무드 베라콧 IX, 14b; 바빌로니아 탈무드 소타 22b; 랍비 나탄의 아봇, Version A, Ch. 37 (ed. Schechter, p. 109); Version B, Ch. 45 (p. 124).
6) 바빌로니아 탈무드 아보다 자라 19a.
7) 즉, 우리는 사랑으로 하나님을 섬겨야 한다. 미쉬나(m. Avot 1:3)에 보존된 이 격언은 기원전 2세기 초에 살았던 현인, 소고의 안티고누스에 의하여 전해진 것이다. 안티고누스의 격언에 대해서는, 데렉 에레쯔 랍바 2:13 (ed. Higger, p. 284)에 나오는 구절, "오신 메아하바(사랑으로 [선한 일을] 행하는 자들)"와 비교해 보라.
계명을 지키는 것에 대한 모든 격언들은 토라의 언약을 맡은 유대인들에게 주어졌다. 이방인들이 토라를 지키는 것에 대한 초대 교회의 결정에 대해서는 252-257쪽을 보라.

강조하셨다. 그러나 예수님은 제자들이 영생이나 상을 얻으려는 목적이 아니라, 하나님을 사랑하고 기쁘게 해 드리려는 마음으로 선한 일을 행하기를 바라셨다. 예수님의 말씀에 따르면, 사람이 모든 계명을 지키는 것은 자기가 해야 할 일을 다 행한 것일 뿐이며, 그는 여전히 아무런 상을 받지 못하는 무익한 종인 것이다.

> 너희 중 누구에게 밭을 갈거나 양을 치거나 하는 종이 있어
> 밭에서 돌아오면 그더러 곧 와 앉아서 먹으라 말할 자가 있느냐
> 도리어 그더러 내 먹을 것을 준비하고
> 띠를 띠고 내가 먹고 마시는 동안에 수종들고
> 너는 그 후에 먹고 마시라 하지 않겠느냐
> 이와 같이 너희도 명령 받은 것을 다 행한 후에 이르기를
> 우리는 무익한 종이라 우리가 하여야 할 일을 한 것뿐이라 할지니라
> 누가복음 17:7-8,10

힐렐과 샴마이도 예수님과 같은 생각을 갖고 있었다.

> 너희가 많은 계명을 행하더라도(직역하면, 너희가 많은 토라를 행하더라도), 너희에게 공적이 있다고 생각하지 말아라(즉, 너희가 상을 받을 자격이 있다고 생각하지 말아라). 이것이 너희가 창조된 목적이다.[8]

---

8) 랍비 나탄의 아봇, Version B, Ch. 31 (ed. Schechter, p. 66). "토라를 행하다" 라는 표현에 주목하라. 이 표현에 대해서는 미쉬나 아봇 6:7의 "토라가 위대

12. 천국을 거부한 부자

관리의 불안한 마음

누가복음 18장 23절에 나오는 것처럼 이 관리는 큰 부자이고 율법을 잘 지키는 사람이다. 그는 1세기에 율법을 준수하는 유대인이었기 때문에 이미 가난한 자들을 위하여 많은 재물을 나누어 주었을 것이다. 그러나 그는 영생을 보장받을 수 있는 특별한 선행을 하기를 원했다.

이 사람은 예수님의 가르침을 듣고 마음에 동요가 있었던 것 같다. 그의 질문에는 불안한 마음이 내비쳤다. 그는 계명을 지켰고, 성문 토라와 구전 토라는 그런 사람들에게 영생을 약속하고 있었지만, 그는 자신이 영생을 얻게 될 것을 확실히 해 두고 싶다. 그는 자기가 부자이기 때문에 아마 예수님이 자기에게 가난한 사람들을 위하여 어마어마한 재산을 나누어 주라고 하실 것이라고 생각했을 수도 있다. 그러나 예수님은 그가 토라에 대하여 더 균형적인 생각을 갖도록 꾸짖으셨다.

그러나 그 사람은 토라에 대한 경솔한 태도를 계속 가지고 있

한 것은 그것을 행하는 자에게 이 세상과 오는 세상에서 생명을 주기 때문이다"와 비교해 보라. 신약에서는 "포이테스 노모우(율법을 준행하는 자)"(약 4:11) 및 "포이에오 톤 노몬(율법을 지키는[행하는])"(요 7:19)과 비교해 보라. 예수님의 시대에 '토라를 행한다'는 표현은 '계명들을 행한다'와 같은 뜻이었다. 그렇다면 '토라'가 곧 '계명들'과 같은 뜻이라고 생각할 수 있다. 이것을 알면 마태복음 19:17에서 예수님이 '토라'를 말씀하시다가 '계명'을 말씀하신 것이 이해가 된다. "선한 것은 오직 하나(토라)다. 네가 생명에 들어 가려면 계명들을 지켜라."

었다. 그는 안달내며 말했다. "나에게 아직도 답을 주시지 않는군요. 나는 이 계명들을 지키고 있습니다." 이때 예수님은 그가 얼마나 영생을 원하고 있는지 그 자신과 다른 모든 사람들이 알 수 있도록 그를 시험하셨다.

예수님의 질문에 그 사람은 당황했다. 그는 그 랍비가 자기의 모든 재산을 포기하라고 할 줄은 전혀 몰랐다. 그는 안색이 어두워졌고 더 이상 아무것도 묻지 않았다. 예수님은 그 부자 청년이 보인 부정적인 반응을 활용하여 제자들에게 중요한 영적 진리를 가르치셨다. 그것은 부자가 예수님의 제자가 되는 것이 매우 어려운 일이라는 것이다.

베드로는 다윗 왕처럼 '하나님의 마음에 맞는' 사람이었다. 그는 성격이 급했지만 항상 예수님을 기쁘게 해 드리려고 열심히 노력했고, 그는 예수님의 수제자였다. 베드로는 예수님과 부자 청년이 나눈 대화와 그의 반응을 보고 이 상황에 맞는 말을 하고 싶어 했다. 그러나 베드로와 다른 제자들은 자신의 모든 소유를 포기하지는 않았다. 그렇지만 그들은 예수님의 제자가 되어 그 나라에 합류했다. 그래서 그는 "우리가 모든 것을 버리고", 즉 가족과 소유를 일시적으로 버리고 예수님을 따랐다고 말했다.

예수님은 베드로에게 그가 부자 청년에게 요구된 희생을 치르지 않았다고 하지 않으셨다. 대신에 주님은 부드럽게 베드로가 한 말을 인정해 주셨다. "그렇다[9]. 너희(제자들)는 내가 너희에게

---

9) 마 19:28에서 예수님의 말씀은 '아멘'으로 시작한다. 개역개정은 '진실로'로 번

요구한 희생을 치렀다. 나는 너희가 모든 재산을 버리는 것을 포함하여 내가 너희에게 요구하는 어떤 희생도 치를 준비가 되어 있다는 것을 안다. 그러므로 나는 너희가 알기를 원한다. 나를 위하여 자기 가족과 생계를 버린 자들은 이 세상에서 그보다 더 많은 것을 받을 것이고 또 영생을 받을 것이다."

젊은 관리의 이야기에서 배울 점

- 사람은 상을 얻기 위해서가 아니라, 하나님을 사랑하고 기쁘게 해 드리기 위하여 섬겨야 한다. 부자 청년은 상을 바라고 있었다.
- 하나님은 우리의 삶에서 가장 약한 부분, 즉 우리가 하나님보다 더 중요하게 여기는 부분에서 우리의 헌신을 시험하실 수 있다. 부자 청년이 하나님께 헌신하는데 있어서 가장 연약한 부분은 그가 재물을 사랑한다는 것이었다. 그래서 그는 그의 재물을 모두 버릴 것을 요구받았다. 하나님은 우리도 비슷한 방법으로 시험하실 수 있다. 하나님은 우리를 위하여 우리의 삶에서 우리가 영적 성숙에 이르는데 방해가 되는 연약한 부분을 단련하기 위하여 우리를 시험하실 것이다.
- 우리는 가난한 자에게 주라는 가르침을 다시 공부해야 한다.

역했지만 '아멘'은 강한 긍정의 의미를 갖기도 한다. - 역자 주

예수님은 부자 청년에게 그가 그의 재물을 가난한 자들에게 나누어주면 하늘에서 보화를 갖게 될 것이라고 말씀하셨다. 우리는 예수님이 "선한 눈"(마 6:22)[10]으로, 즉 너그럽게 나누어 주라고 하신 가르침을 잊으면 안 된다. 주님은 우리가 이렇게 하면 하나님의 빛 또는 성령으로 가득하게 될 것이라고 약속하셨다.

- 젊은 부자 관리의 이야기는 재물의 음험하고 영적으로 심각한 위험성을 보여준다. (하나님으로부터 우리의 마음을 돌리는 것은 큰 돈이 아니다. 사람은 적은 돈에 대해서도 인색해질 수 있다.) 부자 청년은 자기의 재물을 너무나 소중하게 생각해서 예수님을 따를 수 없었다. 주님은 좁은 문과 곧은 길을 찾는 사람이 적다고 경고하셨다. 돈을 사랑하는 것은 '생명'을 찾는 것을 더욱 어렵게 만든다.

- 우리는 예수님의 제자가 되는 일을 그 무엇보다 중요시해야 한다. 예수님은 '천국', 즉 주님의 제자의 무리에 들어가는 것을 큰 보물을 소유하는 것에 비유하셨다.

- 예수님은 '나를 위하여 자기 소유를 버린 자는 현세에서 훨씬 더 많이 받을 것이라'고 약속하셨다. 우리는 이 약속으로 용기를 얻을 수 있다. 우리는 앞으로 올 세상만이 아니라 이 세상

---

10) 저자는 마태복음 6:1-4에 구제에 관한 내용이 나오기 때문에 예수님이 마태복음 6:22에서 잠언의 구제에 관한 말씀(잠 22:9)에 나오는 "선한 눈"을 말씀하신 것으로 보고 있는 것 같다. 개역개정에는 "눈이 성하면"이라고 번역되었다. - 역자 주

에서, 우리가 예수님을 따르기 위하여 희생한 것들보다 훨씬 더 큰 행복을 누리게 될 것이다.

"천국을 거부한 부자"는 데이빗 비빈이 쓴 다음의 글들을 편집 및 요약한 것이다. "A Hebraic Nuance of lego", "The Rich Young Ruler Story: Personal Application" 두 글은 www.JerusalemPerspective.com에서 볼 수 있다. "Jerusalem Synoptic Commentary Preview: The Rich Young Ruler Story"는 Jerusalem Perspective 38 & 39 (May-Aug 1993), pp. 25-26에 게재되었다.

13. 우리와 저들 모두를 사랑하라

> 또 네 이웃을 사랑하고 네 원수를 미워하라 하였다는 것을
> 너희가 들었으나 나는 너희에게 이르노니
> 너희 원수를 사랑하며 너희를 박해하는 자를 위하여 기도하라
> 이같이 한즉 하늘에 계신 너희 아버지의 아들이 되리니
> 이는 하나님이 그 해를 악인과 선인에게 비추시며
> 비를 의로운 자와 불의한 자에게 내려주심이라
> 마태복음 5:43-45

과거의 학자들은 예수님이 사랑에 관하여 말씀하신 유명한 말씀의 배경을 설명하는데 있어서 큰 어려움이 있었다.[1] 그들은 예수님이 잘 알려진 전통적인 속담에 대하여 답하신 것이라고 생각했다. 고대 로마인들은 친구들에게 친절하게 대하고 원수들에게 보복하는 것을 훌륭한 행동으로 여겼다. 예를 들면, 로마의 유명

---

[1] Magen Broshi, "Hatred: An Essene Religious Principle and Its Christian Consequences", Antikes Judentum und Frühes Christentum (Berlin: Walter de Gruyter, 1999), pp. 245-252.

한 장군인 술라Sulla는 기원전 87년에 죽었는데 그를 기념하는 기념비에는 이런 글이 새겨져 있다. "나에게 친절을 베푼 친구들 중에 온전히 보답을 받지 못한 사람이 없었고, 나에게 잘못을 한 원수들 중에 온전히 보복을 받지 않은 사람이 없었다."[2] 이 비문의 기저에 있는 철학은 속담의 형태로 로마 제국의 다양한 민족 사람들의 입에 오르내렸을 것이다. 그러나 예수님이 그런 속담을 듣고 "그러나 나는 너희에게 이르노니 너희 원수를 사랑하며…"라고 말씀하셨을까?

예수님의 말씀을 더 큰 문맥으로 보면 마태복음 5장 21절부터 48절까지가 하나의 주제로 연결되어 있다. 주님은 이 부분에서 "그러나 나는 너희에게 이르노니"라는 표현을 여섯 번 사용하셨는데, 그 때마다 토라의 구절들에 대한 자신의 해석을 말씀하셨다. 예수님은 어떤 속담에 대하여 말씀하신 것이 아니라, 그들이 토라의 구절들을 해석한 전통[3]에 대하여 말씀하신 것으로 볼 수 있다. 주님이 언급하신 이 전승들의 배경은 2차 성전 시대 유대인들의 문헌에서 찾아볼 수 있을 것이다.

사해문서의 발견으로 학자들은 그들의 연구에 크게 도움이 되는 새로운 언어, 비교, 고고학 및 역사적 자료들을 얻게 되었다. 이 문서들 가운데 히브리어로 기록된 훈육 지침The Manual of

---

[2] 이 비문의 내용은 Phillip Van Ness Myers의 Rome: Its Rise and Fall, 제2판 (Boston: Ginn and Company, 1901), p. 262에서 인용한 것이다.

[3] "(옛 사람에게 말한 바) … 라는 것을 너희가 들었으나"(마 5:21, 27, 31, 33, 38, 41-43)라고 말씀하신 내용들을 말한다. - 역자 주

Discipline이라는 문서가 있었다. 이것은 사해의 에세네파에 처음 들어온 사람들을 위한 지침서였다. 이 문서의 시작 부분에는 "… 그가 택하신 모든 자를 사랑하고 그가 버리신 모든 자를 미워하려는 것이다."(1QS 1:3-4)라는 구절이 있다. 그리고 뒷부분에도 같은 내용이 반복해서 기록되어 있다.

> 이것은 그 길을 따르는 자들의 규례다. … 이 시대의 사랑과 미워함에 관하여 말하자면, 구덩이의 사람들에 대한 영원하지만 감춰진 미움이다. (그 길, 즉 그 분파에 속한 사람은) 노예가 자기 주인에게 하는 것처럼, 가난한 자가 자기를 압제하는 자에게 하는 것처럼, 자기의 재산과 수고를 그들에게 두고 가야 한다. 그러나 그는 보복의 날을 기다리며 하나님의 율법에 열심이어야 한다.
> - 1QS 9:21-23

에세네파의 증오의 맹세

요세푸스는 그가 살았던 시대에 중요한 세 종파인 바리새파, 사두개파, 에세네파에 대하여 기술했는데, 그 중에서 에세네파는 매일 두 번 공동 식사를 하기 전에 맹세를 했다고 기록했다. 그 맹세에는 "불의한 자들을 영원히 미워하고 의인들과 함께 싸우겠다"(전쟁 문서War 2:139)는 내용이 포함되어 있다. 요세푸스의 기록은 훈육 지침에 나타난 그들의 생각과 일치한다.

사해의 에세네 공동체는 자신들을 근본적으로 하나님과 연합된 무리로 보았다. 그들의 가르침은 하나님이 언젠가 그들의 진실함을 판단하시고, 그들에게 속하지 않은 자들을 멸하신다는 것이다. 그러므로 에세네파는 같은 종파에 속한 (하나님과 연합한) 자기 동료를 사랑하고, 그 공동체 밖의 (하나님을 대적하는) 사람들을 미워하라고 가르쳤다.

신기한 것은, 그들이 그 미워하는 마음을 노예가 그 주인에게 품는 앙심과 같이 숨겨야 한다는 것이다. 그들은 노예가 주인을 미워하는 마음을 품고 있지만 자기의 힘으로는 노예 제도를 어떻게 할 수 없는 것과 같이, 자신들이 이 일시적인 세상 속에서 하나님이 정하신 체계 안에 있다고 보았다.[4]

고대 유대인들은 레위기 19장 17-18절 말씀을 사랑에 관한 중요한 구절로 보았다.

> 너는 네 형제를 마음으로 미워하지 말며 …
> 원수를 갚지 말며 동포를 원망하지 말며
> 네 이웃(레아, וֹ ר) 사랑하기를 네 자신과 같이 사랑하라
> 레위기 19:17-18

---

4) Krister Stendahl, "Hate, Non-Retaliation, and Love", Harvard Theological Review 55 (1962), pp. 343-355; David Flusser, Judaism and the Origins Of Christianity (Jerusalem: Magnes Press, 1988), pp. 483-489.

이 구절은 '형제'에게 미워하는 마음을 품지 말며, '동포(자기민족)'에게 원수를 갚지 말고 원망하지 말라고 말한다. 18절은 '레아(이웃)'를 자신과 같이 사랑하라는 말씀을 더했다.

이 구절들은 분명하게 동포, 즉 자기 민족, 내부인, 유대교인 또는 친구를 미워하지 말라고 말하고 있다. 이 말씀을 역으로 적용하면, 동포가 아닌 사람, 즉 외부인, 종파 밖의 사람, 원수를 미워하는 것은 괜찮다고 해석할 수도 있을 것이다. 예수님은 이 말씀을 이런 식으로 해석하지 않도록 '레아(이웃)'의 범위를 넓혀서 원수까지 포함시키신 것이다.

우리가 마태복음 5장 43-45절의 말씀을 사해문서에 나타난 레위기 19장 17-18절의 해석과 그 종파의 생각에 비추어 보면 예수님이 말씀하시고자 한 것을 더 잘 이해할 수 있다.[5] 예수님은 에세네파가 만든 개념, 즉 하나님은 의인들을 위하시고 악인들은 대적하신다는 그 종파의 사상에 반대하셨다. 주님은 에세네파가 자기들의 공동체 밖에 있는 사람들을 미워하라고 한 그들의 교리를 꺾으신 것이다.

예수님은 레위기 19장 18절의 말씀을 친구와 이웃과 같은 분파만이 아니라, 원수까지 사랑하라는 말씀으로 보셨다. 주님은 분파 밖의 사람들도 '레아(이웃)'의 범위 안에 두신 것이다. 다른

---

5) Morton Smith는 마태복음 5:43과 훈육 지침의 관계를 처음으로 언급한 사람이다. Morton Smith, "Mt. 5:43: 'Hate Thine Enemy'", Harvard Theological Review 45 (1952), pp. 71-73를 보라.

곳에서 주님은 그 시대에 유대인들이 이방인과 같이 멸시하는 사마리아인들을 '레아(이웃)'로 말씀하셨다(눅 10:25-37).

> 네 생각에는 이 세 사람 중에 누가 강도 만난 자의 이웃이 되겠느냐
> 이르되 자비를 베푼 자니이다
> 예수께서 이르시되 가서 너도 이와 같이 하라 하시니라
> 누가복음 10:36-37

예수님은 이 말씀을 뒷받침하는 증거로 하나님이 물리적인 세계에 행하시는 일들을 설명하셨다. 하나님은 모든 사람들에게 선을 행하신다.

> 이같이 한즉 하늘에 계신 너희 아버지의 아들이 되리니
> 이는 하나님이 그 해를 악인과 선인에게 비추시며
> 비를 의로운 자와 불의한 자에게 내려주심이라
> 마태복음 5:45

하나님은 악한 자만 따로 어둠에 두시지 않고, 불의한 자에게 비를 적게 내리시지 않는다. 오히려 하나님은 의인들과 불의한 자들에게 선하심과 자비와 긍휼을 풍성하게 주신다. 예수님은 제자들에게 이 하나님이 사랑하신 방식을 본받아 행하라고 가르치신 것이다.

"우리와 저들 모두를 사랑하라"는 데이빗 비빈과 조셉 프랑코빅이 쓴 "Us and Them: Loving Both"을 편집 및 요약한 것이며 www.JerusalemPerspective에서 읽을 수 있다. 이 글은 Magen Broshi가 쓴 "Hatred: An Essene Religious Principle and Its Christian Consequences", Antikes Judentum und Frühes Christentum (Berlin: Walter de Gruyter, 1999), pp. 245-252의 내용을 기초로 한 것이다.

14. 예수님이 사용하신 율법의 전문용어

예수님의 말씀과 그 시대의 랍비들이 말한 내용 사이에는 많은 공통점이 있다. 랍비들은 하나님의 말씀을 어떻게 그들의 삶에 적용해야 하는지를 알기 위하여 토라의 해석에 관한 대화를 많이 나누었다. 예수님은 전통적으로 랍비들이 토론하는데 사용해 온 전문용어들을 자주 사용하셨다. 그런데 그 용어들 가운데는 우리가 그 뜻을 명확히 알기 힘든 것들도 있다. 랍비들이 사용한 전문용어들을 알면 예수님의 말씀을 더 잘 이해할 수 있을 것이다.

율법을 폐하는 것과 완전하게 하는 것

내가 율법이나 선지자를 폐하러 온 줄로 생각하지 말라
폐하러 온 것이 아니요 완전하게 하려 함이라
마태복음 5:17

여기서 예수님이 하신 말씀의 의미를 정확하게 아는 사람은 많지 않다. 어떤 기독교 주석가들은 이 구절을 율법에 부족한 부분이 있는데 예수님께서 그것을 채우셨다고 해석했다. 그들은 주님이 율법을 없애지 않으시고, 메시아이신 예수님 안에서 그 율법을 온전함에 이르게 하셨다고 한다.

그러나 우리가 이 구절을 랍비들의 문맥으로 다시 보면 이 말씀이 우리에게 새로운 의미로 다가올 것이다.

- "~하러 왔다"는 히브리어로 번역하면 '보(בוא)'가 된다. 이 동사는 '~하기 위하여 오다'라는 의도, 목적을 나타내는 관용적 표현으로 종종 사용된다(창 30:8, 42:5 등). 예수님이 여기서 "내가 … 왔다"라고 말씀하신 것은 당연히 하늘에서 이 땅으로 성육신하여 내려오셨다는 것이 아니라, 어떤 일을 하기 위하여 오셨다는 목적을 나타낸다.
- "폐하다"는 헬라어로 '카탈루사이(καταλῦσαι)'다. 이것을 히브리어로 바꾸면 '레바텔(לבטל)'이라는 동사가 될 것이다. 이것은 직역하면 '무효로 하다, 취소하다'라는 뜻이다. 예수님 시대의 랍비들은 이 용어를 성경의 계명을 범한다는 뜻으로 사용했다.[1]

---

1) 예를 들면 토세프타 산헤드린 14:13은 이렇게 기록했다. "토라의 계명 하나를 없애려고(라아코르) 예언하는 자는 비난받아 마땅하다. 랍비 시므온은 이렇게 말했다. '만일 그 사람이 일부분을 없애고(레바텔) 일부분을 지키려고(레카옘) 예언하면, 그는 비난을 받지 않는다. 그러나 만일 그가 우상 숭배를 하려

- "완전하게 하다"는 헬라어로 '플레로사이(πληρῶσαι)'이며 히브리어로 바꾸면 '레카엠(לקים)'이 될 것이다. 예수님의 시대에 '레카엠'은 '레바텔'의 반대말로 '보존하다', '유지하다'라는 뜻으로 사용되었다. 여기서는 랍비들의 전문용어로 '제대로 해석해서 유지하다'라는 의미가 된다.

어떤 랍비가 성경의 구절을 잘못 해석하면, 그의 동료가 그에게 "너는 토라를 없애려 하고 있다"고 말했을 것이다.[2] 다른 말로 하면 "너는 성경을 잘못 해석하여 그것의 일부분을 없는 것으로 만들고 있다"고 말하는 것이다. 물론 대부분의 경우 해석을 제시

고 예언하면, 그가 오늘은 그것을 지키고(레카엠) 내일 그것을 무효로 만든다(레바텔)해도, 그는 비난받아 마땅하다.'" 여기서 '레바텔'이 '라아코르'의 동의어이며, 이것의 반대말은 '레카엠'이라는 것을 볼 수 있다.

랍비들의 문헌에서 '레카엠'이 '성경을 해석하다(또는 적용하다)'의 의미로 사용된 예를 볼 수 있다. "파푸스가 그(랍비 아키바)에게 말했다. '당신은 그 사람이 우리 중 하나 같이 되었다는 구절을 어떻게 해석(레카엠)합니까?'"(창세기 3:22에 대한 메킬타 베샬라 6); "그러면 내가 '너희는 그것을 급히 먹으라'는 말씀을 어디에 적용(레카엠)해야 합니까?"(출애굽기 12:11에 대한 메킬타 보 7); "랍비 라자르는 (레위기 21:5에 대한 논쟁에서) '아들들'을 어떻게 해석(레카엠)합니까?"(예루살렘 탈무드 키두신 61c); "'전도자는 힘써 아름다운 말들을 구하였다'(전 12:10)를 어떻게 해석(레카엠)해야 합니까?"(예루살렘 탈무드 키두신 61c).

2) 랍비 엘리에젤은 토라가 유월절 어린양을 잡는 것을 안식일에 일하지 말라는 것보다 우선시하지만, 랍비 아키바의 해석은 그렇지 않다고 생각하여 그에게 이렇게 말했다. "아키바, 당신은 (토라에) 기록된 것을 없애버렸소(라아코르)."(미쉬나 페사힘 6:2).

한 랍비는 그렇지 않다고 말했을 것이다. 한 랍비가 토라를 '온전하게' 하는 것이 다른 랍비에게는 '폐하는' 것이었다.

일점 일획도 없어지지 않는다

다음 구절인 마태복음 5장 18절에서 예수님은 토라의 중요성을 강조하시면서 과장법을 사용하셨다.

진실로 너희에게 이르노니 천지가 없어지기 전에는
율법의 일점 일획도 결코 없어지지 아니하고 다 이루리라
마태복음 5:18

'일점'은 히브리어 알파벳 가운데 가장 작은 글자인 'י(요드)'를 말하며, '일획'은 요드에 장식으로 덧붙이는 가시 모양의 획인 '코쯔'를 말한다.

이것은 히브리어로 '로 요드 베로 코쯔 셸 요드(קוצו של יוד לא יוד ולא, 요드 하나, 요드의 코쯔 하나 없어지지 않는다)'이며 잘 알려진 히브리어의 과장된 표현으로 '가장 중요하지 않은 것이라도 없어지지 않는다'는 뜻이다. 예수님이 하늘과 땅이 없어지기 전에는 율법에서 히브리어의 가장 작은 글자 또는 거기에 있는 획 하나도 없어지지 않을 것이라고 하신 것은 하나님이 모

세에게 주신 토라가 절대로 없어지지 않을 것을 분명하게 말씀하신 것이다. 예수님 외에도 많은 랍비들이 이와 같은 생각을 가지고 있었다.

>모든 것은 끝이 있다. 하늘과 땅도 끝이 있다.
>그러나 끝이 없는 것이 하나 있다. 그것은 무엇인가?
>그것은 토라다.[3]

>토라에서 어떤 글자도 사라지는 일은 없을 것이다.[4]

>모든 민족이 모여서 토라에서 단어 하나를 없애려고 할지라도,
>그들은 그렇게 할 수 없을 것이다.[5]

예수님이 비록 토라에서 글자와 획이 없어지는 것에 대하여 과장해서 말씀하셨지만, 주님이나 다른 랍비들 모두 토라가 영원할 것이라고 생각했다. 한글 성경을 읽으면 예수님이 토라를 폐하거나 대체하려 하여 고발당하셨다고 보일 수도 있다. 그러나 마태복음 5장 17-19절의 말씀을 히브리적, 유대적 맥락에서 보면 예수님은 그 사람들과 랍비적인 논쟁을 하셨던 것이다.

---

3) 창세기 랍바 10:1.
4) 출애굽기 랍바 6:1.
5) 레위기 랍바 19:2.

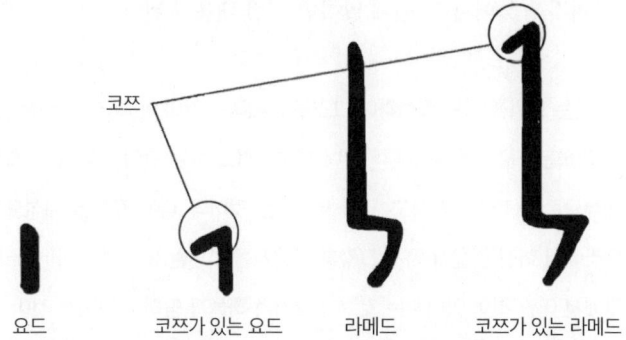

요드 　　코쯔가 있는 요드 　　라메드 　　코쯔가 있는 라메드

요드는 보통 상단 왼쪽에 작은 획을 그려서 쓴다. 이렇게 글자에 장식용으로 그리는 획을 '코쯔'라고 하는데 이것은 '가시'라는 뜻이다. 이것은 헬라어로 '뿔'을 의미하는 '케라이아'로 번역되었다. 그리고 킹제임스 성경은 이 단어를 '점 획(i 위에 있는 ˙ 또는 á의 ′)으로 번역했다. 예수님의 시대에 이 코쯔는 현대의 글자에 나오는 것처럼 '-' 모양이 아니라 낚시 바늘처럼 조금 더 왼쪽 아래로 기울어져 있었다. 이런 이유로 이것을 히브리어로 가시를 의미하는 '코쯔'라 부르게 되었다.

마태복음 5장 17-18절의 헬라어 본문을 히브리어로 바꾸고, 그 관용적 표현을 풀어서 말하면 다음과 같은 내용이 될 것이다.

내가 성경을 잘못 해석하여

그 권위를 떨어뜨리려고 한다고 생각하지 말아라.

내 목적은 하나님의 말씀을 알고 지키는 일을

확실히 하고 유지하려는 것이다.[6]

---

6) 헬라어 본문을 히브리어로 바꾸는 과정은 다음과 같다.

14. 예수님이 사용하신 율법의 전문용어

이것을 풀어서 더 쉽게 말하면 이런 내용이 된다.

나는 토라를 잘못 해석하여 그것을 없애려는 것이 아니다. 나는 하나님의 기록된 가르침을 훼손시키거나 부정하려고 하는 것이 아니라, 정확한 해석으로 그것을 유지하고 굳게 세우려는 것이다. 나는 잘못된 해석으로 토라에서 어떤 것을 없애서 그것을 무용지물로 만들려는 것이 아니다. 토라에서 어떤 것이 없어지는 것보다 오히려 하늘과 땅이 사라지는 것이 더 빠를 것이다. 토라에서 히브리어의 가장 작은 알파벳인 요드나 거기에 장식으로 쓰는 획 하나라도 절대로 사라지지 않을 것이다.

헬라어 본문(Nestle-Aland 27판):
Μὴ νομίσητε ὅτι ἦλθον καταλῦσαι τὸν νόμον ἢ τοὺς προφήτας· οὐκ ἦλθον καταλῦσαι ἀλλὰ πληρῶσαι.

헬라어 본문 직역:
내가 율법이나 선지서를 폐하러 왔다고 생각하지 말아라. 나는 폐하러 온 것이 아니라 이루려고 한다.

히브리어 추정 본문:
אל־תחשבו שבאתי לבטל את התורה או את הנביאים
לא באתי לבטל אלא לקים

히브리어 추정 본문 직역:
내가 토라(모세오경)와 선지서(히브리어 정경의 두 번째 부분)를 없애려고 왔다고 생각하지 말아라. 나는 없애려고 온 것이 아니라 유지하려는 것이다.

히브리어 추정 본문 의역:
내가 성경을 잘못 해석하여 그것을 훼손시키려 한다고 생각하지 말아라. 나는 하나님의 말씀을 아는 것과 지키는 것을 굳게 세우고 유지하려는 것이지 그것을 훼손하려는 것이 아니다.

가벼운 계명의 중요성

예수님은 19절에 계속해서 말씀하시기를, 토라에서 가장 사소해 보이는 계명들이라도 그것을 중요하지 않은 것으로 생각하면 안 된다고 하셨다.

> 그러므로 누구든지 이 계명 중의 지극히 작은 것
> 하나라도 버리고 또 그같이 사람을 가르치는 자는
> 천국에서 지극히 작다 일컬음을 받을 것이요
> 누구든지 이를 행하며 가르치는 자는
> 천국에서 크다 일컬음을 받으리라
> 마태복음 5:19

여기서 예수님이 말씀하시는 것은 '미쯔봇 칼롯(מצות קלות, 가벼운 계명들)'일 것이다. 이것은 성경의 계명들 중에 덜 중요한 것들을 가리키는 랍비들의 전문용어다. '미쯔봇 칼롯'의 반대말은 '미쯔봇 하무롯(מצות חמורות, 무거운 또는 엄중한 계명들)'으로 더 중요한 계명들을 말한다.

마태복음 5장 19절에서 예수님은 언어 유희를 사용하신 것으로 보인다. 주님은 사람에 대하여 말할 때 '칼(קל, 가벼운)'과 '하무르(חמור, 엄중한)'라는 형용사를 사용하셨다. 히브리어 칼과 하무르는 사람에게 사용될 때 각각 '중요하지 않은', '중요한'이라

는 뜻으로 사용된다.[7]

물론 계명 자체는 절대적으로 가볍거나 엄중한 것이 아니다. 다만 어떤 계명이 다른 계명에 비해 상대적으로 그럴 뿐이다. 성경에 너무나 작아 보이는 한 계명에 대해서 현인들은 다음과 같이 얘기했다.

길을 가다가 나무에나 땅에 있는 새의 보금자리에 새 새끼나 알이 있고 어미 새가 그의 새끼나 알을 품은 것을 보거든 그 어미 새와 새끼를 아울러 취하지 말고 어미는 반드시 놓아 줄 것이요 새끼는 취하여도 되나니 그리하면 네가 복을 누리고 장수하리라 (신 22:6-7)

현인들이 '작은 것들 중에서 가장 작은 것'(토세프타 샤밧 16:14)이라고 말하는 이 계명을 따라서, 어미 새를 그것의 새끼와 함께 취하지 않는 사람에게 하나님이 약속하신 상은 십계명 중 하나인 "네 부모를 공경하라"(출 20:12; 신 5:16)는 계명을 지킨 사람에게 주시는 상과 같다. 랍비들은 이렇게 말했다. "토라에서 한 이사르[8]의 가치가 있는 것을 다루는 작은 계명 하나에 대하여 '그리하면 네가 복을 누리고 장수하리라'(신 22:7)고 말했다면, 토라에서 더 무거운 계명들을 지키는 것에 대하여 주시는 상은 얼마나 더 크겠는가?"[9]

---

7) 민수기 랍바 8:3과 비교하라.
8) '이사르'는 작은 동화로 노동자의 하루 임금의 1/24 정도 가치이며, 이것으로 빵 반 덩이를 살 수 있다.
9) 미쉬나 훌린 12:5.

작은 계명들을 지키는 것에 대하여 주의해야 하는 이유는 하나님께서 그 계명들을 어떻게 생각하시는지 우리가 알 수 없기 때문이다. 랍비들은 이렇게 말했다. "작은 계명을 지키는 일을 무거운 계명처럼 주의하여 하라. 네가 그 계명을 지킴으로 어떤 상을 받을지 알 수 없기 때문이다."[10] 성경을 대하는 이런 관점에 대하여 어떤 랍비는 이런 말을 했다. "화로다, 우리여. 성경은 가벼운 계명에 무거운 계명과 똑같은 무게를 두었다."[11]

예수님은 그 시대에 잘 알려진 랍비들의 토라에 대한 접근 방법을 사용하셨다. 그것은 '칼라 카하무라(קלה כחמורה, 무거운 것과 같은 가벼운 것)'이며 '미쯔바 칼라 카미쯔바 하무라(מצוה קלה כמצוה חמורה, 가벼운 계명은 무거운 계명만큼 무겁다)'를 줄인 말이다. 이것을 다른 말로 하면, 가벼운 계명은 무거운 계명보다 덜 중요하지 않다는 말이다.

예수님은 마태복음 5장 17-20절에서 토라에 대하여 말씀하신 후에 이와 관련하여 다섯 가지 예를 들어서 설명을 하셨는데(마 5:21-30, 33-48), 각각의 예마다 무거운 계명과 가벼운 계명을 하나씩 말씀하셨다.[12] 예를 들면 주님은 '살인하지 말라'(출 20:13; 신 5:17)는 계명을 말씀하신 후에 '네 형제를 마음으로 미워하지 말라'(레 19:17)는 말씀을 덧붙이셨다. 즉, 예수님의 말

---

10) 미쉬나 아봇 2:1.
11) 랍반 요하난 벤 자카이, 바빌로니아 탈무드 하기가 5a.
12) 마태복음 5:21-26은 예수님이 성경을 해석하시는 방법의 다섯 가지 예 중 첫 번째다.

씀에 따르면 어떤 사람을 미워하거나 화내는 것은 살인하는 것에 비할 수 있는 심각한 죄인 것이다. 또 주님은 음욕을 품고 여자를 보는 죄가 여자와 간음한 죄와 같다고 하셨다.

이와 같은 생각을 갖고 있었던 다른 랍비들은 이렇게 말했다. "작은 계명을 범하는 자는 결국 무거운 계명을 범하게 된다. '네 이웃을 네 자신과 같이 사랑하라'(레 19:18)는 계명을 어기는 자는 '네 형제를 마음으로 미워하지 말라'(레 19:17)와 '원수를 갚지 말며 원망하지 말라'(레 19:18), 그리고 '너와 함께 살게 하라'(레 25:35)는 계명까지 어기게 될 것이고, 결국에는 피를 흘리게(살인하게) 될 것이다."[13]

예수님은 작은 계명들을 폐하는, 즉 잘못 해석하고, 그것을 행하지 않거나 그것의 중요성을 가르치지 않는 제자는 '천국'에서 '가볍다'고 여겨질 것이라고 가르치셨다. 다시 말하면, '가벼운' 계명을 범하는 제자는 '천국'이라 부르는 예수님의 사역에서 '가벼운 자'(중요하지 않은 자)가 될 것이다.

묶고 푸는 것

내가 하늘의 왕국의 열쇠들을 네게 주리니

무엇이든지 네가 땅에서 묶으면 그것이 하늘에서 묶일 것이요,

---

13) 시프레 신명기, 쇼프팀 187.11.

무엇이든지 네가 땅에서 풀면 그것이 하늘에서 풀리리라, 하시고
마태복음 16:19 한글흠정역

'묶다'와 '풀다'는 각각 히브리어로 '아싸르(אסר)'와 '히티르(התיר)'다. '아싸르'는 '묶다' 외에도 여러 가지 뜻이 있다. 사사기 15장 12절과 16장 11절에서는 '결박하다', 열왕기하 17장 4절에서는 '감금하다', 창세기 46장 29절에서는 '(수레나 전차 등을) 갖추다', 창세기 49장 11절에서는 '(동물을 나무 같은 곳에) 매다'라는 의미로 사용되었다. '히티르'는 '아싸르'의 이런 여러 의미들과 반대되는 의미들을 갖는다.

예수님의 시대에 이르러서, 아싸르는 위에 나온 의미들에 더하여 '금하다'라는 뜻을 갖게 되었고, 이것의 반대말인 히티르도 '허락하다'라는 뜻이 생겼다. 이 두 단어는 랍비들의 문헌에서 이런 의미들로 가장 많이 사용되었다.

랍비들은 그들의 공동체를 위하여 성경의 계명들을 해석해 주어야 했다. 예를 들면, 성경에 '안식일에 일하지 말라'는 계명이 있지만, 그 '일'에 대해서 구체적으로 정의하지 않고 있다. 그래서 랍비들은 안식일에 금하는 일과 허용하는 일을 정해야 했다. 여기서 그들이 어떤 활동을 금하는 것을 '묶는다', 그리고 어떤 활동을 허용하는 것을 '푼다'고 표현했다.

미쉬나에는 랍비들이 이런 뜻으로 '묶고 푸는 것'에 대한 내용이 많이 기록되어 있다. 예를 들면 다음과 같다.

14. 예수님이 사용하신 율법의 전문용어　183

베스파시아누스의 전쟁 동안 그들(랍비들)은 (결혼식에서) 신랑의 화관과 종(을 울리는 것)을 '묶었다(금했다)'. 퀴에투스의 전쟁 동안 그들은 신부의 화관과 아들에게 헬라어를 가르치는 것을 '묶었다'. 마지막 전쟁(바르 코크바 반란) 동안 그들은 신부가 가마를 타고 동네를 돌아다니는 것을 '묶었다'.[14]

사람이 우유를 먹지 않겠다고 서원하였으면, 그에게 유장[15]을 먹는 것은 '푼다(허용한다)'. … 사람이 고기를 먹지 않겠다고 서원하였으면, 그에게 (고기를 끓이고 나서 고기를 건져내고 남은) 국물을 먹는 것은 '푼다'. … 사람이 포도주를 마시지 않겠다고 서원하였으면, 그에게 포도주를 넣어서 요리한 음식을 먹는 것은 '푼다'.[16]

마태복음 16장 19절에서 '묶다(매다)'로 번역된 헬라어는 '데오(δέω)'이고, '풀다'로 번역된 헬라어는 '루오(λύω)'다. 히브리어 성경을 헬라어로 번역한 70인역에서 '데오'는 주로 히브리어 '아싸르'를 번역하는데 사용되었고, '루오'는 '히티르'의 번역으로 두 번 사용되었다. 코이네 헬라어에서 '데오'가 가지고 있는 의미들은 '매다, 묶다, 감금하다'로 히브리어 '아싸르'와 비슷하다. '루오'는 '풀다, 감옥에서 놓아주다'라는 뜻을 갖고 있으며 히브리어

---

14) 미쉬나 소타 9:14.
15) 乳漿. 치즈를 만들 때 우유에서 응고된 것을 거르고 남은 액체. - 역자 주
16) 미쉬나 네다림 6:5-7.

'히티르'와 비슷하다. 그러나 이런 의미들은 예수님이 베드로에게 하신 말씀의 맥락에는 맞지 않는다.

헬라어 번역가는 예수님이 원래 사용하신 '아싸르'와 '히티르'라는 히브리어를 헬라어로 번역할 때에 이 히브리어 단어들이 구약 시대 이후에 새로 갖게 된 '금하다', '허용하다'라는 의미에 맞게 의역하기보다는, 히브리어 성경에서 사용된 '묶다', '풀다'라는 의미를 거의 직역하여 '데오'와 '루오'라는 단어를 사용하였다. 이것으로 마태복음 16장 19절의 헬라어 본문에서 문맥에 맞지 않는 '데오'와 '루오'가 사용된 것이 설명된다.

헬라어 번역가가 이 단어를 선택한 것은 새로 생긴 의미에 맞게 유동적으로 단어를 선택한 것이 아니라, 그의 이전 세대들이 대대로 확립한 관습을 따른 것이었다. 즉, 번역가는 이 구절에서 히브리어 '아싸르'와 '히티르'가 '금하다'와 '허용하다'라는 관용적 의미로 사용되었다 하더라도, 70인역에서 이 단어들을 번역하는 데 사용된 헬라어를 그대로 사용한 것이다.

유대인의 역사 속에서 예수님이 이끄신 운동은 새로운 것이었고 예수님은 그것을 '천국'이라고 말씀하셨다. 이 운동에 참여한 사람들은 얼마 지나지 않아 그들이 겪어보지 못한 새로운 상황에 직면하게 되었을 것이고, 그들은 성경에서 그것에 대한 구체적인 지침을 찾을 수 없었을 것이다. 그러나 그 때에는 무엇을 허용하고 무엇을 금할지를 결정할 그들의 스승이신 예수님이 더 이상 이 땅에 계시지 않았다. 그러므로 이런 부분에 있어서 예수님을 대신할 사람이 필요했다.

베드로는 예수님으로부터 '천국 열쇠'를 받았다. 열쇠는 권위를 상징한다. 이사야서에는 다음과 같은 말씀이 있다.

> 그 날에 내가 힐기야의 아들 내 종 엘리아김을 불러 …
> 네 정권을 그의 손에 맡기리니 …
> 내가 또 다윗의 집의 열쇠를 그의 어깨에 두리니
> 그가 열면 닫을 자가 없겠고 닫으면 열 자가 없으리라
> 이사야 22:20-22

예수님은 베드로에게 초대 교회가 주님의 승천 이후에 마주하게 될 문제들에 대하여 성경적인 해결책을 제시할 권한을 부여하신 것이다. 베드로는 결단력 있는 사람이 되어야 했다. 예수님이 그에게 교회에 대하여 묶고 푸는 것을 정할 권한을 주셨고, '하늘'이 그의 판단을 지지할 것이라고 약속하셨기 때문이다.

> 네가 땅에서 무엇이든지 매면 하늘에서도 매일 것이요
> 네가 땅에서 무엇이든지 풀면 하늘에서도 풀리리라
> 마태복음 16:19

그가 내리는 결정은 하늘의 권위를 갖게 될 것이다. '하늘'은 하나님을 우회적으로 가리키는 표현이다. 그러므로 그의 결정을

하나님이 승인하신다는 말씀이다.

예수님을 이어 새로운 운동을 이끌었던 지도자들은 그 격변하는 시대에 다른 랍비들과 마찬가지로 그 구성원들을 위하여 성경을 해석하고 논쟁을 해결하며 해답을 제시해야 했다. 그들은 어떤 때에는 헬라파 유대인들이 자기의 과부들이 히브리파의 과부들보다 구제를 덜 받는다고 불평하는 일(행 6:1-6)과 같이 상대적으로 작은 문제들을 해결해야 했다. 그리고 어떤 경우에는 더 중요한 문제들을 다뤄야 했다.

사도행전 15장에 그런 중요한 논쟁을 다루는 내용이 나온다. 그것은 이방인들이 할례를 받지 않아도 공동체에 들어올 수 있는가, 그리고 그들이 모세의 토라를 지킬 의무가 있는가에 대한 것이었다. 그들이 내린 결정은 새로운 공동체의 지도자들이 그들에게 주어진 '묶고 푸는' 권세를 어떻게 사용했는지를 보여주는 전형적인 예다.

사도들과 장로들이 예루살렘에 모여 오랜 시간 대화를 나눈 후, 베드로는 계명의 멍에가 이방인들에게 너무 무거운 것이므로 그들이 모세의 토라를 지킬 의무에서 '풀려야' 한다고 했다.

> 그런데 지금 너희가 어찌하여 하나님을 시험하여
> 우리 조상과 우리도 능히 메지 못하던 멍에를
> 제자들의 목에 두려느냐
> 사도행전 15:10

예수님의 동생인 야고보도 같은 생각을 가졌지만, 그는 '푸는 것'만이 아니라 '묶는 일'도 했다. 그는 예수님의 운동에 참여한 이방인들이 우상과 음행과 살인을 멀리해야 한다고 했다.

> 다만 우상의 더러운 것과 음행과 목매어 죽인 것과
> 피를 멀리하라고 편지하는 것이 옳으니
> 사도행전 15:20

유대인들은 이것이 성경에서 보편적으로 금하고 있는 것들이며, 이방인들이 토라에서 최소한으로 지켜야 하는 것들이라고 보았다.[17]

"예수님이 사용하신 율법의 전문용어"는 데이빗 비빈이 쓴 "Matthew 5:17: 'Destroy' the Law", "Matthew 5:19: The Importance of 'Light' Commandments", "'Binding' and 'Loosing'"을 편집 및 요약한 것으로 www.JerusalemPerspective.com에서 볼 수 있다.

---

17) 더 자세한 내용은 252-257쪽을 보라.

| 15. 예수님은 평화주의자? |

　예수님이 평화주의를 가르치셨다는 생각은 주님의 말씀을 오해하여 생겨난 것이다. 평화주의의 근거로 삼고 있는 복음서의 말씀들을 유대인의 관점으로 보면 상당히 다른 결론에 이른다.

　오랜 시대에 걸쳐 많은 사람들이 예수님을 평화주의자로 생각했다. 그들은 주님이 자신을 변호하느니 차라리 죽음을 선택하고, 그의 제자들에게 다른 사람을 죽이지 말며, 악에 맞서지 말고, 원수를 사랑하며, 몸을 죽이는 자들을 두려워하지 말고, 자기 목숨을 잃는 자는 스스로를 구원할 것이라고 가르친 인물이라고 믿었다.[1] 이렇게 보면 예수님의 가르침이 톨스토이나 간디와 같이 유명한 평화주의자들의 가르침과 상당히 비슷해 보인다. 사실 톨스토이의 생각은 복음서의 말씀을 기반으로 한 것이었다.[2]

1) 마 5:21; 5:39 상반절; 5:44; 10:28; 16:25.
2) Leo Tolstoy, "The Kingdom of God Is within You", Constance Garnett 역 (New York, 1894; repr. Lincoln: University of Nebraska Press, 1984)를 보라. 1894년에 모한다스 카람찬드 간디Mohandas Karamchand Gandhi는 남아프리카에서 법정 변호사로 일할 때에 The Kingdom of God Is within You를 읽었다. 그것은 한 퀘이커 교도가 빌려준 것이었다. 그는 그의 자서전에서 그 책을 읽고 전율을 느꼈다고 기록했다.

그런데 예수님은 정말로 누군가가 해하려 할 때 자신을 보호하는 것이 잘못된 것이라고 가르치셨는가? 주님은 정말로 우리에게 악에 맞서지 말라고 하신 것인가? 이런 생각은 성경의 다른 구절들과 모순되어 보인다. 예를 들면 로마서 12장 9절에서 바울은 "악을 미워하고"라고 말했고, 야고보서 4장 7절은 우리에게 "마귀를 대적하라"고 기록했다. 누가복음 22장을 보면 예수님의 제자들은 무기를 가지고 있었던 것이 분명하고(눅 22:38, 49), 예수님도 제자들에게 검을 사라고 말씀하셨다(눅 22:36).

> 검 없는 자는 겉옷을 팔아 살지어다
> 그들이 여짜오되 주여 보소서 여기 검 둘이 있나이다
> 대답하시되 족하다 하시니라
> 누가복음 22:36, 38

예수님을 평화주의자로 보면 이런 구절들은 분명히 모순으로 보인다. 그러나 복음서 본문을 히브리적인 의미로 살펴보고 주님의 말씀을 유대적 배경에서 이해하면 이 모순이 해결될 것이다.

간디는 1906년에 남아공에서 인종 차별에 맞서 투쟁하며, 비폭력 저항운동을 시작했다. 그는 1910년에 그 투쟁 중에 수감되었던 사람들의 가족을 위하여 톨스토이 농장을 세웠다. 이후에 간디는 인도에서 톨스토이의 사상에 기반한 또 다른 공동체를 세웠다. 그는 1920년에는 인도를 지배하고 있었던 영국의 통치자들에게 비폭력 비협력 운동을 선포했고 그것을 통하여 영국의 지배로부터 해방을 이끌어냈다.

죽이다Kill? 살인하다Murder?[3]

> 옛 사람에게 말한 바 살인하지 말라 누구든지 살인하면
> 심판을 받게 되리라 하였다는 것을 너희가 들었으나
> 마태복음 5:21

예수님의 평화주의를 말하는 사람들이 공통적으로 언급하는 구절 중 하나가 마태복음 5장 21절이다. 대부분의 영어 성경은 이 구절을 "You shall not kill", 즉 "너는 죽이지 말라"고 번역했다.[4] 이 구절에서 'kill'로 번역된 헬라어는 '포뉴오(φονεύω)'다. 이 단어는 히브리어 성경을 헬라어로 번역한 70인역에서 '라짜흐(רצח)'와 같은 의미로 사용되었다. '라짜흐'는 출애굽기 20장 13절과 신명기 5장 17절에서 십계명의 여섯 번째 계명에 사용되었다. 예수님은 마태복음 5장 21절에서 이 여섯 번째 계명을 말씀하신 것이다.

> 살인하지 말라
> 출애굽기 20:13, 신명기 5:17

---

3) 저자는 'kill'을 '(고의 또는 악의가 없이) 죽이다'라는 의미로, 'murder'를 '(고의로, 악의를 가지고) 살인하다'라는 의미로 구분해서 사용하고 있다. - 역자 주
4) 개역개정은 "살인하지 말라"고 번역했다. - 역자 주

'포뉴오(φονεύω)'와 '라짜흐(רצח)'는 둘 다 그 뜻이 모호해서 문맥에 따라서 '죽이다' 또는 '살인하다'의 의미로 사용된다. 그런데 하나님은 고의적인 살인(출 21:12-15), 강간(신 22:25-26), 납치(출 21:16), 간음(레 20:10; 신 22:22), 무당(출 22:18)과 같은 죄를 지은 자들을 죽이라고 명령하셨다. 그러므로 여섯째 계명은 (이런 명령을 따라 악의 없이) 죽이는kill 것을 금하는 것이 아니라, (고의적으로) 살인하는murder 것을 금하는 것이다.

그럼에도 킹 제임스 성경 1611년판과, 1885년(Revised Version) 및 1952년(Revised Standard Version)의 개정판들은 예수님이 여섯 번째 계명을 인용하여 하신 말씀에 '살인하다(murder)'가 아니라 '죽이다(kill)'를 사용했다.[5] 비록 최근에 번역된 성경은 이 오류를 수정했지만,[6] (영어권에서 오랜 세월 동안 권위 있는 성경으로 인정 받은) 킹 제임스 성경과 그것의 개역판들이 '죽이다(kill)'라는 단어를 사용한 것은 영어권에 있는 기독교인들의 자기 방어에 대한 생각에 커다란 영향을 미쳤다.

---

[5] 킹 제임스 성경 및 개역판들 외에도, New Jerusalem Bible, The Living Bible, The Amplified Bible도 마태복음 5:21을 '죽이다(kill)'로 번역했다. 그러나 The Living Bible과 The Amplified Bible은 구약에서 원래 인용한 여섯 번째 계명을 'murder(살인하다)'(출 20:13; 신 5:17)로 신약과 일관되지 않게 번역했다.

[6] 마태복음 5:21을 '살인하다(murder, commit murder)'로 번역한 성경으로는 New English Bible, New International Version, New American Standard Bible, New American Bible, Good News Bible, New Berkeley Version과 Goodspeed, Moffatt, Phillips, Stern (Jewish New Testament) 및 Weymouth가 번역한 신약 성경이 있다.

예수님이 평화주의를 가르치셨다는 주장의 근거로 사용되는 또 다른 구절은 마태복음 5장 39절이다.

> 나는 너희에게 이르노니 악한 자를 대적하지 말라
> 누구든지 네 오른편 뺨을 치거든 왼편도 돌려 대며
> 마태복음 5:39

이것은 보통 '악을 대적하지 말라' 또는 '악한 자를 대적하지 말라'라고 번역되었다. 그런데 예수님의 이 말씀을 원래의 히브리어로 다시 번역하면, 이것은 시편 37편 1, 8절과 잠언 24장 19절 등에 비슷한 내용으로 나오는, 유명한 히브리어 잠언을 인용하신 말씀으로 보인다.[7]

> 악을 행하는 자들 때문에 불평하지 말며
> 불의를 행하는 자들을 시기하지 말지어다
> 분을 그치고 노를 버리며 불평하지 말라 오히려 악을 만들 뿐이라
> 시편 37:1,8

---

[7] 마태복음 5:39 상반절과 이 세 구절과의 연관성을 알게 해 준 Robert L. Lindsey에게 감사한다. 시편 37:1과 잠언 24:19는 히브리어로 '알 티트하르 바메레임(악을 행하는 자들에게 분노하지 말라)'이며, 시편 37:8은 '알 티트하르 아크 레하레아(분노하지 말라 그것은 다만 해악을 끼칠뿐이라)'이다.

너는 행악자들로 말미암아 분을 품지 말며

악인의 형통함을 부러워하지 말라

잠언 24:19

    이 히브리어 잠언은 보통 "악행하는 자들 때문에 초조해 하지 말라" 또는 "악행하는 자들 때문에 짜증내지 말라"로 번역된다. 성경 번역가들은 악을 행하는 자들은 멸망할 것이기 때문에 의인들은 그들에 대하여 염려하거나 주의를 기울여서는 안 된다는 것을 강조하는 시편 37편이나 잠언 24장의 문맥을 염두에 두었을 것이다. 그리고 이 생각은 시편 37편 1절 후반에 번역된 것처럼, 불의를 행하는 자를 시기하지 말라는 내용으로 더욱 확실해졌을 것이다. 그러므로 이 단어를 '초조해 하다', '짜증내다' 등으로 번역한 것이 맞는 것처럼 보인다.

    그러나 성경의 다른 곳에서 이 단어는 거의 '화내다', '성내다'의 의미로 사용되었다.[8] 또 시편 37편 8절에서 이 단어와 병행으로 배치된 단어들이 모두 '화'의 의미를 갖는 것을 볼 때, 마태복음 5장에서도 같은 의미로 사용되었다고 생각할 수 있다.

    이 문제의 단어는 'חרה'라는 어근에서 나왔는데 이것의 기본적인 의미는 '타오르다'이다. 이 어근에서 파생된 모든 히브리어

---

[8] '하라(חרה)'에 대하여 Theological Dictionary of the Old Testament, ed. G. Johannes Botterweck and Helmer Ringgren (Grand Rapids: Eerdmans, 1986), 5:171-76에 나오는 설명을 보라.

단어는 공통적으로 '화나다'라는 뜻을 갖고 있다. (영어에서도 be hot, burn, boil, flare up 등 화를 나타내는 동사들이 불이나 타는 것과 관련이 있다.)[9] 이 어근에서 나온 것 중에는, 질투나 경쟁의식으로 인한 화도 있다. 사울은 다윗을 시기하였고 그것은 분노를 낳게 되었다(삼상 20:7, 30). 'חרה'가 시기와 연결된 화의 의미로 사용된 것은 이사야 41장 11절에도 나온다.

> 보라 네게 노하던 자들이 수치와 욕을 당할 것이요
> 너와 다투는 자들이 아무것도 아닌 것 같이 될 것이며 멸망할 것이라
> 이사야 41:11

이 구절에서 '노하다(חרה)'와 '다투다(경쟁하다)'는 병행으로 배치되어 비슷한 의미로 사용되었다. 앞에서 시편과 잠언에 사용된 동사의 형태는 강한 행동을 나타내는 것으로 격렬한 분노를 의미한다. 이 분노는 다른 사람보다 더 좋은 것을 얻으려는 경쟁심을 낳게 되고, 이것이 반복될수록 더 큰 화와 폭력이 발생하게 된다. 그리고 이것은 악에 대하여 같은 것으로 반응하는, 즉 악을 행하는 자에게 악을 행함으로 경쟁하게 된다.

---

9) 한글에서도 '열나다', '끓다'와 같이 '화'를 나타내는 표현들은 불과 관련이 있다. - 역자 주

악을 행하는 자들을 이기려고 하지 말라

New English Bible은 시편 37편을 특이하게 번역했다.

악을 행하는 자들을 이기려고 애쓰지 말며,
악한 일을 하는 자들을 따라하지 말라.
그들은 풀과 같이 시들고 봄의 푸름 같이 사라질 것이다.
더 이상 화내지 말고 노를 그치라. 악을 이기려고 힘쓰지 말라.
시편 37:1-2,8 New English Bible

이것은 영어 성경 중에서 히브리어의 '화나다'라는 단어를 경쟁의 의미를 살려서 번역한 유일한 성경일 것이다.

비슷하게 Good News Bible은 마태복음 5장 38-39절을 '원수를 갚다'를 사용하여 번역한 유일한 성경이다.

너희가 '눈에는 눈, 이에는 이'라고 하는 것을 들었다.
그러나 나는 너희에게 말한다.
너에게 악을 행한 자에게 원수를 갚지 말라.
누가 네 오른뺨을 때리면 그가 네 왼뺨도 때리게 하라.
마태복음 5:38-39 Good News Bible

이 성경들 외에 이런 의미로 번역한 다른 성경이 없다는 것은 놀라운 일이다. 문맥으로 볼 때 39절의 앞부분은 "눈에는 눈(으로 갚고)"에 대하여 말하고 있기 때문에, "그러나 나는 너희에게 말한다" 다음에는 "원수를 갚지 말라"는 내용이 나와야 한다.

마태복음 5장 39절의 앞부분을 더 쉽게 번역하면 "악을 행하는 자에게 당한 만큼 갚지 말라"가 될 것이다.[10] 악을 행하는 자와 '경쟁하지' 않는 것은 그를 '대적하지' 않는 것과 상당히 다르다. 예수님은 악에 굴복하라고 가르치신 것이 아니라 악에 대하여 보복하지 말라고 가르치신 것이다. 주님의 말씀은 살인자와 마주치거나 전장에서 대적과 맞서는 것과 전혀 관련이 없다. 이 말씀은 잠언 24장 29절에서 말하는 것과 같다.

> 너는 그가 내게 행함 같이 나도 그에게 행하여
> 그가 행한 대로 그 사람에게 갚겠다 말하지 말지니라
> 잠언 24:29

많은 성경 번역가들이 마태복음 5장 39절을 "악한 자를 대적하지 말라"고 잘못 번역함으로 신학적인 모순이 생겼다. 그러나 예수님의 말씀을 원래의 히브리적 의미로 정확하게 이해하면, 이 말씀은 다른 신약의 말씀들과 아름다운 조화를 이루게 된다.

---

10) '악을 행하는 자들'보다는 '잘못을 저지른 자들'이 더 맞을 것이다. 이 구절의 다음에 모욕과 고발에 대하여 말하고 있기 때문에, 예수님은 아마도 범죄자나 전장에서 만난 대적을 말씀하신 것이 아니라, 잘못을 행한 지인에 대하여 말씀하셨을 것이다.

삼가 누가 누구에게든지 악으로 악을 갚지 말게 하고
서로 대하든지 모든 사람을 대하든지 항상 선을 따르라
데살로니가전서 5:15

악을 악으로, 욕을 욕으로 갚지 말고 도리어 복을 빌라
이를 위하여 너희가 부르심을 받았으니
이는 복을 이어받게 하려 하심이라
베드로전서 3:9

너희를 박해하는 자를 축복하라 축복하고 저주하지 말라
아무에게도 악을 악으로 갚지 말고 …
할 수 있거든 너희로서는 모든 사람과 더불어 화목하라
내 사랑하는 자들아 너희가 친히 원수를 갚지 말고
하나님의 진노하심에 맡기라 …
로마서 12:14,17-19

나는 너희에게 이르노니 너희 원수를 사랑하며
너희를 박해하는 자를 위하여 기도하라
마태복음 5:44

  우리는 악에 맞서는 것으로 응답해야 한다. 악을 용인하는 것은 도덕적으로 잘못된 것이다. 그렇지만 우리는 또한 악을 행하

는 사람들에게 계속해서 사랑을 나타내야 한다.

어떤 사람이 생명의 위험에 처했을 때에 자기의 대적을 사랑하고 그를 위하여 기도하는 것으로 절대 자신을 지킬 수 없다. 사람은 자신의 생명을 포함하여 생명을 보존할 의무가 있다. 예수님은 생명의 위협으로부터 자신을 지키는 것이 잘못된 것이라고 가르치신 적이 없다. 그러나 주님은 제자들에게 그들을 모욕하거나 그들에게 죄를 지은 사람들에게 복수하지 말고 용서하라고 계속 가르치셨다. 잠언 20장 22절의 말씀과 같다.

> 너는 악을 갚겠다 말하지 말고 여호와를 기다리라
> 그가 너를 구원하시리라
> 잠언 20:22

우리는 우리에게 악을 행하는 자들에게서 우리를 지키기 위하여 그들에게 같은 방법으로 대해서는 안 된다. 그것은 악이 더 오래 지속되도록 할 뿐이다. 우리는 "악에게 지지 말고 선으로 악을 이겨야"(롬 12:21)한다.

예수님의 말씀을 평화주의적인 가르침으로 해석하는 것은 성경의 많은 구절들과 모순되는 것이고, 유대교의 믿음에 평화주의라는 것은 존재하지도 않았다. 예를 들면, 성경은 밤에 침입한 강도를 죽이는 것이 살인죄가 아니라고 기록했다.

도둑이 뚫고 들어오는 것을 보고
그를 쳐죽이면 피 흘린 죄가 없으나
출애굽기 22:2

그 이유는 그 도둑이 이미 자신을 발견하는 사람을 죽일 생각을 갖고 있기 때문에 그것을 예방하기 위하여 그렇게 할 수 있는 것이다.

이 문제에 대한 유대교의 입장은 랍비들의 격언에 잘 기록되어 있다. "만일 누군가 너를 죽이러 오면 네가 먼저 그 사람을 죽여라."[11] 랍비들은 만일 사람이 살인당할 위험에 처해 있으면, 공격하는 사람의 의도가 확실하지 않더라도, 그 위험으로부터 자신을 지켜야 한다고 가르쳤다.

또한, 만일 다른 사람의 목숨이 위협을 받고 있으면, 필요한 경우 공격하는 사람을 죽이더라도 위협받는 사람이 죽지 않도록 할 의무가 있었다.[12] 랍비들은 어떤 사람이 살인할 의도를 가지고 다른 사람을 쫓고 있으면 그 쫓는 사람을 죽여도 된다고 가르쳤다.[13] 이런 것에 비추어 볼 때, 1세기 유대 사회에 속하셨던 예수님이 평화주의를 옹호하셨다고 보기는 힘들다.

예수님의 말씀을 히브리적, 그리고 유대적 관점에서 살펴보

---

11) 바빌로니아 탈무드 산헤드린 72a.
12) 이것은 레위기 19:16 "네 이웃이 위험에 처했을 때 가만히 서 있지 말라"(New English Translation)는 말씀에 기초한 것이다.
13) 미쉬나 산헤드린 8:7.

면, 잘못된 번역과 유대교에 관한 무지에서 비롯된 애매모호한 부분들을 제대로 이해할 수 있다. 평화주의의 근거로 사용된 구절들이 말하는 내용은, 자기 방어를 하지 말라는 것이 아니라 복수하지 말라는 것이었다. 이 구절들을 이렇게 해석할 때 예수님의 다른 가르침 및 다른 성경 구절들과 그 내용이 조화를 이룬다는 것을 알 수 있다.

"예수님은 평화주의자?"는 데이빗 비빈이 쓴 "Jesus' View of Pacifism"을 편집 및 요약한 것으로 www.JerusalemPerspective.com에서 볼 수 있다.

| 16. 천국과 재물 |

 예수님 시대의 유대교에는 가난 그 자체로 영적인 유익이 있으며, 가난이 하나님의 특별한 사랑을 받고 있음을 나타내는 것이라고 보는 무리들이 있었다.[1] 예수님은 스스로 "인자는 와서

---

1) 예수님 시대에 하시딤은 이 철학을 지지하는 가장 영향력 있는 세력이었을 것이다. 그들은 갈릴리의 랍비들로 신학적으로는 바리새파와 가까웠지만, 토라 연구보다 선행을 더 중요하게 생각했기 때문에 바리새파와 갈등 관계에 있었다. Shmuel Safrai는 하시딤에 관하여 광범위하게 연구했다. 그는 예수님이 비록 하시딤은 아니었지만 여러 면에서 하시딤과 비슷하다고 했다. Safrai는 예수님이 하시딤처럼 가난을 중요하게 여기셔서 가난한 삶을 사셨고, 제자들에게도 그들의 모든 물질적인 부를 버리도록 요구하셨다고 주장했다. Shmuel Safrai의 "Jesus and Hasidim", Jerusalem Perspective 42, 43 & 44 (Jan-Jun 1994), pp. 3-22를 보라.

많은 저명한 학자들이 예수님의 부에 관한 견해에 대하여 Safrai와 같은 생각을 가지고 있었다. Claude Montefiore는 공관복음에 대한 주석에서 Kirsopp Lake를 인용하여 말했다. "Lake 교수는 이렇게 말했다. '나는 예수님이 재물을 거부하고 그것을 가난한 자들에게 나누어 주도록 명확히 가르치셨다고 생각한다. 주님은 조언을 얻으려는 부자에게 그것을 확실하게 말씀하셨고, 또한 (하나님의 특별한 개입이 없으면) 부자는 천국에 들어갈 수 없다고 하셨다. 나는 예수님이 이것을 의도하고 말씀하셨다는 것에 대하여 조금도 의심의 여지가 없다. 나는 주님이 그것을 일반적인 것이 아니라 예외적인 가르침으로 말씀하셨다고 생각하지 않는다. 나는 그것이 삶의 올바른 규범은 아니며, 문명

먹고 마신다"고 인정하셨고, 주님에 대하여 "먹기를 탐하고 포도주를 즐기는 사람"(마 11:19)이라는 비난이 있었기 때문에, 주님은 이런 무리들에게 환영받지 못하셨을 것이다.

공관복음에는 예수님이 부에 관하여 극단적인 견해를 나타내시는 것처럼 보이는 구절들이 있지만, 자세히 읽어 보면 실제로는 그렇지 않다는 것을 알 수 있다. 예수님은 "여우도 굴이 있고 공중의 새도 거처가 있으되 인자는 머리 둘 곳이 없다"(마 8:20; 눅 9:58)고도 하셨다.

이것은 예수님이 상당히 가난하셨다는 것을 나타내는 것일 수

이 지속되는 한 실현할 수 없는 것이라고 생각하지만, 주님께는 가난이 삶의 규범이었다.'(The Religion of Yesterday and Tomorrow [1925], p. 155)" (C. G. Montefiore, The Synoptic Gospels, 2nd ed.[London: Macmillan & Co., 1927], 2:559-560).

Vincent Taylor는 막 10:21에 대하여 다음과 같이 설명했다. "예수님이 모든 사람에게 가난한 삶을 요구하신 것이 아니라 특별한 경우에 한하여 그것을 명령하셨다고 말하는 주석가들의 견해는 옳다. 그럼에도, Lohmeyer, 211에서 지적한 바와 같이, 예수님 자신은 가난한 삶을 택하신 것으로 보인다. 주님은 정해진 거처 없이 이곳저곳을 돌아다니셨고(막 1:39; 눅 9:58), 제자들은 굶주렸으며(막 2:23; 8:14), 여인들이 필요한 것들을 섬겼고(눅 8:3), 제자들은 '보소서 우리가 모든 것을 버리고 주를 따랐나이다'(막 10:28)라고 했다"(The Gospel According to St. Mark [London: Macmillan & Co., 1952], p. 429). 여기서 Taylor는 처음에는 예수님이 가난을 중요시하지 않으셨다는 생각에 동의한 것으로 보인다. 그는 그 뒤에 다른 학자를 인용하여 자신의 견해를 설명했다.

Shmuel Safrai는 이렇게 말했다. "하시듯(하시딤의 믿음과 관습)은 일반적으로 겸손의 개념과 연결된다." ("Teaching of Pietists in Mishnaic Literature", The Journal of Jewish Studies 16 [1956], p. 17, note 13). 랍비들의 문헌의 많은 구절에서 히브리어 '아니윗'은 가난이 아니라 겸손을 말하는 것으로 보인다.

있다. 그러나 이것은 1세기 랍비들의 전형적인 삶의 모습을 말하는 것으로 보인다. 그들은 정해진 거처 없이 계속 돌아다녔다.

> 집 하인이 두 주인을 섬길 수 없나니
> 혹 이를 미워하고 저를 사랑하거나
> 혹 이를 중히 여기고 저를 경히 여길 것임이니라
> 너희는 하나님과 맘몬(재물)을 겸하여 섬길 수 없느니라
> 누가복음 16:13

히브리어로 '사랑하다'와 '미워하다'는 한글이나 영어의 표현이 가지고 있는 의미들과는 차이가 있다. 히브리어로 '사랑하다'는 '가장 중요시하다, 더 좋아하다'라는 뜻이고, '미워하다'는 '덜 중요시하다, 덜 사랑하다'라는 뜻이다.

예를 들면, 누가복음 14장 26절(및 병행구절인 마태복음 10장 37절)에서 예수님은 제자들에게 자기 아버지와 어머니, 아내와 자식, 형제와 자매, 그리고 자기 자신까지도 미워해야 한다고 말씀하셨다. 여기서 주님이 말씀하신 것은 그들이 가족이나 자신보다도 주님을 더 사랑해야 한다는 것이었다.

그리고 돈을 '미워한다'는 것은 예수님과 신약 저자들에게 생소한 개념이었다. 디모데전서 6장 10절에서 바울은 돈에 대하여 말하는데 여기서 일만 악의 뿌리라고 말한 것은 돈을 사랑함이지 돈 자체를 말한 것은 아니었다.

> 예수께서 눈을 들어 부자들이 헌금함에 헌금 넣는 것을 보시고
> 또 어떤 가난한 과부가 두 렙돈 넣는 것을 보시고
> 이르시되 내가 참으로 너희에게 말하노니
> 이 가난한 과부가 다른 모든 사람보다 많이 넣었도다
> 저들은 그 풍족한 중에서 헌금을 넣었거니와
> 이 과부는 그 가난한 중에서 자기가 가지고 있는
> 생활비 전부를 넣었느니라 하시니라
> 누가복음 21:1-4

여기서 예수님이 말씀하신 것은 사람이 자기의 모든 돈을 드려야 한다는 것은 아니었을 것이다. 주님이 이 가난한 과부를 칭찬하신 이유는 그가 비록 두 렙돈을 드렸지만 가난한 형편 가운데 다른 사람들보다 상대적으로 더 많이 희생하여 드렸기 때문이다. 주님이 하신 말씀은 토빗서 4장 8-9절에 나오는 내용과 같다. "너의 소유가 많으면, 너는 그만큼 더 많은 예물을 드려라. … 그러면 너는 빈궁할 때를 대비하여 많은 보물을 쌓게 될 것이다."

> 전대나 배낭이나 신발을 가지지 말며 …
> 누가복음 10:4

이 구절을 보면 예수님이 제자들에게 가난하게 살라고 말씀하신 것처럼 보인다. 사도행전 3장 6절에서 베드로가 성전 문에서

구걸하던 사람에게 "은과 금은 내게 없거니와"라고 말한 것을 봐도 그렇다.[2] 그러나 사실 그들은 이미 전대와 배낭과 신발을 가지고 있었다. 예수님이 여기서 말씀하신 것은 그들이 이스라엘의 각 동네와 지역으로 전도 여행을 떠날 때(눅 10:1) 그들이 평소에 가지고 다니던 것 이외에 그 여정을 위하여 추가로 뭔가를 준비하지 말라는 것이었다.

그리고 주님은 제자들이 이 전도 여행 중에 각자가 머무는 집에서 필요한 것들을 공급받으라고 하셨다.

> 그 집에 유하며 주는 것을 먹고 마시라
> 일꾼이 그 삯을 받는 것이 마땅하니라 …
> 누가복음 10:7

예수님과 제자들은 그들의 여정 가운데 머무는 집에서 필요한 것을 공급받았을 뿐만 아니라, 헤롯 안디바의 관리의 아내를 포함하여 그 여정에 동행한 여인들로부터 섬김을 받았다. "헤롯의 청지기 구사의 아내 요안나와 … 자기들의 소유로 그들을 섬기더

---

[2] Safrai의 생각을 뒷받침하는 또 다른 사실은, 사도행전 2:44-45에 나온 것처럼 초기의 믿는 자들이 자기의 재산과 소유를 팔아서 그것을 함께 사용했다는 것이다. 아나니아와 삽비라의 이야기(행 5:1-11)와 사도행전 4:34-35를 비교해 보라. 그러나 베드로가 아나니아와 삽비라에게 "네가 그 재산을 소유할 때에는, 그것이 네 마음대로 할 수 있는 네 땅이 아니더냐?"라고 말한 것에 주목하라. 즉, 그들의 유일한 죄는 그들이 모든 재산을 바친 척한 것이다.

라"(눅 8:3). 주님은 이 여인들에게 모든 재산을 가난한 사람들에게 나누어 주라고 하시지는 않았을 것이다. 만약 그랬다면 그들에게 남은 재산이 하나도 없어서 예수님과 제자들을 섬길 수 없었을 것이다.

예수님은 돈을 선한 일을 위하여 사용하는 수단으로 보셨고, 그것을 신앙에 방해가 되는 것으로 생각하지 않으셨다. 단지 재물이 많은 것이 사람의 영적 성장을 막는 것은 아니다. 천국으로 들어가는 길을 막는 것은 부를 인생의 최우선의 목표로 추구하는 것이다. 탈무드에서도 이와 비슷한 생각을 읽을 수 있다. 탈무드에는 엄청난 부자이면서 구제하는데 많은 재물을 사용한 나크디몬(니고데모) 벤 구리온 Nakdimon(Nicodemus) ben Gurion을 칭찬하는 내용이 나온다.[3]

---

3) 바빌로니아 탈무드 케투봇 66b-67a. 기원후 66년 로마가 예루살렘을 포위하기 시작했을 때, 나크디몬은 예루살렘의 3대 부자 중 한 명이었다(바빌로니아 탈무드 깃틴). 탈무드는 또한 1세기 중반에 유대교로 개종한 아디아베네의 모노바스 왕이 가난한 자들을 많은 재물로 구제한 것을 칭찬하는 내용이 있다. 모노바스 왕이 그의 선조들이 쌓은 나라의 보물들을 낭비하고 있다는 비판을 받았을 때 그는 이렇게 대답했다. "내 선조들은 아래(땅)에 (보물을) 쌓아두었지만, 나는 위(하늘)에 (보물을) 쌓고 있다. … 내 선조들은 이 세상을 위하여 모았지만, 나는 앞으로 올 세상을 위하여 모으고 있다." (바빌로니아 탈무드 바바 바트라 11a; 다음의 자료들과 비교하여 보라. 미쉬나 요마 3:10; 토세프타 요마 2:3; 창세기 랍바 46:10; 요세푸스의 유대고대사 20:75, 92-96).

너희를 위하여 보물을 땅에 쌓아 두지 말라

거기는 좀과 동록이 해하며 도둑이 구멍을 뚫고 도둑질하느니라

오직 너희를 위하여 보물을 하늘에 쌓아 두라 …

마태복음 6:19-20

이 말씀을 보면 예수님이 부유해지지 말라고 가르치신 것처럼 보인다. 그러나 사실 이것은 위에 있는 것을 더욱 사모하라, 즉 가족이나 재물이나 다른 것보다 천국을 더 사랑하라고 훈계하시는 말씀이다. 마태복음 6장 33절에서 볼 수 있듯이, 예수님은 재물과 천국을 서로 공존할 수 없는 것으로 여기지 않으셨다.

그런즉 너희는 먼저 그의 나라와 그의 의를 구하라

그리하면 이 모든 것을 너희에게 더하시리라

마태복음 6:33

예수님은 부유해진 사람을 책망하지 않으셨다. 예수님이 보이신 견해는 랍비들의 자료에 나오는 것과 같다. "네가 맘몬의 유익을 얻었다면, 네가 그것을 가지고 있는 한 구제를 위하여 사용하라. 네 맘몬으로 이 세상과 앞으로 올 세상을 얻으라(직역하면, '사라')."[4] 예수님도 이 격언과 같은 말씀을 하셨다.

---

4) 데렉 에레쯔 주타 3:3.

불의의 재물로 친구를 사귀라 그리하면

그 재물이 없어질 때에 그들이 너희를 영주할 처소로 영접하리라

누가복음 16:9

재물의 방해

가시떨기에 떨어졌다는 것은

말씀을 들으나 세상의 염려와 재물의 유혹과 향락에

말씀이 막혀 결실하지 못하는 자요

마태복음 13:22; 마가복음 4:18-19; 누가복음 8:14

예수님은 재물을 제자들의 영적 성장을 막는 '가시'로 말씀하셨다. 그렇지만 주님은 그것을 영적 성장을 방해하는 세 개의 '가시들' 중에 하나로만 말씀하셨고, 재물이 있으면 반드시 영적으로 결실할 수 없다는 뜻으로 말씀하신 것 같지는 않다. 어떤 사람이 재물을 가난한 자들을 돕는데 사용한다면 그 재물이 그 사람에게 영적인 걸림돌이 되지는 않을 것이다.

부자는 천국에 들어가기가 어려우니라

낙타가 바늘귀로 들어가는 것이

부자가 하나님의 나라에 들어가는 것보다 쉬우니라

마태복음 19:23-24 (막 10:23-25; 눅 18:24-25)

이 말씀은 보면 부자는 영생을 얻을 수 없다고 말씀하시는 것처럼 보인다. 그러나 낙타와 바늘귀라는 은유적 표현은 예수님이 자주 사용하시는 시각적 표현 방법이다. 이 말씀은 누가복음 16장 13절에서 하신 말씀과 같은 것이다.

집 하인이 두 주인을 섬길 수 없나니
혹 이를 미워하고 저를 사랑하거나
혹 이를 중히 여기고 저를 경히 여길 것임이니라
너희는 하나님과 재물을 겸하여 섬길 수 없느니라
누가복음 16:13

사람은 두 주인을 사랑할 수 없다. 즉, 두 주인을 가장 우선시 할 수 없다. 제자는 맘몬과 하나님 중에 무엇이 더 중요한지를 선택해야 한다. 그가 재물보다 하나님을 더 중요하게 생각하고, 재물이 하나님을 섬기는 것을 방해하지 않는다면, 그 제자는 재물을 소유해도 된다.

네게 아직도 한 가지 부족한 것이 있으니
가서 네게 있는 것을 다 팔아 가난한 자들에게 주라
그리하면 하늘에서 보화가 네게 있으리라

그리고 와서 나를 따르라

마가복음 10:21 (마 19:21; 눅 18:22)

예수님께서 모든 소유를 팔아 가난한 자들에게 주라고 하신 것은 오직 이 이야기에만 나온다. 그리고 이 말씀은 특별히 이 사람의 마음 상태를 보고 말씀하신 것으로 보인다. 주님은 이 부자가 그의 삶에서 재물을 가장 중요하게 생각하고 있다는 것을 아셨다. 그가 예수님의 발치에서 토라를 배우는 것보다 자기 재물을 더 사랑했기 때문에, 주님은 그가 제자가 되기 위하여 자기 재물을 버리도록 시험하신 것이었다.

이것은 누구에게나 적용되는 시험이 아니다. 주님은 다른 사람들에게 그런 요구를 하지 않으셨다. 주님은 또 다른 제자가 되려는 사람들에게 그들이 천국을 가장 중요하게 생각하는지 보시려고 직업이나 사회적 지위를 버리라고 하셨을 수도 있다.[5]

---

5) 천국은 예수님이 자신의 교육을 받는 제자들을 가리키는 용어다. 예수님이 자신과 함께 현장 학습을 하며 엄격한 삶을 살도록 부르신 소수의 택함 받은 자들에게 요구하신 것들이 일반적인 사람들에게도 적용된다고 생각해서는 안 된다. 예를 들면, 예수님의 가르침을 받아들인 사람들은 모두 부모님을 장사 지내는 일을 해서는 안 되는가?(마 8:21-22). 예수님이 부자 관리에게 엄격히 요구하신 것(눅 18:22)은 제자가 될 사람들에게 하신 것이지 일반적인 사람들에게 요구하시는 것은 아니었다. 또 알아야 할 것은 보통 제자로서의 삶이 평생 지속되지는 않았다는 것이다. 어떤 경우에는 제자의 훈련 기간이 수년간 계속되기도 했지만, 그것은 토라를 집중적으로 연구하기 위하여 헌신한 기간으로 일시적인 것이었다.

"천국과 재물"은 데이빗 비빈이 쓴 "Jesus' Attitude To Poverty"를 편집 및 요약한 것으로 www.JerusalemPerspective.com에서 볼 수 있다.

| 17. 이혼과 재혼 |

누가복음 전체에서 '이혼하다'와 '결혼하다'가 함께 나오는 말씀은 딱 하나 뿐이다. 그 말씀은 한 구절로 이루어져 있다. 이 구절은 우리에게 예수님께서 이혼과 재혼에 관하여 어떻게 생각하시는지를 알려주는 말씀이다. 그러나 학자들마다 이 말씀의 의미에 대한 해석은 다르다.

> 무릇 자기 아내와 이혼하고
> 다른 사람과 결혼하는 자도 간음함이요
> 무릇 이혼당한 여자와 결혼하는 자도 간음함이니라
> 누가복음 16:18

이 말씀의 상반절을 보면 예수님이 아내와 이혼한 남자는 재혼을 해서는 안 된다고 가르치신 것처럼 보인다.[1] 그리고 하반절에서는 남자가 이혼한 여자와 결혼해서는 안 된다고 말씀하신 것

---
1) 그리고 남자가 아내와 이혼하고 재혼을 하지 않으면 간음이 아니라고 여기신 것처럼 보인다.

처럼 보인다. 이 어려운 말씀을 이렇게 단순하게 해석하는 것이 예수님이 토라를 보는 관점에 부합하는 것인가?

누가복음 16장 18절은 상당히 히브리적인 문장이다. 즉, 이 구절은 히브리적 관용구로 이루어진 말씀이며, 주님이 히브리어로 말씀하셨다는 것을 나타낸다. 이 말씀의 뜻을 알아보는 방법은, 먼저 헬라어 본문을 히브리어로 바꾸고, 그 히브리어 말씀을 1세기 유대인의 사고로 읽는 것이다.

히브리어 '바브'의 다양한 의미

히브리어에서 '~하고, 그리고'로 번역되는 단어는 많은 뜻을 가지고 있다. 이 말씀을 이해하기 위해서는 '~하고'로 번역된 단어의 다양한 의미들 중에서 문맥에 맞는 적절한 뜻으로 번역하는 것이 중요하다.

영어에서 '그리고'를 의미하는 'and'는 '또한', '뿐만 아니라' 등의 뜻으로도 사용할 수 있다. 마찬가지로, 히브리어에서 '그리고'를 의미하는 '바브(ו)'는 '그러나', '또는', '그래서', '그 다음에는', '왜냐하면', '그러므로', '즉', '반면', '반대로' 등의 의미를 가지고 있다. 또 '바브'는 영어에서 문장을 연결하는 접속사가 필요 없는 위치에 자주 사용된다. 이런 경우에는 '바브'를 무시하고 번역해야 가장 정확한 번역이 된다. '바브'가 다양한 의미로 사용되기 때문에 이것을 그냥 '그리고'로 번역하면 문맥에 사용된 '바브'의 진짜 의미를 살리지 못하는 경우가 많다.[2)]

'바브'의 또 다른 의미로 '~하기 위하여'가 있다. 학자들은 이 바브를 '목적의 바브'라고 부르기도 하는데[3)] 이것은 성서 히브리어에 자주 등장한다. 예를 들면 출애굽기에 잘 알려진 말씀이 있다. "내 백성을 보내라. 그러면(그리하여) 그들이 광야에서 나를 섬길 것이니라(섬기도록 하라)"(출 7:16).[4)] '~하기 위하여'의 의

---

2) 보통 '그리고(and)'로 번역되는 헬라어 '카이(καὶ)'는 '그리고', '~도', '심지어', '~처럼', '또는'과 같은 뜻을 가지고 있다. Henry George Liddell과 Robert Scott의 A Greek-English Lexicon, revised and augmented by Henry Stuart Jones with Roderick McKenzie (Oxford: Clarendon Press, 1968), pp. 857-858을 보라. 신약 히브리어 문법책이나 사전은 잘못된 정보를 전달할 수 있다. 이 책들이 말하는 '카이'의 특별한 의미들이 오직 공관복음에만 사용되는 경우가 많기 때문이다. 이것은 헬라어 '카이'의 의미라기보다는 오히려 그 배경이 되는 원문의 단어, 히브리어 '바브(ו)'의 의미를 나타내는 것일 수 있다. 이것은 공관복음이 히브리적 배경에서 기록되었다는 것을 보여준다.

3) Francis Brown, S. R. Driver와 Charles Briggs의 The New Brown-Driver-Briggs-Gesenius Hebrew and English Lexicon (Peabody, MA: Hendrickson Publishers, 1979; reprint of Hebrew and English Lexicon of the Old Testament [London: Oxford University Press, 1907]), p. 254를 보라. (성경의 예시들과 함께) '바브'의 의미들을 가장 잘 분류한 것으로는 A New Concordance of the Bible, ed. Abraham Even-Shoshan (Jerusalem: Kiryath Sepher, 1987), p. 317 (Hebrew)을 보라.

4) 다음의 구절들에도 사용되었다. "네게 속한 것은 실 한 오라기나 들메끈 한 가닥도 내가 가지지 아니하리라. 그리하여 네 말이 내가 아브람으로 치부하게 하였다 하지 못하게 하리라."(창 14:23); "너희는 이것을 행하여 너희 생명을 보전하게 하라."(창 42:18); "그들이 그 수족을 씻어서 죽기를 면하게 할지니"(출 30:21).

미로 사용되는 '바브'는 미쉬나 히브리어에서도 발견할 수 있다.[5] 미쉬나 히브리어(또는 중기 히브리어)는 많은 학자들이 예수님이 사용하신 언어로 믿고 있는 언어이다.

누가복음 16장 18절을 이것의 한 가지 예로 볼 수 있다.

누구든지 자기 아내를 버리고
다른 여자와 결혼하는 자는 간음하며
누가복음 16:18 한글흠정역[6]

여기서 '~하고(and)'로 번역된 것을 목적의 의미로 번역하면

---

5) 예를 들면 다음과 같은 구절에 사용되었다. "자기 아내의 유산을 상속받기 위하여 아내가 죽기를 바라거나, 아내의 동생과 결혼하기 위하여 아내가 죽기를 바라는 자는 …" (토세프타 소타 5:10).

6) John Nolland는 마가복음 10:11-12과 병행구절의 주제는 재혼을 하기 위한 이혼이라고 말했다("The Gospel Prohibition of Divorce: Tradition History and Meaning", Journal for the Study of the New Testament 58 [1995], p. 33). Nolland는 그리스 교부들이 "그리고 다른 데 장가 드는"(마 19:9; 막 10:11; 눅 16:18)에 사용된 헬라어 '카이(καὶ)'를 목적을 나타내는 것으로 이해했다고 주장했지만, 그것이 사용된 용례는 제시하지 않았다.

이 관용적 의미를 알고 번역한 신약 성경이 하나 있다. 그것은 The New Testament: A Private Translation in the Language of the People by Charles B. Williams (Chicago: Moody Press, 1958)이다. Williams는 누가복음 16:18 상반절을 "누구든지 다른 여자와 결혼하려고(to marry) 자기 아내와 이혼하는 자는 간음하는 것이다"라고 번역했다. Williams는 그의 번역에서 'to'라는 단어에 "그리고, 아람어 자료에서, 목적을 나타냄"이라고 각주를 달았다. Williams는 아람어 자료라고 했지만, 이 관용적 의미는 히브리어에도 존재한다.

더 자연스러운 번역이 된다. 이 구절의 헬라어 본문[7]은 아름다운 히브리어 본문으로 쉽게 바꿀 수 있다.

כל המגרש את אשתו ונושא אחרת מנאף

(콜 하메가레쉬 에트 이쉬토 베노세 아헤레트 메나에프)

다른 데 장가 들기 위하여 자기 아내를 버리는 자는 간음함이요[8]

예수님 시대의 이혼에 관한 논쟁

예수님은 샴마이 학파와 힐렐 학파가 이혼의 사유에 관하여 벌인 논쟁을 배경으로 말씀하신 것 같다. 이 논쟁은 신명기 24장

---

[7] 이 구절의 처음에 나오는 헬라어 '파스 호(Πᾶς ὁ)'는 '누구든지 ~하는 사람' 또는 '~하는 모든 사람'이라는 뜻이며 히브리어로 '콜 하(-ה כל) 또는 콜 셰(-ש כל)'에 해당한다. 이 표현은 랍비들의 글에 나오는 전형적인 표현이다. 예를 들면 다음과 같은 미쉬나의 구절들에도 이 표현이 사용되었다. "누구든지 토라를 존귀하게 여기는 사람은 다른 사람들에 의하여 존귀하게 여김을 받는다."(미쉬나 아봇 4:6); "누구든지 가난할 때 토라를 지키는 자는 결국은 부귀함 가운데 토라를 지킬 것이다."(미쉬나 아봇 4:9).

'파스 호(Πᾶς ὁ)'로 시작하는 문장은 랍비들의 문헌 외에 복음서에도 자주 등장한다. "누구든지 형제에게 노하는 자마다"(마 5:22); "누구든지 음욕을 품고 여자를 보는 자마다"(마 5:28); "나의 이 말을 듣고 행하지 아니하는 모든 자는"(마 7:26); "자기를 높이는 모든 자는 낮아지고"(눅 14:11); "이 돌 위에 떨어지는 모든 자는"(눅 20:18).

[8] '하메가레쉬 에트 이쉬토(המגרש את אשתו)'라는 표현은 미쉬나 깃틴 8:9, 9:1에 나온다.

1절에 나오는 표현을 어떻게 해석할 것인가가 핵심이다.

> 사람이 아내를 맞이하여 데려온 후에
> 그에게 '일의 수치'⁹⁾를 발견하고 그를 기뻐하지 아니하면
> 이혼 증서를 써서 그의 손에 주고 그를 자기 집에서 내보낼 것이요
> 신명기 24:1

여기서 "일의 수치"는 히브리어로 '에르밧 다바르(דבר ערות)'인데 그 뜻이 모호하다. 그래서 이 표현에 대한 다양한 해석이 생겼다. 랍비들은 이것에 대하여 이렇게 논쟁했다.

샴마이 학파는 이렇게 말했다. "남자는 아내의 수치되는 일을 발견하지 않는 한 아내와 이혼할 수 없다. 성경에 '그(아내)에게 수치되는 일이 있음을 발견하고'라고 기록되었기 때문이다." 그러나 힐렐 학파는 이렇게 말했다. "아내가 (남편을 위하여 준비한) 음식을 망친 경우에라도 (남편은 이혼할 수 있다.) 성경에 '그(아내)에게 일의 수치가 있음을 발견하고'라고 기록되었기 때문이다." 랍비 아키바는 이렇게 말했다. "남편이 아내보다 더 아름다운 여인을 발견한 경우에도 (남편은 이혼할 수 있다.) 성경에 '(남편이) 그(아내)를 기뻐하지 아니하면'이라고 기록되었기 때문이다."¹⁰⁾

---

9) 개역개정은 '수치되는 일'로 번역했지만 히브리어 원문을 직역하면 '일의 수치됨'이라는 뜻이다. - 역자 주
10) 미쉬나 깃틴 9:10.

샴마이의 해석은 '일의 수치'에서 '수치'라는 단어에 강조점이 있다. 그래서 그는 '일의 수치'의 순서를 바꿔서 '수치되는 일', 즉 '어떤 수치스러운 것'으로 해석했다. 그는 배우자에 대한 부정이 이혼의 유일한 사유라고 생각했다.

그러나 힐렐은 '일'이라는 단어를 강조했다. 힐렐의 견해에 따르면, 아내가 하는 어떤 일이든, 예를 들면, 어떤 단점이나 남편의 기분을 상하게 하는 어떤 행동이라도 이혼의 사유가 될 수 있다. 그래서 아내가 빵을 검게 태운 것으로도 이혼을 당할 수 있었다. 랍비 아키바는 남편이 어떤 이유에서든지 아내와 이혼할 권리가 있다는 것에 동의했다. 그는 남편이 아내보다 자기를 더 기쁘게 하는 다른 여자를 발견한 경우에도 이혼할 수 있다는 극단적인 예를 들어서 설명했다.

예수님의 말씀과 랍비 아키바가 한 말의 연결 고리는 '다른'이다. "남편이 아내보다 더 아름다운 '아헤렛(אחרת, 다른 사람)'을 발견한 경우에도." 예수님이 이혼에 관한 말씀에서 이 단어를 사용하신 것은 랍비 아키바가 언급한 견해를 반박하시려는 의도가 있었던 것으로 보인다. (랍비 아키바는 예수님보다 약 100년 후의 인물이지만, 누가복음 16장 18절을 보면 그가 지지했던 견해는 예수님의 시대에도 존재했다는 것을 알 수 있다.) 예수님은 여기서 율법에 대한 생각을 밝히셨다. 주님은 샴마이 학파에 가까운 생각을 갖고 계셨으며, 그것은 배우자에 대한 부정만이 이혼

을 할 수 있는 유일한 사유라는 것이다.[11]

이혼에 관한 이 말씀이 히브리어의 대구법으로 두 부분으로 되어 있다고 보면, 하반절은 그 중에서 두 번째 부분이 된다. 이처럼 단어, 구절, 문장, 이야기를 반복하는 것은 헬라인들에게는 쓸데없는 요소로 보일 수 있지만, 이것은 히브리어의 특징 중 하나다.

예수님은 말씀을 가르치실 때 이런 히브리어의 특징적인 요소들을 자주 사용하셨다. 예를 들면 "세리와 죄인"(마 11:19; 눅 7:34)과 같은 비슷한 단어들의 반복이나 "이방인의 길로도 가지 말고, 사마리아인의 고을에도 들어가지 말고"(마 10:5)와 같이 비슷한 표현으로 같은 뜻을 말하는 대구법 등이 있다.[12]

---

11) 몇 가지 경우에 있어서 예수님의 말씀은 힐렐보다 샴마이 학파에 가깝다. 예수님은 여성의 지위와 관련된 문제에 관해서는 샴마이 학파처럼 여성의 지위를 높여 주셨다. J. N. Epstein의 Introduction to Tannaitic Literature: Mishna, Tosephta and Halakhic Midrashim (Jerusalem: Magnes Press, and Tel Aviv: Dvir, 1957), pp. 377-78 (Hebrew)에 나오는 마가복음 7:11-12(=마 15:5)와 마태복음 23:16-18에 관한 논의를 보라. 예수님의 견해가 샴마이보다 힐렐에 가깝다고 말하는 경우가 많지만, 이혼에 관한 말씀에서 볼 수 있듯이 그것은 사실이 아니다. Shmuel Safrai에 따르면 갈릴리의 유대인들은 보통 샴마이의 할라카를 따랐는데, 그것은 대개 힐렐보다 더 엄격했다. 예수님은 갈릴리에서 자라셨기 때문에 주님이 샴마이와 같은 생각을 갖고 계셨다는 것은 놀랄만한 일이 아니다.

12) 대구법parallelism은 비슷한 뜻을 갖는 단어나 표현을 두 번 또는 그 이상 반복하여 배열하는 것으로 히브리어 운문의 특징 중 하나다. 공관복음에 나오는 이런 히브리적 중복 표현으로는 다음과 같은 것들이 있다. "먹고 마시매 … 먹기를 탐하고 포도주를 즐기는"(마 11:19; 눅 7:34); "지혜롭고 슬기 있는"(눅

누가복음 16장 18절의 하반절을 히브리어로 바꾸면 이렇게 된다. "והנושא את האשה המגורשת מנאף(베하노세 에트 하이샤 하메고레셋 메나에프, 그리고 이혼당한 여자와 결혼하는 자는 간음을 행하는 것이다.)" 이것을 히브리어의 관용적인 의미를 살려서 번역하면 이렇게 된다. "뿐만 아니라 그 이혼당한 여자와 결혼하는 자는 간음을 행하는 것이다."[13]

누가복음 16장 18절을 보면, 예수님은 샴마이 학파처럼 간음을 이혼의 유일한 사유로 보셨다. 그래서 주님은 남자가 다른 여자와 결혼하려고 아내에게 써서 준 이혼 증서는 처음부터 무효라고 보신 것이다. 그리고 이렇게 이혼한 남편이나 아내가 다른 사람과 결혼하는 것 또한 무효이며, 그 결혼으로 낳은 아이는 사생

10:21); "선지자들과 사도들"(눅 11:49); "임금들과 집권자들"(눅 21:12).

13) 누가복음 16:18이 히브리어의 중복 표현으로 되어 있다면, 하반절에 대한 다른 해석이 가능하다. "누구든지 자기 아내와 이혼하고 다른 여자와 결혼하는 남자는 간음하는 것이요, 누구든지 자기 남편과 이혼하고 다른 남자와 결혼하는 여자도 간음하는 것이다." 유대인의 할라카에 따르면, 여자는 자기 남편과 이혼할 수 없었다. 오직 남편만이 이혼을 선언할 수 있었다. 그렇지만 여자가 다른 남자와 결혼하기 위하여 결혼 생활을 끝내도록 계획을 세울 수 있었다. Brad H. Young은 누가복음 16:18의 하반절에 대한 또 다른 해석을 제시했다(Jesus the Jewish Theologian [Peabody, MA: Hendrickson, 1995], pp. 114-15). Young은 유대인의 할라카에서 간음으로 이혼당한 여자는 간음 관계에 있던 남자와 결혼할 수 없다고 한 것에 주목했다(미쉬나 소타 5:1). 그러므로 누가복음 16:18의 하반절("무릇 이혼당한 여자에게 장가드는 자도 간음함이라")은 "재혼하기 위하여 이혼당한 여자와 결혼하는 남자는 간음하는 것이다"라는 뜻이 될 수 있다. 그러나 이 말씀이 이런 뜻이라면, 예수님의 해석은 새로운 해석이 아니다.

아가 되는 것이다. 이런 아내와 결혼하는 것은 법적 효력이 없기 때문에, 이 아내와 결혼하는 사람은 간음을 행하게 되는 것이다. 이혼 당한 아내와 그 여자의 두 번째 남편이 원래 남편이 이혼한 이유를 알았다면 그들은 바로 헤어져야 했을 것이다.

주님은 이 말씀의 하반절을 악한 의도로 이혼당한 여인과 결혼한 남자에게 하신 것이 아니다. 이 남자가 이혼의 진정한 사유를 알았다면 결혼하지 않았을 것이다. 그보다 이 말씀의 하반절은 상반절의 내용을 강조한 것으로 볼 수 있다.

예수님은 이혼을 하려는 남편에게 "너의 악한 행위가 불러올 심각한 결과들을 알아라. 너는 너 자신이 간음을 행하는 것만이 아니라, 너의 아내와 두 번째 남편도 간음을 저지르게 하는 것이다"라고 경고하신 것이다. 결혼을 통하여 남편과 아내는 한 몸이 된다(마 19:4-6). 그들이 배우자에 대한 부정 이외의 사유로 이혼을 하면, 그 이후에 맺는 결혼 관계는 간음이 되는 것이다.

예수님의 새로운 해석

누가복음 16장 18절의 상반절과 하반절 말씀은 모두 성경을 새롭게 해석한 것이다. 랍비들은 토라가 바닥이 없는 우물이라고 믿었다. 그래서 시내산에서 모세에게 주어진 토라를 깊이 팔수록 계속해서 새로운 깨달음을 얻을 수 있을 것이라고 생각했다. 예수님은 마태복음에서 이것에 대하여 말씀하셨다.

> 예수께서 이르시되
> 그러므로 천국의 제자된 서기관마다
> 마치 새것(자신이 새로 깨달은 것)과 옛것(스승에게서 배운 것)을
> 그 곳간에서 내오는 집주인과 같으니라
> 마태복음 13:52

누가복음 16장 18절의 상반절은 예수님의 새로운 해석이다. 주님은 다른 여자와 결혼하기 위하여 아내와 이혼하는 것은 간음이라고 하셨다. 이 말씀은 예수님이 이전의 랍비들에게서 들은 것보다 더 뛰어난 것이다. 주님의 해석은 토라를 '굳게 세우고 강화하는'(마 5:17) 것이다. 즉, 주님의 새로운 해석은 토라를 보강하고 명확하게 한다.

하반절의 말씀 역시 새로운 해석이며 상반절보다 더 놀라운 것이다. 다른 여자와 결혼하기 위하여 아내와 이혼하는 남편은 자신이 십계명의 일곱 번째 계명을 어기는 것만이 아니라, 다른 사람들까지 그 계명을 어기게 하는 것이다.[14]

---

14) Shmuel Safrai는 보통 랍비의 가르침에서 획기적인 것, 가장 강력한 법칙은 마지막에 나온다고 지적했다. 그는 샴마이가 예수님의 말씀을 들었다면 크게 감동하며 이렇게 말했을 것이라고 했다. "그래, 그거야! 그것이 바로 남자가 아내의 '수치되는 일'이 아니면 이혼할 수 없다는 내 생각의 연장선 상에 있는 거야!"

이혼의 사유

히브리적 및 유대적 관점에서 보면, 누가복음 16장 18절은 이혼이 허용되는가를 묻는 것이 아니다. 예수님은 아내가 간음한 경우 남편이 그 아내와 이혼하는 것을 허용하셨다.[15] 누가복음 16장 18절은 이혼 후에 재혼을 할 수 있는가에 대하여 말하는 것도 아니다. 예수님은 그 시대의 사람들과 마찬가지로, 남자나 여자가 합법적인 이혼 증서를 통하여 현재의 결혼 생활을 끝내고 재혼할 수 있다고 보셨다.

고린도 교회는 바울에게 편지를 써서 결혼과 관련된 몇 가지 문제들에 관하여 물어봤다. 이 문제들 가운데 하나는 예수님을 믿는 사람이 믿기 전에 결혼한 배우자에 관한 것이었다.[16] 바울은 이렇게 대답했다. "만일 믿지 않는 배우자가 헤어지려고 하면 그렇게 하라. 믿는 남자나 여자는 이런 일에 얽매이지 않는다. 하나님은 평화의 삶을 살도록 우리를 부르셨다"(고전 7:15). 즉, 믿지

---

15) 성경에 하나님도 간음의 사유로 이혼 증서를 써서 주셨다고 기록되었다(렘 3:8; 사 50:1).

16) 고린도전서 7:15에는 나오지 않았지만, 바울은 공동체에서 믿음을 갖기 전에 결혼한 사람들에게 말하고 있는 것으로 볼 수 있다. 바울이 여인의 남편이 죽으면 재혼할 수 있지만 두 번째 남편은 주께 속한 자여야 한다(고전 7:39)고 말한 것을 보면 이 추측은 신빙성이 있는 것이다. 그가 고린도교회에 "너희는 믿지 않는 자와 멍에를 함께 메지 말라"(고후 6:14)고 한 것은 믿지 않는 자와 결혼하지 말라는 뜻일 수 있다. 그래서 New English Bible은 이렇게 번역했다. "믿지 않는 자들과 연합하지 말라. 그들은 너희 짝으로 합당하지 않다."

않는 배우자가 믿음을 갖게 된 남편 또는 아내와 같이 살 수 없다고 한다면, 믿는 자는 법적으로나 또는 다른 방법으로 믿지 않는 배우자가 헤어지고자 하는 것을 막으려고 해서는 안 된다는 것이다. 그리고 아마도 바울은 그 믿는 자의 재혼을 '묶지 않았을' 것이다. 즉, 재혼을 허락했을 것이다.

누가복음에서 16장 18절은 문맥과 무관해 보이는 세 개의 말씀 중에서 가장 마지막에 나온다. 그러나 마태복음에서는 이 각각의 말씀들이 앞뒤로 문맥을 가지고 있다. 아마도 누가복음에 사용된 자료는 마태복음의 문맥 가운데 있는 말씀들을 따로 가져와서 합친 것 같다. 그렇다면 마태복음에서 이 말씀들이 기록된 19장 3-9절(마가복음에는 10장 2-12절)을 보면 누가복음 16장 18절이 어떤 맥락에서 나온 말씀인지 알 수 있을 것이다. 그것을 다시 재구성하면 다음과 같은 내용이 된다.

바리새인들이 예수께 나아와 그를 시험하여 말했다. "사람이 어떤 이유가 있으면 그 아내와 이혼하는 것이 옳습니까?" 예수께서 대답하셨다. "사람을 지으신 이가 본래 그들을 남자와 여자로 지으시고 말씀하시기를 '그러므로 사람이 그 부모를 떠나서 아내와 합하여 그 둘이 한 몸이 될지니라' 하신 것을 읽지 못하였느냐? 그런즉 이제 둘이 아니요 한 몸이니 그러므로 하나님이 짝지어 주신 것을 사람이 나누지 못한다." 그들이 물었다. "그러면 어찌하여 모세는 이혼 증서를 주어서 이혼하라 명하였습니까?" 예수께서 대답하셨다. "모세가 너희 마음의 완악함 때문에 아내와 이혼하는 것을 허락한 것이지 원래는 그렇지 않다. 내가 너희에게 말하니 다른 여자에게 장가 들기 위하여 자기 아내와 이혼하는 자는 간음함이요, 뿐만 아니라 그 이혼당한 여자와 결혼하는 자도 간음을 행하는 것이다."

예수님의 책망

다른 여자와 결혼하려고 이혼한, 또는 이혼하려는 남자에게 예수님은 무슨 말씀을 하셨을까? 우리는 예수님이 이혼을 싫어하셨기 때문에[17] 그 남자에게 엄하게 말씀하셨을 것이라고 생각할 수 있다. 주님은 (누가복음 16장 18절을 쉽게 바꿔서) 이렇게

---

17) 하나님은 '결혼 서약한 아내'와 이혼하는 남편을 미워하신다.

> 너희가 이런 일도 행하나니 곧 눈물과 울음과 탄식으로 여호와의 제단을 가리게 하는도다 그러므로 여호와께서 다시는 너희의 봉헌물을 돌아보지도 아니하시며 그것을 너희 손에서 기꺼이 받지도 아니하시거늘 너희는 이르기를 어찌 됨이니이까 하는도다 이는 너와 네가 어려서 맞이한 아내 사이에 여호와께서 증인이 되시기 때문이라 그는 네 짝이요 너와 서약한 아내로되 … 어려서 맞이한 아내에게 거짓을 행하지 말지니라 이스라엘의 하나님 여호와가 이르노니 나는 이혼하는 것을 미워하노라 …
> 말라기 2:13-16

잠언 5:1-23과 6:20-7:27에서 음녀로부터 떠나라고 하신 경고의 말씀을 비교해 보라. 특히 5:18의 "네가 젊어서 취한 아내"를 주목하라. 또 이사야 54:6 "버림을 받아 마음에 근심하는 아내 곧 어릴 때에 아내가 되었다가 버림을 받은 자"를 보라.

말씀하셨을 것이다. "네가 더 젊고 육체적으로 더 매력적인 다른 여자와 결혼하기 위하여 '네가 어려서 맞이한 아내'(말 2:14), 네 인생을 함께하고 수년간 네 옆을 지킨 그 아내와 이혼하는 것은 가증한 일이다. 그것만이 아니라, 네가 짓는 죄로 다른 사람들까지 간음을 행하게 될 것이다."

그러나 예수님은 엄한 책망 후에 긍휼히 여기셨을 것이다. 주님은 그 결혼 관계를 회복시키려고 하셨을 것이다. 만일 남편이나 아내가 아직 다른 사람과 결혼하지 않았다면, 주님은 남편에게 회개하고 아내와 화해하도록 강권하셨을 것이다. 만일 그 남편이 대화가 끝나기 전에 회개할 마음을 보였다면, 주님은 간음하다 잡힌 여인에게 말씀하신 것처럼 그 남자에게 "가서 더 이상 죄를 짓지 말라"고 하셨을 것이다.

지금까지 살펴본 것처럼, 랍비들의 문헌은 복음서의 본문을 정확하게 해석할 수 있도록 도움을 주는 중요한 자료다. 또한 공관복음을 원래의 히브리적인 배경으로 읽으면 예수님의 말씀을 이해하는데 필요한 중요한 실마리를 발견할 수 있다. 뿐만 아니라 위에서 살펴본 '바브(ו)'처럼 히브리어에서 문법적으로 가장 사소한 것 하나라도 예수님의 가르침을 이해하는데 있어서 중요하다는 것을 알 수 있다.

누가복음 16장 18절 상반절에서 '~하고(and)'의 의미로 사용된 '바브(ו)'는 히브리어로 '목적을 의미하는 바브'일 수 있다. 이 말씀에서 이런 관용적 의미의 '바브'와 '다른'이라는 단어가 함께 사용된 것을 보면, 예수님은 그 시대에 신명기 24장 1절의 '에르밧 다바르(ערות דבר, 일의 수치)'라는 표현에 관한 랍비들의 논쟁과 관련하여 말씀하신 것일 가능성이 크다. 예수님은 샴마이 학파와 비슷하게 이 표현을 '수치되는 일', 즉 배우자의 부정으로 해석하셨고, 그것은 힐렐 학파의 해석, 즉 남편은 '어떤 이유라도' 아내와 이혼할 수 있다는 견해에 반대하는 것이었다.

많은 기독교인들이 이 말씀에 대한 잘못된 해석의 영향으로 남편에게 이혼당한 여자와 결혼하는 것을 죄로 생각했을 수 있다. 그래서 많은 신실한 여인들이 자신의 잘못 없이 남편에게 이혼당한 후에 평생을 홀로 지냈을 수도 있다. 그러나 이 말씀을 제대로 해석하면, 예수님이 말씀하신 내용은 그렇지 않다는 것을 알 수 있다. 주님은 이 말씀을 통해서 다른 여자와 결혼하려고 자기 아내와 이혼하는 남자는 자신의 삶만이 아니라 다른 많은 사람들의 삶을 재앙으로 몰고 가는 것이라고 경고하신 것이다.

"이혼과 재혼"은 데이빗 비빈이 쓴 "'And' or 'In order to' Remarry"를 편집 및 요약한 것으로 www.JerusalemPerspective.com에서 볼 수 있다.

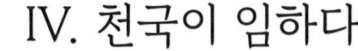

IV. 천국이 임하다

| 18. 천국을 보고 들음 |

그러나 너희 눈은 봄으로, 너희 귀는 들음으로 복이 있도다

내가 진실로 너희에게 이르노니 많은 선지자와 의인이

너희가 보는 것들을 보고자 하여도 보지 못하였고

너희가 듣는 것들을 듣고자 하여도 듣지 못하였느니라

마태복음 13:16-17

예수님의 말씀의 의미를 보기 전에 먼저 이 말씀이 어떤 맥락에서 나온 말씀인지 보자. 이 말씀은 예수님의 일대기 중에서 어디에 위치해 있는 것인가? 이것은 아마 누가복음에 기록된 것처럼 예수님의 제자들이 치유와 전도의 여정을 마치고 돌아왔을 때에 하신 말씀이었을 것이다(눅 10:1-12).[1)]

---

1) 누가복음의 저자는 예수님이 복 받은 눈과 귀에 대하여 하신 말씀을 주님이 성령으로 기뻐하신 장면(눅 10:21-22)과 율법교사와의 대화(눅 10:25-28) 사이에 기록했다. 그러나 마태복음의 저자는 이 말씀을 완전히 다른 맥락 가운데 배치했다. 이 말씀은 예수님이 비유를 말씀하시는 이유(마 13:10-15)와 씨 뿌리는 비유에 대한 해석(마 13:18-23) 사이에 기록되었다(아마도 마 13:13-15에 '보다'와 '듣다'가 나오기 때문일 수 있다). 처음에 예수님의 말씀이 순서나 맥락과 무관하게 기록되었기 때문에, 주님의 말씀이 각각의 복음서에서 다른 맥락 속에 들어있는 경우가 종종 있다(89-91쪽을 보라).

제자들은 흥분하며 "주여 주의 이름이면 귀신들도 우리에게 항복하더이다"(눅 10:17)라고 했다. 예수님도 "사탄이 하늘로부터 번개같이 떨어지는 것을 내가 보았노라"(눅 10:18)고 말씀하셨다. 그리고 주님은 하늘에 계신 아버지께서 '이 일들'[2](아마도 숨겨진 일들 또는 하나님의 신비)을 "지혜롭고 슬기 있는 자들"(스스로 의롭다고 하는 자들?)에게는 숨기시고 제자들에게는 나타내신 것(눅 10:21)을 감사드렸다. 그리고 여기서 주님이 "너희가 보는 것을 보는 눈은 복이 있도다"(눅 10:23)라고 말씀하신 것이다. 아마 이 다음에 '보는 것과 듣는 것'이라는 관용적 표현을 보존하고 있는 이 말씀이 이어졌을 것이다.

> 하나님 나라의 비밀을 아는 것이
> 너희에게는 허락되었으나 다른 사람에게는 비유로 하나니
> 이는 그들로 보아도 보지 못하고 들어도 깨닫지 못하게 하려 함이라
> 누가복음 8:10

천국을 보는 것

이 말씀이 누가의 맥락 가운데 있었던 것이라면, 예수님은 다른 말씀과 마찬가지로 천국에 대하여 가르치고 계셨던 것이다.

---
[2] 개역개정에는 '이것'으로 번역되었다. - 역자 주

보통은 천국과 같은 영적인 영역을 감각 기관으로 감지할 수 있다고 생각하지 않지만, 주님은 천국을 보는 것과 연관지어 말씀하셨다.[3]

천국을 본다는 표현은 랍비들의 자료에서도 찾아볼 수 있다. 안식일 저녁 회당 기도에 아름다운 문구가 있는데 직역하면 "주의 나라가 주의 아들들이 모세 앞에서 바다를 가르는 것을 보았습니다", 즉 "주께서 모세와 이스라엘이 지나갈 수 있도록 홍해를 가르셨을 때, 주의 아들들(이스라엘 백성)이 천국을 보았습니다"이다.

여기서 '보다'와 '하나님의 나라'가 연결된 것을 알 수 있다. 이 구절에 나온 것처럼, 그리고 예수님이 "내가 만일 하나님의 손을 힘입어 귀신을 쫓아낸다면 하나님의 나라가 이미 너희에게 임하였느니라"(눅 11:20)고 말씀하신 것처럼, 1세기 유대인들은 하나님의 기적을 보면 하나님의 나라를 본 것이라고 생각했다.

출애굽기에 대한 고대 랍비들의 주석에 랍비 엘리에젤의 놀라운 말이 기록되어 있다.

그 바다(홍해)에서 이사야와 에스겔도 전혀 보지 못한 것을 여종들마저 보게 될 줄 누가 알았겠는가? 이는 성경이 그들에 대하여 "내가 선지자

---

3) Manson은 이렇게 설명했다. "그들이 복을 받았다는 것은 (마태복음에 나온 것처럼) 그들의 눈이 열려서가 아니라, 그들이 열린 눈으로 하나님의 나라가 나타난 것을 보았기 때문이다." (T. W. Manson, The Sayings of Jesus, [London: SCM, 1974 (1949)], 80).

들을 통하여 비유를 베풀었노라"(호 12:10)고 기록했기 때문이다.[4]

다시 말하면, 하나님께서 홍해에서 큰 자와 작은 자, 온 백성에게 자신을 나타내신 엄청난 일은 심지어 선지자들도 볼 수 없었던 것이었다. 이 미천한 여종들이 본 것은 무엇인가? 그들이 본 것은 하나님의 권능의 나타남, 즉 홍해를 가르는 일이었다. 그들은 하나님의 나라를 본 것이었다.

천국을 듣는 것

마태복음 13장 16-17절에서 예수님은 천국에 대하여 말씀하시면서 '보다'와 함께 '듣다'라는 표현을 사용하셨다. '천국을 보다'라는 표현이 성경과 랍비들의 문헌에도 나오기 때문에, '천국을 듣다'라는 표현도 예수님의 다른 말씀과 그 시대 랍비들의 자료에서 찾아볼 수 있을 것이다.[5]

---

4) 출애굽기 15:2에 대한 메킬타 베샬라 3 (ed. Horovitz-Rabin, 126, lines 19-20). 이 랍비의 말이 마태복음 13:16-17과 비슷하다는 점을 주목한 사람들이 있었다. 예를 들면, S. T. Lachs는 랍비 엘리에젤의 말이 마태복음 13:17에 대한 흥미로운 병행구절이라고 말했지만, 그것에 대하여 자세히 다루지는 않았다. Samuel Tobias Lachs의 A Rabbinic Commentary on the New Testament: The Gospels of Matthew, Mark and Luke (Hoboken, NJ: Ktav, 1987), p. 221을 보라.

5) Shmuel Safrai는 랍비들의 자료에서 다음과 같은 예를 알려줬다. 출애굽기

천국을 듣는다는 것은 무엇인가? 예수님이 천국을 보고 듣는다고 말씀하신 것의 의미를 알기 위해서는 세례 요한이 보낸 자들과 예수님의 이야기를 살펴봐야 한다(마 11:2-6; 눅 7:18-19, 22-23). 요한이 보기에 예수님은 메시아의 사명을 감당하고 계시지 않는 것처럼 보였다. 그래서 요한은 예수님이 "성령과 불로 세례를 베푸실"(마 3:11) 분이 맞는지 다시 생각해 보게 되었다. 주님은 요한이 예언한 것처럼 '꺼지지 않는 불로 쭉정이를 태우는 일'(마 3:12, 즉 죄인들을 멸하시는 일)을 하지 않으셨다. 오히려 주님은 회복의 사역을 하고 계셨다.

요한의 제자들은 랍비들이 말하는 방식으로 예수님께 여쭤봤다. "오실 그이(슥 9:9; 말 3:1)가 당신입니까?"(눅 7:20) 주님은 그들에게 대답하셨다. "너희가 가서 보고 들은 것을 요한에게 알리라"(눅 7:22). 요한의 제자들이 예수님과 함께 있을 때 본 것은 무엇인가? 그것은 기적이었다. 병든 자들과 몸이 불편한 자들이 회복되었고, 심지어는 죽은 자들이 살아났다. 그들이 들은 것은

20:18에 이렇게 기록되었다. "뭇 백성이 우레와 번개와 나팔 소리와 산의 연기를 본지라 그들이 볼 때에 떨며 멀리 서서…" 랍비들은 "우레를 … 본지라"라는 특이한 표현에 주목하며, 보통 귀로 듣는 것을 어떻게 눈으로 볼 수 있는지에 대하여 논했다. "랍비 이스마엘은 '그들은 보이는 것을 보았고 들리는 것을 들었다'라고 했다. 그러나 랍비 아키바는 이렇게 말했다. '그들은 보이는 것을 보고 들었고, 불의 말씀이 권능(하나님)의 입에서 나오는 것과 돌판들 위에 새겨지는 것을 보았다. 이는 기록되기를 "여호와의 소리가 화염을(화염으로) 가르시도다"(시 29:7)라고 하였기 때문이다.'" (출애굽기 20:15에 대한 메킬타 이드로 9 [ed. Horovitz-Rabin, 235, lines 8-10]).

무엇인가? 영적으로 굶주리고 가난한 자들에게 복음이 선포되는 것이었다. 그러므로 '보는 것'만이 아니라 '듣는 것'도 '천국'에 적합한 표현이었다.

열두 제자를 파송하는 이야기(눅 9:1-6; 10:1-12; 마 10:1-16)에서 이것을 더 확실히 알 수 있다. 열두 제자는 그들에게 중심적인 이 사역으로 인하여 나중에는 사도(보냄받은 자들)라 불리게 되었다. 그들이 예수님이 하신 사역을 이어서 하면서, 그들의 사역 역시 '보는 것과 듣는 것'으로 나타났다. 그들이 가는 모든 마을마다 그들은 먼저 병든 자들을 치료하고 "천국이 가까이 왔다(즉, 임했다)"고 선포했다. 하나님의 초자연적인 섭리로 기적이 일어났고 예수님의 제자들은 그때에, 그곳에서, 그 상황 위에 하나님이 통치하고 계시다고 증거했다.

그곳에 있던 사람들은 천국을 '보고', '들었다.' 그 사람들이 본 것은 무엇인가? 그것은 요한의 두 제자가 본 것, 즉 기적이었다. 그 사람들이 들은 것은 무엇인가? 그것도 요한의 두 제자가 들은 것, 즉 천국이 이르렀다는 좋은 소식이었다.

요약

일반적인 크리스천들에게 마태복음 13장 16-17절 말씀은 그냥 눈과 귀, 선지자들과 의인들에 대한 말씀일 뿐, 그렇게 중요한 말씀으로 다가오지 않을 것이다. 이 말씀을 원래의 문맥과 유대적 및 히브리적 배경 없이 읽으면 이것은 그냥 평범한 말씀으로 보인다. 그러나 이 말씀이 예수님이 전하시려는 중심 주제, 즉 천국에 대한 말씀이라면, 이것은 성경에서 가장 재미있고 중요한 말씀 중 하나일 것이다.

예수님은 계속해서 천국과 회복의 사역 및 구원에 관하여 가르치셨다. 주님은 병든 자들을 치유하시고 귀신들을 쫓아내심으로 사탄에게 붙잡힌 자들을 자유롭게 하시며, 열심히 아브라함의 잃어버린 자손들을 찾고 구원하셨다. 예수님은 말씀을 가르치시면서 지속적으로 자신이 천국의 왕임을 암시하셨다. 그 시대의 유대인들이 성경과 전승에 대한 깊은 지식을 가지고 있었기 때문에, 예수님은 굳이 '천국'이라고 언급하실 필요가 없었다. 예를 들면, 주님은 홍해를 가른 기적에 대한 암시를 생략하심으로, 선지자들이 갈망했던 메시아의 시대, 천국이 이르렀다는 소식을 적은 말로 효율적으로 전하실 수 있었다.

마태복음 13장 16-17절에서 예수님이 천국을 보고 듣는 것에 관하여 하신 단순하고 간략한 말씀은 강력한 메시지를 포함하고 있었다. 주님은 제자들에게 그들이 보고 또 그들이 주의 이름으로 행한 기적들이 천국이 나타난 것이라고 알려주신 것이다. 또 주님은 그 말씀으로 자신이 그들이 고대하던 이스라엘의 메시아라고 알리신 것이다. 예수님이 가르치신 말씀 중에서 이보다 더 강력한 메시지는 없을 것이다.

"천국을 보고 들음"은 데이빗 비빈이 쓴 "Seeing (and Hearing!) the Kingdom of Heaven"을 편집 및 요약한 것이며 www.JerusalemPerspective.com에서 볼 수 있다.

| 19. '선지자'라는 메시아적 칭호 |

　　예수님은 자신에 대하여 성경에 나오는 많은 메시아적 칭호들을 사용하셨다. 누가복음 19장 10절의 "인자", 누가복음 23장 31절의 "푸른 나무", 마태복음 25장 34절의 "왕"은 모두 구약 히브리어 성경의 메시아를 나타내는 구절들에서 나온 칭호다. 사람들도 예수님을 "주"(눅 5:8), "하나님의 아들"(눅 1:35), "다윗의 자손"(눅 18:38)과 같은 메시아적 칭호로 불렀다.

그 선지자 예수

　　예수님에 대한 칭호 중 하나인 '선지자'는 메시아적 칭호로는 불분명해 보인다. 예수님이 자신을 선지자로 보셨고, 그 시대의 많은 사람들도 그렇게 생각했다는 것에 대해서는 의심의 여지가 없다. 주님은 "선지자가 자기 고향에서는 존경을 받지 못한다"는 유명한 말을 인용하시고, 이어서 자신을 엘리야 및 엘리사와 비교하심으로(눅 4:24-27) 자신이 선지자임을 나타내셨다. 또 자신에 대하여 "선지자가 예루살렘 밖에서는 죽는 법이 없느니라"(눅 13:33)고 하기도 하셨다.

그러나 나인 사람들이 "큰 선지자가 우리 가운데 일어나셨다"(눅 7:16)고 외칠 때에 그들은 무엇을 생각하고 말한 것인가? 그들이 본 죽은 사람이 살아나는 기적은 엘리야(왕상 17:17-24)와 엘리사(왕하 4:18-37)가 행한 기적이기 때문에, 그 사람들이 예수님을 엘리야나 엘리사 또는 성경의 다른 선지자들과 같은 선지자로 보았을 것이라고 추측할 수 있다. 그러나 그들이 선포한 말은 성경에 나오는 한 구절과 연결된다.

모세의 예언

모세는 이스라엘 백성에게 이렇게 말했다.

네 하나님 여호와께서 너희 가운데 네 형제 중에서
너를 위하여 나와 같은 선지자 하나를 일으키시리니
너희는 그의 말을 들을지니라
신명기 18:15

이 말씀과 나인 성의 주민들이 한 말은 우연이라고 보기에는 너무나 비슷하다. 둘 다 정관사 없이 단수로 '한 선지자'를 말하고 있다. 신명기의 말씀은 "너희 가운데 … 일으키시리니"라고 기록되었고, 누가복음의 말씀은 "우리 가운데 일어나셨다"라고 기록하고 있다.

신명기 18장에서 모세가 한 말은 그의 후계자인 여호수아를 말하는 것일 수 있다. 그러나 신명기의 마지막 구절들을 읽어보면 여호수아는 모세와 같은 선지자가 아니라는 것을 알 수 있다.

> 그 후에는 이스라엘에 **모세와 같은 선지자가 일어나지 못하였나니**
> 모세는 여호와께서 대면하여 아시던 자요
> 모든 큰 권능과 위엄을 행하게 하시매
> 온 이스라엘의 목전에서 그것을 행한 자이더라
> 신명기 34:10,12

모세와 같은 선지자에 관하여 말하는 이 구절은 여호수아에 대한 언급은 없으며, 그 사람이 아직 오지 않았다고 말하고 있다. 성서 이후 시대에 모세가 말한 "나와 같은 선지자"는 '두 번째 모세', '마지막 때의 선지자' 등으로 불리는 메시아적 인물로 해석되었다. 리스토 산탈라Risto Santala는 메시아가 모세와 같은 선지자일 것이라는 개념을 뒷받침하는 랍비들의 흥미로운 해석을 주목했다.

마지막 구속자는 처음의 구속자와 같다. 처음 구속자에 대하여 "모세가 그의 아내와 아들들을 나귀에 태우고"(출 4:20)라고 기록된 것처럼, 마지막 구속자에 대하여는 "겸손하여서 나귀를 타시나니"(슥 9:9)라고 기록되었다.[1]

이것은 랍비 이삭의 해석으로 알려졌으며, 그는 기원후 3세기 말 또는 그 이후 사람이지만, 이런 해석은 더 이른 시기부터 있었을 것이다. '마지막 구속자', 즉 나귀를 타는 겸손한 메시아를 '처음 구속자'인 모세에 비교한 것을 주목하라. 스데반도 산헤드린에게 말할 때 모세를 '구속자(속량하는 자)'라고 했다.

> 그들의 말이 누가 너를 관리와 재판장으로 세웠느냐 하며
> 거절하던 그 모세를 하나님은 가시나무 떨기 가운데서
> 보이던 천사의 손으로 관리와 **속량하는 자**로서 보내셨으니
> 사도행전 7:35

엠마오로 가는 길에서 부활하신 주님을 만난 두 제자들은 예수님을 선지자라고 했다. 그리고 그들은 주님을 이스라엘을 속량할 자(구속자)로 바라고 있었다고 했다.

---

1) 전도서 랍바 1:9; Risto Santala, The Messiah in the Old Testament in the Light of Rabbinical Writings (Jerusalem: Keren Ahvah Meshihit, 1993), p. 59.

이르시되 무슨 일이냐 이르되 나사렛 예수의 일이니

그는 하나님과 모든 백성 앞에서 말과 일에 능하신 선지자이거늘

우리는 이 사람이 이스라엘을 **속량할 자**라고 바랐노라

이뿐 아니라 이 일이 일어난 지가 사흘째요

누가복음 24:19,21

모세보다 위대한 자

랍비들은 "이스라엘에서 그(모세)보다 위대한 자는 없다"[2]고 했다. 그러나 랍비들의 전승은 메시아를 모세보다 더 높은 자로 말하고 있다.[3]

기록하기를 "큰 산아 네가 무엇이냐? 네가 스룹바벨 앞에서 평지가 되리라"(슥 4:7) 하였다. "큰 산아 네가 무엇이냐"는 무엇인가? 이는 메시아 왕이다. 그러면 그는 왜 "큰 산"이라 불리는가? 그가 족장들보다 위대하며… 아브라함보다 높고, 모세보다 높으며, 섬기는 천사들보다 뛰어나기 때문이다.[4]

---

2) 출애굽기 13:19에 대한 메킬타 베샬라 [ed. Horovitz-Rabin, p. 79, lines 5-6]).
3) David Flusser, Jewish Sources in Early Christianity [New York: Adama Books, 1987], pp. 64-65.
4) 이사야 52:13에 대한 탄후마 톨레돗 134-138 [ed. Buber, p. 139]; 민수기 12:3-7에 대한 시프레에 나오는 비슷한 내용과 비교해 보라.

메시아를 모세보다 높이는 이 전승으로 인하여 나인 성 사람들이 예수님에 대하여 모세의 예언을 인용하며 "큰 선지자"(눅 7:16)라고 했을 것이다. 천사 가브리엘이 마리아에게 예수님이 "큰 자"가 되리라고 예언한 것도 흥미로운 부분이다.

> 그가 큰 자가 되고 지극히 높으신 이의 아들이라 일컬어질 것이요
> 주 하나님께서 그 조상 다윗의 왕위를 그에게 주시리니
> 누가복음 1:32

신뢰받는 선지자

성경이 모세에 대하여 "그는 내 온 집에서 신뢰를 받는다"[5](민 12:7)라고 기록했기 때문에, 유대인들은 '마지막 때의 선지자'를 모세처럼 '신뢰받는 선지자'로 생각하게 되었다.

예수님 시대보다 1세기 전 또는 그 이전부터 사람들은 하나님이 이 '신뢰받는 선지자'를 보내실 것이라고 기대했다. 기원전 140년에 유대인의 큰 총회와 그 지도자들은 시몬 마카비가 "신뢰받는 선지자가 일어날 때까지 그들의 영원한 지도자와 대제사장"(제1마카비서 14:41)이 될 것이라고 정했다. 이것은 언젠가

---

5) 개역개정에는 '충성함'이라고 번역되었지만 원문에 사용된 히브리어 '네에만'은 '신뢰받다'라고 해석할 수 있다. - 역자 주

나타날 '모세와 같은 선지자'를 말하는 것이었다. 마찬가지로 히브리서 3장 1-6절도 모세와 예수님이 신뢰받는다(신실하다)는 점을 강조하여 둘을 비교하여 말하고 있다.

그 선지자인 메시아

초기에 유대인들이 메시아를 모세가 약속한 '그 선지자'로 믿었다는 것을 보여주는 강력한 증거 중 일부가 신약에 기록되어 있다. 예를 들면, 사도행전에서 초기의 제자들은 예수님을 신명기 18장 15절의 성취로 선포했다. 베드로와 스데반 모두 이 구절을 예수님과 연관지어 말했다(행 3:22; 7:37. 요 7:40과 비교해 보라).

> 모세가 말하되 주 하나님이 너희를 위하여
> 너희 형제 가운데서 나 같은 선지자 하나를 세울 것이니
> 너희가 무엇이든지 그의 모든 말을 들을 것이라
> 사도행전 3:22

> 이스라엘 자손에 대하여 하나님이
> 너희 형제 가운데서 나와 같은 선지자를 세우리라
> 하던 자가 곧 이 모세라

사도행전 7:37

그들이 예수님을 신명기 18장 15절에서 예언한 '두 번째 모세'로 보고 있다는 것은 신약의 변화산 사건에 대한 기록에서 읽을 수 있다. 하늘에서 나는 음성이 예수님을 "나의 아들, 곧 택함을 받은 자"라고 선포하며 "그의 말을 들으라"고 명하셨다(눅 9:35). "그의 말을 들으라"는 신명기 18장 15절에도 나오는 똑같은 명령이다.

신약 성경과 예수님 시대의 자료들에서 살펴본 것처럼, '선지자'라는 칭호는 단순히 선지자만을 말하는 것이 아니라 그 이상의 의미로 자주 사용되었다. 예수님에게 이 칭호를 적용한 사람들은 아마 그것을 '메시아'와 같은 의미로 사용했을 것이다.

"'선지자'라는 메시아적 칭호"는 데이빗 비빈이 쓴 "'Prophet' as a Messianic Title"을 편집 및 요약한 것이며 www.JerusalemPerspective.com에서 볼 수 있다.

| 20. 약함의 강함 |

 성경은 영적인 약함을 의미하는 표현들을 많이 사용했다. 그 표현들은 '가난한', '심령이 가난한', '영이 겸손한', '상한 마음', '겸손한', '애통하는 자', '의에 주린' 등으로 이사야서와 예수님의 팔복에 대한 말씀에 많이 나온다.

 이 표현들은 자신이 온전히 하나님을 의지하고 있음을 깨달은 하나님의 백성들을 나타내는 표현들이다. 그들은 자기들이 아무것도 아니며, 가진 것이 없고, 하나님의 도우심 없이는 아무것도 할 수 없음을 아는 사람들이다. 우리는 우리의 무능함과 약함을 인정할 때만 승리하는 삶을 살 수 있다. 그러나 우리는 우리의 연약함을 철저하게 알아야 할 뿐만 아니라, 그것을 복의 한 형태로 보아야 한다.

 이 중요한 영적 원리는 히브리서 11장에 우리의 믿음의 위인들에 관한 유명한 말씀에 나와있다. 저자는 이 원리를 딱 세 개의 헬라어로 요약했다. "에두나모쎄산 아포 아쎄네이아스 (ἐδυναμώθησαν ἀπὸ ἀσθενείας)", 즉 '그들의 연약함이 강함이 되었다'(히 11:34).

우리가 오직 우리의 영적인 무능력함을 깨달을 때 하나님이 우리 안에서, 우리를 통하여 일하실 수 있다. 우리가 오직 우리의 힘을 의지하지 않고 하나님을 바라볼 때 하나님이 우리를 사용하실 수 있다. 또 우리는 우리의 약함을 인정할 뿐만 아니라, 우리에게 주어진 상황에 만족하고 하나님께 감사해야 한다.

바울 사도는 이 원리를 깨닫고 고린도교회에 보내는 편지에 그것을 기록했다.

> 나에게 이르시기를 내 은혜가 네게 족하도다
> 이는 내 능력이 약한 데서 온전하여짐이라 하신지라
> 그러므로 도리어 크게 기뻐함으로 나의 여러 약한 것들에 대하여
> 자랑하리니 이는 그리스도의 능력이 내게 머물게 하려 함이라
> 그러므로 내가 그리스도를 위하여 약한 것들과 능욕과 궁핍과
> 박해와 곤고를 기뻐하노니 이는 내가 약한 그 때에 강함이라
> 고린도후서 12:9-10

하나님을 의지하는 믿음

히브리어 '에무나(אמונה, 믿음)'는 영적인 약함과 밀접한 관련이 있다. 성경의 믿음은 누군가를, 또는 무엇을 믿는 것이라기보다는 끈기라 할 수 있다. 그것은 환경에 굴하지 않고 꿋꿋하게

버티는 것이다. 그러나 믿음은 또한 우리가 하나님께 의지해야 함을 아는 것이다.

아브라함의 믿음을 가장 잘 보여주는 이야기는 하나님께서 그에게 그의 유업을 이을 아들이 있을 것이라고 하신 약속에 그가 응답한 것이라고 생각한다. 세 천사가 그의 장막에 나타났을 때, 그는 99세였고 사라는 89세였다. 사라는 임신하는 것이 불가능했다. "아브라함과 사라는 나이가 많아 늙었고 사라에게는 여성의 생리가 끊어졌는지라"(창 18:11). 아브라함은 하나님이 기적을 행하실 것을 알았다. 그는 자신의 약함을 알았고 그것이 그의 힘의 기초였다.

이스라엘 백성의 앞에 홍해가 있고 이집트 군대가 그들을 뒤쫓고 있을 때 그들의 유일한 소망은 하나님이었다. 그러나 그것이 바로 그들의 힘이었다. 삼손은 오직 하나님을 신뢰할 때만 강해질 수 있었다. 그가 자신의 힘을 믿기 시작했을 때 그는 실패했다. 그는 약해졌고 앞을 볼 수 없게 되는 벌을 받았다. 그러나 그가 다시 하나님을 신뢰하자 가장 큰 승리를 거두게 되었다.

야곱은 브니엘에서 다음 날 그의 형을 만나면 일어날 일을 너무나 두려워하여 절망 속에 있었다. 그래서 그는 하나님을 만나기 전에는 아무데도 가지 않기로 했다. 그는 "주님, 내가 주님 없이 내일을 맞이할 수 없습니다"라고 말한 것이다. 이것으로 그가 하나님을 의지하기 시작했고, 그것은 그를 위한 승리의 시작이 되었다. 나는 이 이야기를 온전히 이해하지는 못하지만, 중요한

점은 천사가 그의 다리를 절게 함으로 그를 약하게 만들었다는 것이다. 그는 하나님과의 만남 이후에 절름발이가 되었지만, 영적으로 새롭고 강한 자가 되었다.

성경은 믿음의 예로 과부들을 자주 언급한다. 누가복음 18장 1-8절에 나오는 불의한 재판장과 과부의 비유를 생각해 보라. 고대에 과부들은 절망적인 상황에 처한 경우가 많았다. 그러나 그 과부가 하나님을 의지할 때 그 절망적인 상황에서 구원을 얻을 수 있었다.

가장 궁극적인 약함은 십자가에 달리신 예수님이 보여주셨다. 주님은 십자가에 못 박히셨고 움직이실 수도 없었다. 아무도 주님을 도울 수 없었다. 하나님조차도 예수님의 죽음을 막지 않으셨다. 그러나 주님은 이런 궁극적인 약함으로 가장 큰 승리를 이루셨다.

> 그리스도께서 약하심으로 십자가에 못 박히셨으나
> 하나님의 능력으로 살아 계시니 우리도 그 안에서 약하나
> 너희에게 대하여 하나님의 능력으로 그와 함께 살리라
> 고린도후서 13:4

삼손 신드롬은 우리에게 정말 위험한 것이다. 삼손은 자신이 강할 때에 자기의 힘을 의지하기 시작했다. 이것은 우리의 타고난 본성이다. 하나님께서 우리에게 영적으로 무언가를 행하시면,

우리는 우리가 강하다고 생각하며 하나님을 의지하지 않게 된다. 바리새인은 "하나님, 내가 이 세리처럼 악하지 아니함을 감사합니다"(눅 18:11)라고 했다. 우리도 속으로 "하나님, 내가 예수님의 비유에 나오는 이 바리새인과 같지 아니함을 감사합니다" 또는 "하나님, 내가 이 죄인처럼 악하지 아니함을 감사합니다"라고 말한다.

우리는 삶의 모든 순간에 우리가 예수님을 처음 만났을 때처럼 "내가 내 힘으로 할 수 없습니다"라고 고백하며 믿어야 한다. 우리가 자신의 힘을 내려놓고 약함을 인정하는 순간 승리하기 시작한다.

우리의 부족함을 고백함으로 우리가 처음 예수님께 나아가기 위하여 고백할 때 얻은 속량과 같은 영적 자유를 얻게 된다. 이제 우리는 더 이상 애쓰지 않고 안식할 수 있다. 우리는 이제 예수님이 운전하시는 버스에 탄 것과 같다. 주님이 모든 상황 가운데 인도하시고 우리는 안식할 수 있다.

내게 능력을 주시는 메시아를 통하여 모든 것을 할 수 있다(빌 4:13). 그러나 주님 없이는 아무것도 할 수 없다. 바울 사도가 고린도교회에 보낸 편지에도 이 내용이 잘 기록되어 있다.

하나님의 어리석음이 사람보다 지혜롭고
하나님의 약하심이 사람보다 강하니라
형제들아 너희를 부르심을 보라

육체를 따라 지혜로운 자가 많지 아니하며

능한 자가 많지 아니하며 문벌 좋은 자가 많지 아니하도다

그러나 하나님께서 세상의 미련한 것들을 택하사

지혜 있는 자들을 부끄럽게 하려 하시고

세상의 약한 것들을 택하사 강한 것들을 부끄럽게 하려 하시며

고린도전서 1:25-27

"약함의 강함"은 데이빗 비빈이 쓴 "The Strength of Weakness"를 편집 및 요약한 것이며 www.JerusalemPerspective.com에서 볼 수 있다.

| 21. 이방인들이 지켜야 하는 계명 |

기독교인들은 자신의 유대적 뿌리와 유업을 너무 멀리하여 자기들도 계명을 지킬 의무가 있다는 것을 잊어버리는 경우가 많다. 초대 교회의 지도자들은 예수님을 따르는 이방인들이 몇 개의 보편적인 계명들을 지켜야 한다고 결정했다. 예수님의 유대인 제자들과 달리 이방인들은 (비록 개종을 위한 세례는 받아야 했지만) 할례를 행하거나 시내 산 언약을 지킬 의무는 없었다.

초대 교회의 지도자들이 예수님을 믿는 이방인들에게 지키게 한 성경의 계명들은 무엇인가? 그것은 사도행전 15장 20절에 나온다.

> 다만 **우상의 더러운 것**과 **음행**과 **목매어 죽인 것**과
> **피**를 멀리하라고 편지하는 것이 옳으니
> 사도행전 15:20

1세기 초에 시몬 베드로와 주님의 동생 야고보를 포함한 예수님의 공동체의 "사도들과 장로들"(행 15:6)이 계속해서 늘어나

는 믿는 이방인들에 대하여 의논하기 위하여 예루살렘에 모였다. 그들은 우유부단하지 않았다. 그들은 야고보처럼 '토라에 열심인 자들'의 의견과는 달리, 이방인들이 몇 개의 중요한 계명들만 지키도록 해야 한다고 정했다.

그 지도자들은 사도행전 15장 7-11절에서 베드로가 말한 것에 동의하여 이방인들을 할례를 행하는 것과 모세의 토라에 기록된 율법을 지킬 의무에서 '풀어주었다'(즉, 자유롭게 하였다). 그렇지만 그들은 야고보의 의견을 따라서 유대교의 이 새로운 분파로 개종하는 자들이 세 개의 기본적이고 보편적이며 우선시 되는 계명들을 지키도록 '묶었다'(즉, 금하였다)[1]. 유대교 내에서 이 계명들은 이후에 7개의 계명으로 발전했고 '노아의 계명들'로 알려졌다.

사도행전 15장 19-20절에 따르면 "이방인 중에서 하나님께로 돌아오는 자들"은 아래에 나오는 것을 멀리해야 했다.

1. 우상의 더러운 것
2. 음행
3. 목매어 죽인 것
4. 피

---

[1] '묶다'와 '풀다'의 랍비적인 개념에 대한 더 자세한 내용은 182-185쪽을 보라.

이 금해야 할 것들은 조금씩 다르긴 하지만 사도행전 15장 29절과 21장 25절에도 나온다.[2] 사도행전의 여러 사본들은 금지할 것들이 3개인 것('목매어 죽인 것'이나 '음행'이 빠짐)과 4개인 것으로 분류된다. 이것을 보면 고대에 사본들을 편집하거나 필사한 사람들에게 원래의 본문이 명확하지 않았던 것으로 보인다.

본문의 불확실성 때문에 학자들 사이에서는 원래 목록의 의도와 관련하여 두 개의 의견이 생기게 되었다. 한 학자는 원래의 금기 목록이 우상 숭배에서 행하던 관례에 중점을 둔 것이라 주장했다. 다른 학자들은 원래의 금기 사항들이 기초적인 도덕법이었지만 필사하는 사람들이 금기 사항에 사용된 유대인의 관용구를 알지 못하여 오해한 것이라고 주장했다.[3]

---

2) "우상의 제물과 피와 목매어 죽인 것과 음행을 멀리할지니라 이에 스스로 삼가면 잘되리라 평안함을 원하노라 하였더라"(행 15:29); "주를 믿는 이방인에게는 우리가 우상의 제물과 피와 목매어 죽인 것과 음행을 피할 것을 결의하고 편지하였느니라 하니"(행 21:25).

3) 세 개의 목록(행 15:20, 29; 21:25)으로 나오는 사본들에서 발견할 수 있는 본문의 차이 및 원래의 금지 사항이 네 개나 세 개(심지어 두 개)라고 주장하는 주석가들의 논의에 대해서는 Bruce M. Metzger, A Textual Commentary on the Greek New Testament (London: United Bible Societies, 1975), pp. 429-34를 보라.

Metzger는 원래의 금지 사항이 의례적인 것이고 도덕적인 것이 아니며, 알렉산드리아 본문에 나오는 네 가지라고 말했다. "우상에게 바쳐진 음식을 먹는 것과, 목매어 달린 것과, 피와, 포르네이아(이것은 해석이 필요하다)를 (멀리하고)". 그는 이 네 개의 의례적 또는 음식과 관련된 율법의 금지 사항이 이후에 서방 본문에서 세 개의 도덕법으로 바뀌었으며, 그 내용은 "목매어 달린 것"이 빠지고 부정적인 황금률이 추가되어 "우상 숭배와 음행과 피 흘림(또는 초기 유대교와 기독교 자료들은 이 두 번째 결론을 지지하는 것으로 보인다. '우상 숭배, 음행, 살인'이라는 세 개의 큰 죄들은 랍비들의 자료에 자주 등장하며, 초기 기독교의 자료에서도 발견할 수 있다.[4] 이것은 성경의 계명들 가운데 필수적인 것들이자 하나님이 인류에게 요구하시는 가장 기본적인 명령들이다. 예수님 시대의 유대인들은 우상 숭배와 살인과 음행을 이방인들의 전형적인 특징으로 보았고[5], 이스라엘의 현인들은 종종 이 죄들을 짓는 민족을 비난했다. 그들은 이 세 가지를 지키지 못하면 그 땅에서 쫓겨나게 된다고 생각했다.[6]

이 가장 큰 세 가지 금지 목록은 히브리어로 '아보다 자라(זרה עבודה, 우상 숭배, 직역하면 '이방의 경배)', '길루이 아라욧(גילוי עריות, 금지된 결혼과 성적인 관계, 직역하면 '벌거벗음

살인)을 금하며, 이것을 부정적인 (형태의) 황금률에 추가하여"가 되었다고 했다(pp. 431-432).

그러나 David Flusser ("The Jewish-Christian Schism, Part I," Immanuel 16 [Summer 1983], p. 45) 및 그보다 먼저 Gedalyahu Alon (Studies in the Jewish History of the Second Commonwealth and the Mishnaic-Talmudic Period [Tel Aviv: Hakibbutz Hameuchad, 1957-58), p. 278 [Hebrew])는 서방 본문이 원래의 내용을 나타내고 있다고 주장했다. 이후에 Flusser와 Shmuel Safrai는 Alon과 Flusser의 주장을 더 자세히 설명하는 실질적인 글을 발행했다. "Das Aposteldekret und die Noachitischen Gebote, in E. Brocke and H.-J. Borkenings, eds., Wer Tora mehrt, mehrt Leben: Festgabe fur Heinz Kremers (NeukirchenVluyn, 1986), 176-192.

4) 예를 들면, 디다케 3:1-6.
5) 미쉬나 아봇 자라 2:1.
6) 미쉬나 아봇 5:9.

을 드러냄)', '셰피쿳 다밈(שפיכות דמים, 살인, 직역하면 '피를 흘림')'이다. 이 각각의 금지 명령은 성경에 나오는 계명들을 포함하고 있다. '아보다 자라(우상 숭배)'는 출애굽기 20장 4-5절, 23장 13절, 레위기 19장 4절, 신명기 16장 21-22절에서 금하는 것들을 포함한다. '길루이 아라욧(음행)'은 레위기 18장 6-18절에 나오는 하체를 범하는 것에 대한 말씀들을 포함한다. '셰피쿳 다밈(살인)'은 출애굽기 20장 13절, 레위기 19장 16절, 민수기 35장 12, 28, 31, 32절, 신명기 5장 17절, 19장 2절, 21장 4절에 기록된 말씀들을 포함한다.

'셰피쿳 다밈(피를 흘림)'이라는 관용적 표현에는 '다밈(피)'이라는 단어가 들어 있다. 이것으로 인하여 사도행전 15장에 '피'라는 네 번째 금지 명령이 생겼을 수 있다. 후대에 헬라어로 편집 또는 필사한 사람들이 이것을 실수로 피를 제대로 빼지 않은 고기를 먹지 말라는 계명(레 17:14)으로 오해했을 것이다.

또 '피'는 '목매어 죽인 것'에서 나온 것일 수 있다. 이것은 제대로 잡지 않은 짐승의 고기를 먹지 말라는 것과 같지만, 이 경우는 짐승의 목을 치는 대신 목을 졸라서 잡은 것이다. 이렇게 '피'와 '목매어 죽인 것'이 금지 명령에 들어가게 되자 '우상 숭배'도 비슷한 맥락에서 '우상에게 바쳐진 제물'로 오해된 것이다. 이런 식으로 세 개의 중요한 도덕적 금지 명령이 음식에 대한 법으로 잘못 알려진 것이다.

이 추측이 맞다면, 초대 교회의 지도자들이 이방인 개종자들에게 요구한 보편적인 계명들은 유대인의 입장에서 의로운 이방인 또는 하나님을 경외하는 자들이 지키기를 기대했던 계명들과 같은 것이었다. 야고보(및 초대 교회의 열성적인 사람들)가 예수님을 믿게 된 이방인들에게 이 최소한의 계명들을 '묶은' 것은 이런 이유에서였다. 예루살렘 공의회는 새로운 계명들을 만든 것이 아니라, 유대인들이 일반적으로 이방인들에게 기대하는 것을 따라 계명들을 정한 것이었다.

사도들의 공의회는 이방인 개종자들이 우상 숭배와 음행과 살인을 멀리하라는 오직 세 개의 계명을 지키게 하였다. 유대인들이 보기에 이것은 토라를 최소한으로 지키는 것이었다. 유대인들은 의로운 이방인들이 이 금지명령을 지키기를 원했기 때문에 유대교의 새로운 분파인 예수님의 최초의 공동체가 이방인 출신의 개종자들에게 이 죄들을 금하도록 한 것은 당연한 일이었다.

야고보 및 그와 같은 사람들은 이 개종자들이 죄가 성행하는 이방의 환경에서 태어났기 때문에 그들이 성문 토라와 구전 토라의 수많은 계명들을 지킬 의무는 없다고 설명했을 것이다. 그 계명들을 모두 지키는 것은 상식을 넘어서는 일이었다. 이방인으로서 다른 신들을 섬기는 것과 살인과 음행을 더 이상 행하지 않는다면 그것만으로도 충분했을 것이다.

———

"이방인들이 지켜야 하는 계명"은 데이빗 비빈이 쓴 "The Apostolic Decree (Acts 15:20, 29; 21:25): Commandments for Gentiles?"을 편집 및 요약한 것이며, 2004년 10월에 Jerusalem Perspective Pipeline에 게재되었다.

| 22. 감람나무의 뿌리 |

뿌리가 거룩한즉 가지도 그러하니라

또한 가지 얼마가 꺾이었는데

돌감람나무인 네가 그들 중에 접붙임이 되어

참감람나무 뿌리의 진액을 함께 받는 자가 되었은즉

그 가지들을 향하여 자랑하지 말라

자랑할지라도 네가 뿌리를 보전하는 것이 아니요

뿌리가 너를 보전하는 것이니라

그러면 네 말이 가지들이 꺾인 것은

나로 접붙임을 받게 하려 함이라 하리니

옳도다 그들은 믿지 아니하므로 꺾이고 너는 믿으므로 섰느니라

높은 마음을 품지 말고 도리어 두려워하라

로마서 11:16-20

사도 바울은 로마서 11장 1절에서 하나님이 자기 백성을 버리지 않으셨다고 했다. 이어서 그는 은유적으로 이스라엘 백성을 재배된 감람나무에 비유했다. 그들의 믿지 않음으로 그 나무의

가지들 전부가 아니라 일부가 부러졌고, 야생 감람나무의 가지가 줄기에 접붙여졌다.[1] 그렇지만 바울은 원래의 감람나무의 가지를 그 재배된 나무의 줄기에 다시 접붙이는 것이 야생 감람나무를 접붙이는 것보다 훨씬 쉬울 것이라고 강조해서 말했다.

바울은 이스라엘을 조상들, 특히 아브라함에게 뿌리를 둔 '재배된 감람나무'로 말했다.[2] 그러나 일부 성경 주석가들은 그 감람나무의 뿌리를 그리스도 또는 그분이 하실 메시아의 사역으로 해석했다.[3] 이런 해석은 그 뿌리를 새로운 이스라엘, 즉 교회로 보

---

1) 랍비들도 이방인들이 이스라엘이라는 나무에 가지로 접붙여지는 은유를 사용했다. Christian Maurer는 랍비들의 말을 인용하여 말했다. "하나님께서 아브라함에게 접붙이신 두 개의 아름다운 가지는 룻과 나오미('나아마'를 잘못 쓴 것으로 보임)다. 그들은 개종자로서 자신들을 이스라엘에 심었다", (ῥίζα에 대한 설명, Theological Dictionary of the New Testament, ed. Gerhard Friedrich, trans. Geoffrey W. Bromiley [Grand Rapids, MI: Eerdmans, 1968], 6:987). Maurer는 바빌로니아 탈무드 예바못 63a에 기록된 랍비 엘르아살의 말을 인용했다. "'땅의 모든 족속이 너로 말미암아 복을 얻을 것이라'(창 12:3)는 무슨 뜻인가? 복을 받으실 거룩하신 분이 아브라함에게 말씀하셨다. '내가 너에게 접붙일 두 개의 가지가 있다. 그것은 모압 사람 룻과 암몬 사람 나아마다.' '땅의 모든 족속' (이것의 의미는) 땅에 거하는 다른 족속이라도 이스라엘로 인하지 않고는 복을 받지 못한다는 뜻이다." Joseph Shulam에 따르면 사도 바울은 "하나님께서 아브라함을 통하여 세계의 모든 민족에게 복을 주실 계획을 생생하게 보여주기 위하여 '접붙임'의 은유를 사용했다." (A Commentary on the Jewish Roots of Romans [Baltimore, MD: Lederer, 1997], pp. 363, 370).

2) Chrisitan Maurer, TDNT, 6:989; Shulam, Romans, pp. 363, 371-73. 로마서 11:28은 바울이 조상들을 염두에 두고 기록했다는 것을 보여준다.

3) 예를 들면, 옛날의 교부들 및 현대의 Karl Barth: Die Kirchliche Dogmatik.

는 오래되고 낡고 위험한 생각이다.

주석가가 바울이 은유적으로 말한 뿌리를 교회로 인식하게 되면 거기서 나아가 더 위험한 결론에 도달하게 된다. 그것은 육적인 이스라엘은 오래 전에 끝났다는 것이다. 그리고 하나님은 육적인 이스라엘을 버리시고 그 구별된 자리를 교회에게 주셨다는 것이다.

겟세마네 동산에 있는 천 년 이상 된 감람나무

Vol. 2: Die Lehre von Gott, part 2, 1942, p. 314 (English trans.: Church Dogmatics [Edinburgh: T. & T. Clark, 1957], pp. 285f.)가 있다.

감람나무의 뿌리는 누구인가?

감람나무의 뿌리를 메시아로 해석하게 된 두 가지 이유가 있다. 첫 번째는, 로마서 11장 16절에 '뿌리'로 번역된 헬라어 '리자(ρίζα)'다.

> 제사하는 **처음 익은 곡식**(아파르케) 가루가
> 거룩한즉 떡덩이도 그러하고 (상반절)
> **뿌리**(리자)가 거룩한즉 가지도 그러하니라 (하반절)
> 로마서 11:16

이 구절에서 '리자(뿌리)'는 '아파르케(ἀπαρχή, 첫 열매)'와 병행을 이루고 있다. '첫 열매'는 고린도전서 15장에도 나온다.

> 그러나 이제 그리스도께서 죽은 자 가운데서 다시 살아나사
> 잠자는 자들의 **첫 열매**가 되셨도다
> 그러나 각각 자기 차례대로 되리니 먼저는 **첫 열매인 그리스도**요
> 다음에는 그가 강림하실 때에 그리스도에게 속한 자요
> 고린도전서 15:20,23

여기서 바울은 메시아이신 예수님을 '잠자는 자들의 첫 열매(아파르케)'로 말했다. 그런데 로마서 11장 16절에서 병행을 이

루는 두 부분은 함께 그리고 따로 보아야 한다.

신약 성경이 절로 나누어진 것은 기원후 1551년이었다. 절로 구분된 성경은 구절을 빨리 찾을 수 있도록 도움을 주지만 본문의 해석에도 큰 영향을 미쳤다. 로마서 11장 16절의 경우 상반절은 앞의 내용과 연결된다. 여기서 '아파르케'는 예수님을 처음 믿은 자들을 가리킨다.[4] 11절에서 바울은 "그들이 넘어지기까지 실족하였느냐?"고 물어보았다. 16절 상반절은 그렇지 않다는 것을 말하는 내용이다.

바울이 그의 동족을 위하여 한 말은 민수기 15장 17-21절을 인용한 것이다.[5]

> 여호와께서 모세에게 말씀하여 이르시되
> 이스라엘 자손에게 말하여 이르라
> 너희는 내가 인도하는 땅에 들어가거든
> 그 땅의 양식을 먹을 때에 여호와께 거제를 드리되
> 너희의 처음 익은 곡식 가루 떡을 거제로
> 타작 마당의 거제 같이 들어 드리라
> 너희의 처음 익은 곡식 가루 떡을 대대에 여호와께 거제로 드릴지니라
> 민수기 15:17-21

---

4) 바울은 로마서 16:5과 고린도전서 16:15에서 '아파르케(첫 열매)'를 이와 같은 의미로 사용했다.
5) 느헤미야 10:37 및 에스겔 44:30과 비교해 보라.

하나님은 이스라엘 백성에게 추수한 곡식의 첫 열매로 만든 구운 떡을 예물로 드리라고 명하셨다. 이것은 모든 거둔 곡식을 대표하는 것이었다. 그러므로 이것이 추수한 모든 곡식을 거룩하게 하는 것이다. 비유적으로 말하면, 예수님을 메시아로 영접한 적은 수의 유대인들은 유대 민족의 첫 열매였던 것이다. 거제로 드려진 곡식의 첫 열매처럼, 그들도 또한 그 민족 전체를 거룩하게 하였다. 바울에게 예수님의 복음을 믿은 이 적은 수의 사람들은 유대 민족이 하나님께 버림받지 않았다는 증거였다. 유대 민족은 온전히 넘어진 것이 아니었고, 그것이 그들의 마지막도 아니었다. 하나님은 다른 이들을 택하시고 그분의 백성을 버리신 것이 아니었다.

바울은 처음 익은 곡식 가루의 은유로 이스라엘의 상황에 대한 그의 생각을 결론지었다. 이스라엘의 넘어짐에도 불구하고 그 민족의 일부의 믿음이 그들의 믿지 않는 형제들에게 영적인 유익을 주었다.[6] 그리고 여기서 바울은 방향을 바꾸고 속도를 높이기 시작했다. 이 변화는 16절의 중간에 일어났다.

바울은 이제 이방인 신자들에게 눈을 돌리고 그들의 잘못된 자만심에 대하여 경고하려고 한다.[7] 그는 재배된 감람나무와 야

---

[6] 예수님을 믿는 유대인들의 신실함 덕에 유대 민족 전체가 영적인 유익을 얻었다. 첫 열매가 전체를 거룩하게 하는 것이다(롬 11:16 상반절).
[7] 로마 교회의 믿는 이방인들 가운데 유대인들에게 반감을 품은 숨겨진 자들이 있었을 수도 있다. 이 이방인 신자들은 로마 정부가 유대 종교에게 준 특권을 이용하면서도 동시에 유대 공동체와 구별된 자들로 보이기를 원했다.

생 감람나무의 비유를 꺼내기 시작했다. 그 비유에서 줄기에 남아 있는 원래의 가지들은 유대인 신자들을 상징한다. 바울은 예수님을 메시아로 영접한 유대인들과 그렇지 않은 유대인들을 모두 아브라함의 자손으로 생각했다. 그러나 전자는 믿음과 육적인 혈통에서 그러했지만, 후자는 오직 육적인 혈통뿐이었다. 그 줄기는 거룩했다. 그러므로 원래 있던 모든 가지들도 거룩했다. 그러나 원래 가지들 중 일부가 부러졌고, 야생 감람나무가 그 줄기에 접붙여졌다. 그 야생 감람나무의 가지는 뿌리로부터 유익을 얻게 되었고, 원래의 가지들이 그랬던 것처럼, 이 가지들도 마찬가지로 거룩해졌다.

바울의 은유에 나오는 '뿌리'를 메시아로 잘못 해석한 두 번째의, 더 영향력 있는 이유는 그가 '이새의 뿌리'라는 메시아적 칭호를 언급한 구절 때문이다. 그는 로마서 15장 12절에서 이사야서 11장 10절의 말씀을 인용했다.

Marcel Simon의 Verus Israel: A Study of the Relations between Christians and Jews in the Roman Empire (AD 135-425), H. McKeating 역 (Oxford: Oxford University Press, 1986), pp. 100-101과 Harry J. Leon, The Jews of Ancient Rome (Philadelphia: Jewish Publication Society of America, 1960), pp. 9-11, 22, 45를 보라. Leon에 따르면 로마 정부가 그 도시의 유대인들과 기독교인들을 구별하기 시작한 것은 기원후 64년 대화제 이후 기독교인들에 대한 심한 박해가 있을 때였다(p. 28). 기원전 2세기부터 기원후 1세기 전반까지 지중해 인근 유대인들의 종교 관습을 지킬 권리와 기타 특권들을 보장하는 공식 문서에 대해서는 요세푸스의 유대고대사 14:185-267; 19:279-291을 보라.

> 또 이사야가 이르되 이새의 뿌리 곧 열방을 다스리기 위하여
> 일어나시는 이가 있으리니 열방이 그에게 소망을 두리라 하였느니라
> 로마서 15:12

여기서 바울은 70인역 헬라어 본문을 인용했다. 이 구절의 히브리어 마소라 사본은 이렇게 나온다. "그 날에 서 있는 이새의 뿌리가 백성들의 깃발이 될 것이고 열방이 그를 찾을 것이다." 바울의 영향으로 계시록의 저자도 예수님을 "다윗의 뿌리"(계 5:5; 22:16)라고 말했다.

이사야 11장에서 "다윗의 뿌리"가 1절, 10절에 두 번 나온다.

> 이새의 줄기에서 한 싹이 나며
> 그 뿌리에서 한 가지가 나서 결실할 것이요
> 이사야 11:1

> 그 날에 이새의 뿌리에서 한 싹이 나서 만민의 기치로 설 것이요
> 열방이 그에게로 돌아오리니 그가 거한 곳이 영화로우리라
> 이사야 11:10

바울은 로마서 15장 12절에서 이사야 11장의 두 구절 중에서 덜 명확한 10절을 택하여 인용했다. 10절은 "이새의 뿌리"가 열방을 다스리기 위하여 일어날 것이라고 말하는 것으로 보인다.

바울은 이 구절에 주목했는데 그것은 "열방", 즉 '이방인'이 1절에는 없고 이 구절에만 나오기 때문이다. 그는 메시아께서 유대인과 이방인 모두를 위하여 오셨다는 점을 강조하고 싶었던 것이다. 로마서 15장 9-12절은 메시아가 이방인들을 위하여 오셨다는 것에 중점을 둔 구절들이다.

그런데 이사야 11장 10절은 1절과 분리해서 읽어서는 안 된다. 고대와 현대의 유대 성경 주석가들 모두 이 점을 자주 언급했다. 예를 들면 라닥Radak[8]은 10절의 "이새의 뿌리"에 대하여 이렇게 말했다. "이것은 '이새의 뿌리'에서 나온 사람이다. '이새의 뿌리에서 한 가지가 나며'(사 11:1)라고 기록되었기 때문이다. 그리고 탈굼 요나단에는 '이새의 아들의 한 자손'이라고 기록되어 있다."[9]

---

8) 12세기 후반에서 13세기 초반까지 프랑스 남부에 살았던 성경 주석가이자 문법학자인 랍비 다비드 킴히Rabbi David Kimhi의 약자.

9) 탈굼 온켈로스도 이렇게 해석했다. 온켈로스와 요나단 모두 "이새의 뿌리"를 "이새의 아들(자손)"로 해석했다. 두 탈굼 모두 1절을 "이새의 아들들에게서 한 왕이 나올 것이며, 그의 아들들의 자손들에게서 나온 메시아가 기름 부음을 받을 것이다"라고 번역했다. 즉, 두 탈굼은 "이새의 줄기에서 나오는 한 싹"을 "이새의 아들들에서 나오는 한 왕"으로, 그리고 "그의 뿌리들에서 나오는 한 가지"를 "그의 아들들의 자손들에서 나오는 메시아"로 해석한 것이다. Maurer는 이렇게 말했다. "메시아가 이새의 뿌리라는 것은 회당에서 일반적인 것이었다. 이런 연결 고리에서 '쇼레쉬(뿌리)'는 항상 싹의 의미로 이새의 자손을 가리키는 것이다… (탈굼에서) 일반적으로 '쇼레쉬'가 명확한 뜻을 갖는 '쩨마흐(싹)'로 대체되는 것이 이런 개념을 뒷받침한다." (Maurer, TDNT, 6:988).

아모스 하캄Amos Hacham은 10절에 대하여 이렇게 주석을 달았다. "1절에 '이새의 뿌리에서 한 가지가 날 것이다'라고 기록된 것처럼 '이새의 뿌리'는 자라서 나무가 된다."[10] 10절의 "이새의 뿌리"라는 표현은 1절의 "이새의 뿌리에서 난 한 가지"를 줄여서 말한 것이다. 그리고 싹(חטר, 호테르) 또는 가지(נצר, 네쩨르)는 미래의 메시아적인 인물을 상징하지만, 그루터기나 뿌리는 그렇지 않다.

바울은 이사야 11장 10절을 고대와 현대의 유대 주석가들과 같은 관점에서 이해했을 것이다. 누가의 기록에 따르면 바울은 비시디아 안디옥의 회당에서 설교할 때 이사야 11장 1절, 10절 말씀을 생각하며 말했다.

> 하나님이 약속하신 대로 이 사람의 후손에서
> 이스라엘을 위하여 구주를 세우셨으니 곧 예수라
> 사도행전 13:23

그는 예수님을 이새의 자손에서 나오는 구세주로 설명했다. 여기서 이새의 자손은 이사야 11장에 기록된 이새의 뿌리이며, 그 뿌리에서 나오는 가지가 예수님인 것이다.[11]

---

10) Amos Hacham, The Book of Isaiah: Chapters 1-35 (Jerusalem: Mossad Harav Kook, 1984), p. 129 (Hebrew).

11) 나에게 사도행전 13:23과의 연관성을 알려 준 Joseph Frankovic에게 감사한다. 또한 그가 준 편집상의 제안과 우리가 나눈 로마서 11장에 대한 논의에 대

로마서 15장 12절과 함께 로마서 11장 16절 하반절부터 24절까지를 읽을 때 이사야 11장 1, 10절을 제대로 이해하지 못하고 읽으면 이상한 결론에 도달할 수 있다. 여기서 '이새의 뿌리'는 감람나무의 거룩한 뿌리와 동일시해서는 안 된다. 이사야 11장 10절에서 '이새의 뿌리'를 은유적으로 말하고 있지만 이 구절은 1절에 비추어 읽어야 한다. 10절에 나오는 '이새의 뿌리'는 1절의 '이새의 뿌리에서 나오는 가지'를 말하는 것이다.

그런데 만약 바울이 로마서 11장 16절 하반절에서 24절까지를 기록할 때 이사야 11장 10절을 생각하며 쓴 것이 아니라면 그는 이 비유를 어디에서 가져온 것일까? 그것은 예레미야 선지자가 가지들이 꺾일 위기에 처한 아름다운 감람나무에 대하여 말한 예레미야 11장 16절일 가능성이 있다. 히브리어 마소라 본문에는 다음과 같이 기록되었다.

> 여호와께서는 그의 이름을 일컬어
> 좋은 열매 맺는 아름다운 푸른 감람나무라 하였었으나
> 큰 소동 중에 그 위에 불을 피울 것이고 그 가지는 꺾일 것이다
> 예레미야 11:16

헬라어 70인역 본문에는 이 구절이 약간 다르게 기록되었다.

해서도 감사한다.

> 여호와께서는 그의 이름을 일컬어
> 좋은 색을 띠는 아름다운 감람나무라 하였으나
> 그것을 자르는 소리가 나고 불이 붙었다.
> 너에게 오는 환난이 크도다. 그 가지가 쓸모없게 되었다.
>
> 예레미야 11:16 70인역

두 본문의 차이와는 별개로, 이 구절은 로마서 11장 17절과 같은 그림을 보여주고 있다.

> 또한 가지 얼마가 꺾이었는데
> 돌감람나무인 네가 그들 중에 접붙임이 되어
> 참감람나무 뿌리의 진액을 함께 받는 자가 되었은즉
>
> 로마서 11:17

바울은 히브리어와 헬라어 모두를 잘 알고 있었고 그는 두 언어로 성경을 읽었다. 그가 둘 중 한 언어로 된 성경만 읽고 다른 언어로 된 것은 읽지 않았다고 생각하는 것은 바울의 이중문화적 배경을 제대로 이해하지 못한 것이다. 그런데 이 경우 바울이 70인역만을 생각하고 있었다고 할지라도 그는 예레미야 11장 16절의 히브리어 본문에 기초하여 로마서 11장 17절을 기록했을 수도 있다.

예레미야의 비유에서 감람나무는 이스라엘 백성을 상징하는 것이다. 또한 이 선지자는 이 백성을 은유적으로 이스라엘 집(10절), 이 백성(14절), 하나님의 사랑하는 자(15절)로 말했다. 바울도 로마서 11장 28절에서 이스라엘을 사랑을 입은 자로 말했다.

> 복음으로 하면 그들이 너희로 말미암아 원수 된 자요
> 택하심으로 하면 조상들로 말미암아 사랑을 입은 자라
> 로마서 11:28

바울은 예레미야가 이스라엘 백성을 감람나무에 비유한 것을 따라서 말한 것 같다. 이런 비유는 바울 이전에도 있었고 이후에도 있었다. 기원전 6세기에 예레미야가 이 비유를 사용했고, 탈무드 시대의 랍비들도 여전히 이 비유를 즐겨 사용하고 있었다.[12]

---

12) "랍비 이삭이 말했다. 성전이 무너질 때 복 받으실 분, 거룩하신 분이 성전에 아브라함이 서 있는 것을 보셨다. 주께서 말씀하셨다. '나의 사랑하는 자가 나의 집에서 무엇을 하려느냐?'(렘 11:15). 아브라함이 대답했다. '내가 나의 자녀의 운명으로 인하여 왔나이다.' 주께서 말씀하셨다. '네 자녀가 죄를 짓고 이 땅에서 쫓겨났다.' 아브라함이 말했다. '그들이 실수로 죄를 범하였을지도 모릅니다.' 주께서 답하셨다. '그가 음행을 하였다.' '단지 몇 사람만이 죄를 지었을 수도 있습니다.' '많은 이들이다.' 그가 계속 간청했다. '주께서 그들과 맺으신 할례의 언약을 기억하소서.' 주께서 말씀하셨다. '거룩한 육체가 네 앞에서 옮겨졌다.' 그가 간청했다. '주께서 기다리셨다면 그들이 회개했을 수도 있습니다.' 주께서 답하셨다. '네가 악을 행하면 너는 기뻐하라.' 그리고 나서 그가 자기 머리에 자기 손을 얹고 슬피 울며 외쳤다. '그들에게 아무런 소망이 없을까 두렵습니다.' 그 때 하늘에서 음성이 나왔다. '주께서 네 이름을 좋은 열매 맺는 아름답고 잎이 무성한 감람나무라 하셨다'(렘 11:16). 감람나무가 마지막에 가장 좋은 열매를 내는 것처럼, 이스라엘도 마지막 때에 번성할 것이다."(b.

덧붙이는 말: 성경을 잘못 해석한 결과

일부 기독교인들이 로마서 11장 17절과 요한복음 15장 6절을 잘못 연결시킨 것은 상당히 우려스러운 일이다.

> 또한 가지 얼마가 꺾이었는데
> 돌감람나무인 네가 그들 중에 접붙임이 되어
> 참감람나무 뿌리의 진액을 함께 받는 자가 되었은즉
> 로마서 11:17

> 사람이 내 안에 거하지 아니하면
> 가지처럼 밖에 버려져 마르나니
> 사람들이 그것을 모아다가 불에 던져 사르느니라
> 요한복음 15:6

두 구절 모두 가지를 비유로 말하고 있다. 요한복음에서 가지는 그리스도 안에 거하지 않는 사람들을 말한다. 이 가지들은 밖에 버려졌기 때문에 모아서 불에 던져 태워버린다. 반면 로마서 11장의 가지들은 소멸된 것이 아니라 다시 줄기에 접붙여지기를 기다리고 있는 것이다.

Menahot 53b; Eli Cashdan 역, The Babylonian Seder Kodashim: Volume I, ed. Isidore Epstein [London: The Soncino Press, 1948], p. 321).

교황 인노첸시오 3세Pope Innocent III(1198-1216)가 종교 재판을 시작한 후, 이것은 도미니크와 프란체스코 수도회에 의하여 주로 행해지다가, 카스티야의 기독교인 왕 페르디난트 5세와 이사벨라 여왕이 다스리던 1474년과 1504년 사이에 스페인에서 그 절정에 이르게 된다. 이 왕과 여왕은 신대륙 발견을 위하여 크리스토퍼 콜럼버스를 보낸 인물들이다.[13] 이후에 종교 재판은 한동안 주춤하다가 다시 1820년부터 시작되었다.

1483년 페르디난트와 이사벨라는 그들의 고해 신부이자 도미니크회의 부원장인 토마스 토르퀘마다Tomás de Torquemada(1420-1498)를 종교 재판소장으로 임명했다. 그는 이단자들(콘베르소Conversos, 즉 협박에 의하여 기독교로 개종한 유대인이지만 계속해서 유대 공동체와 접촉한 자들)을 잡아들이기 위하여 다양한 도시에 교회 재판소들을 세우고, 그들을 기소하는 자들 또는 종교 재판관들을 위한 지침들을 정하여 스페인의 종교 재판을 만든 장본인이다. 그는 또한 1492년에 스페인에서 유대인들을 추방한 주요 책임자이다.[14]

종교 재판소는 이단자로 선고받은 사람들의 재산을 몰수했다. 처음에는 몰수한 재산들이 정부의 소유가 되었으나, 시간이 지나면서 그 재산들은 점점 재판소들로 흘러들어 갔다. 이 재산은 종

---

13) Encyclopaedia Judaica (Jerusalem: Keter Publishing House, 1972), 8:1380-1407; The Oxford Dictionary of the Christian Church, ed. F. L. Cross (London: Oxford University Press, 1958), pp. 694-695.

14) Enc. Jud., 15:1264-5; Oxford Dictionary, pp. 1367-8.

교 재판의 동력이 되어 종교 재판소에 엄청난 권력을 쥐어주게 되었다. 재판소는 이단으로 고발당한 사람이 유죄 선고를 받으면 그들로부터 큰 금전적 이득을 취하려고 했기 때문에 그들이 무죄로 풀려나는 일은 갈수록 힘들어졌다.

고발된 사람들은 조잡한 증거로 인하여 유죄 선고를 받았다. 가장들이 감옥에 갇혔고 그들의 땅은 몰수되었다. 대가족이 하룻밤 사이에 거리에 나앉게 되었다. 한 때 번영했던 이베리아 반도의 경제는 16-18세기에 종교 재판소의 가혹한 조치들로 피폐해졌고, 오늘날까지 스페인과 포르투갈은 이전의 영광을 되찾지 못했다.

종교재판소가 행한 가장 심한 형벌은 장대에 매달아 화형시키는 것이었다. 그러나 종교재판소는 교회에 속한 조직으로서 이 형벌들을 행하는 것이 허락되지 않았다. 그래서 그들은 400년이나 된 법적 의제(擬制)[15]를 활용했다. 그것은 사형 선고를 받은 사람을 교회에 소속되지 않은 비종교적 기관에 인도하고, 그 때 자비를 구하는 호소문을 함께 보내는데 거기에는 그 비종교기관이 사형을 집행해야 하는 경우 "피를 흘리지 않고" 해야 한다는 것이었다. 그것은 곧 화형을 의미했다. 그들은 요한복음 15장 6절로 이 사형 방법을 정당화했다.

---

15) <법률 용어> 본질은 같지 않지만 법률에서 다룰 때는 동일한 것으로 처리하여 동일한 효과를 주는 일. 민법에서 실종 선고를 받은 사람을 사망한 것으로 보는 따위이다(표준국어대사전). - 역자 주

사람이 내 안에 거하지 아니하면 가지처럼 밖에 버려져 마르나니

사람들이 그것을 모아다가 불에 던져 사르느니라

요한복음 15:6[16]

스페인의 종교재판을 행한 자들에게 '그리스도 안에 거하지 않는 자들'은 콘베르소(협박에 의하여 기독교로 개종한 유대인들)였다. 만일 그들이 요한복음 15장 6절의 '불태우기에 합당한 가지들'이었다면 그들은 또한 로마서 11장 17절의 '부러진' 가지들이었을 것이다. 하나님께서 로마서 11장에 나오는 가지들을 부러뜨리셨으니, 종교재판관들도 당연히 이 속이는 자들이 이단 행위를 고백하고 벌을 받아야 한다고 생각했을 것이다.

그런데 요한복음 15장 6절에 나오는 가지는 '클레마($\kappa\lambda\hat{\eta}\mu\alpha$)'로 포도나무의 줄기 또는 잔가지를 의미하고, 로마서 11장 17절에 나오는 가지는 '클라도스($\kappa\lambda\acute{\alpha}\delta o\varsigma$)'로 감람나무의 가지이다. 즉, 두 가지는 서로 다른 것이다. 그러나 종교재판소의 지도자들에게 이 둘은 다른 것이 아니었다.

요한복음 15장 6절의 왜곡된 해석이 가져온 결과는 처참했다. 이런 일이 다시 생기지 않도록 하기 위해서 제대로 된 성경 연구의 중요성과 잘못된 성경 해석이 가져올 위험성을 깊이 인식해야 한다.[17]

---

16) Enc. Jud., 8:1404.
17) 나는 나 자신을 십자군에 참여하고 종교 재판을 비롯하여 유대인들에게 잔혹

"감람나무의 뿌리"는 데이빗 비빈이 쓴 "Romans 11: The Olive Tree's Root"를 편집 및 요약한 것이며 www.JerusalemPerspective.com에서 볼 수 있다.

한 일들을 행한 사람들의 자손으로 생각한다. 내가 이 장에 덧붙이는 말로 이런 내용을 적은 것은 내가 나의 기독교인 조상들이 저지른 죄를 반복하지 않도록 나 스스로 주의하고자 함이다. 나는 기독교인으로서 감히 "만일 내가 조상 때에 있었더라면 나는 그들이 선지자의 피를 흘리는 데 참여하지 아니하였으리라"(마 23:30)고 생각하지 않을 것이다. 오히려 나는 나의 기독교 선조들의 죄악을 인정하고, 그것을 다시 행하지 않겠다고 맹세하며, 유대 민족에게 애도를 표하고, 가능한 모든 방법으로 이 죄들에 대하여 보상해야 할 것이다.

나는 더 깨어있는 시대에 살고 있는 자로서 이전의 기독교인들을 쉽게 비난할 수 있지만, 과거와 현재의 기독교인들이 갖고 있는 반유대주의를 비판할 책임이 있다는 것을 알고 있다. 나는 이 선조들이 갖고 있었던 반유대주의와 그들이 행한 말로 형용할 수 없는 끔찍한 행위들을 인정하고, 그들이 받은 커다란 피해를 갚는데 나의 온 힘을 쏟아야 한다. 나에게는 유대 민족에게 잘못된 생각을 품고 그들에게 죄악을 행한, 이그나티우스나 저스틴 마르티르나 오리겐, 요한 크리소스톰과 같은 교부들을 포함한 초기의 기독교인들을 책망할 의무가 있다.

기독교인들이 반유대주의를 품고 행한 비인간적이고 악한 행위들은 용서받을 수 없는 것이며, 그것을 정당화하려는 시도는 불가능한 것이고 크게 비판받아 마땅한 것이다. 나는 기독교의 반유대주의가 종교재판, 십자군, 포그롬(러시아와 우크라이나에서 18세기에서 20세기 초까지 있었던 유대인 학살) 및 홀로코스트와 같은 형태로 나타난 것에 대하여 분개하며 당혹스러움을 느낀다. 나는 내 기독교인 조상들이 행한 반유대주의적 언행들로 인하여 슬픔을 느낀다. 나는 역사에서 교훈을 얻어서 하나님의 도우심으로 기독교와 유대교 사이에 깨진 관계를 조금이라도 회복함으로 내 조상들이 행한 추악한 역사를 개선시킬 수 있기를 소망한다. 아멘!

| 용어 설명 |

70인역 Septuagint: 기원전 250-100년 경의 시기에 이집트에서 완성된 히브리어 성서의 헬라어 번역본.

공관(복음)의 Synoptic: 헬라어로 '함께 보다, 동시에 보다'를 의미하는 '시놉세싸이'에서 나온 형용사. 신약 성경의 가장 앞에 나오는 마태, 마가, 누가복음서를 가리키는 형용사다.

공관복음Synoptic Gospels: 마태복음, 마가복음, 누가복음을 통틀어 일컫는 말. 이 세 공관복음서는 내용과 형식이 매우 비슷해서 서로 비교하며 함께 읽기 쉽다. 세 복음서의 본문을 세 열로 병렬로 인쇄한 책도 있다. 이런 책을 통하여 세 복음서 사이의 유사점과 차이점을 연구하여 공부할 수 있다. 요한복음은 세 복음서와는 너무나 달라서 이 복음서들과 함께, '공관적으로' 보는 것은 큰 의미가 없다.

공관복음의 문제 Synoptic Problem: 공관복음 가운데 어느 것이 먼저 기록되었는지, 그리고 서로 어떤 자료를 사용했는지에 관한 학자들의 논쟁을 말한다.

구전 토라 Oral Torah: 성문 토라, 즉 모세오경에 대한 랍비들의 해석과 법적 판결. 구전 토라는 수백 년 동안 구전의 형태로만 존재했다. 유대교에서 구전 토라는 성문 토라와 마찬가지로 영감으로 된 것이며, 법적 구속력이 있는 것으로 간주되었다.

디아스포라Diaspora: 이스라엘 땅 밖에 유대인들이 정착한 지역, 또는 그곳에 정착한 유대인들을 말한다.

랍바Rabbah: 구약 성경에 있는 책들의 제목에 붙어서, 예를 들면 '창세기 랍바'와 같이 사용되며, 그 책에 대한 주석과 미드라쉬를 모아놓은 것을 말한다.

랍비Rabbi: '나의 주' 또는 '나의 스승'을 의미하는 존칭. 예수님의 시대에 성경을 가르치는 교사를 부르는 말로 사용되었다. 기원후 70년 이후에야 '랍비'가 공식 명칭이 되었다.

마소라 본문 Masoretic Text: 6-9세기 유대 학자들인 마소라 학자들이 모음 부호를 추가한 히브리어 성서 본문. 이것이 현대의 모든 히브리어 성경 본문의 기초가 되었다.

말쿠트 샤마임: '말쿠트'는 왕위 또는 통치를 의미하고, '샤마임'은 하늘을 의미하며, '샤마임'은 하나님을 우회적으로 가리키는 칭호로 사용된다. 이것을 직역하면 '하늘 나라, 천국'이라는 뜻이며 이것은 '하나님 나라'의 우회적 표현이다. 하나님을 왕으로 섬기는 자들에게 행하시는 하나님의 통치 또는 하나님이 사람의 삶이나 상황을 주관하시는 행위 등을 의미한다. 마태는 보통 "천국"이라는 표현을 사용한 반면, 마가와 누가는 "하나님 나라"라는 표현을 사용했다.

미드라쉬Midrash: 랍비들이 성경 구절을 설명하기 위하여 이야기로 성경 본문을 해석하거나 확장시킨 것, 또는 이런 글을 모아놓은 것을 가리킨다.

미쉬나Mishnah: 직역하면 '반복'이라는 뜻. 기원후 200년 경에 랍비들의 법적 판결 및 격언들인 구전 토라를 모아서 기록한 것을 말한다. 미쉬나에는 예수님 시대 전후로 수백 년 동안 있었던 유대 현인들의 말이 기록되어 있다.

미쉬나 히브리어 Mishnaic Hebrew: 대략 기원전 1세기부터 기원후 1세기까지 이스라엘 땅에서 대화에 사용된 히브리어. 조금 더 넓은 개념으로 성서 이후 시대의 히브리어를 가리키는 용어로 사용되기도 한다. 이 히브리어는 이 시대와 이후 수 세기 동안 랍비들의 글에 사용되었기 때문에 '랍비 히브리어Rabbinic Hebrew'라고 부르기도 한다. 일부 학자들은 이 용어보다 중기 히브리어Middle Hebrew라는 용어를 선호한다.

미쯔바Mitzvah: 직역하면 '계명'이라는 뜻. '종교적 의무'나 '선한 행위'라는 의미로 사용되기도 한다.

메주자Mezuzah: 히브리어로 문설주를 뜻하지만 이후에 신명기 6장 4-9절과 11장 13-21절 말씀을 기록한 양피지 두루마리를 함에 담아서 성문과 유대인 가정의 오른쪽 문설주에 붙여둔 것을 의미하게 되었다.

바리새인Pharisee: 제2차 성전 시대의 분파에 속한 사람들로 종교적인 관습과 토라의 연구를 부흥시키고자 했다. 예수님은 바리새인들과 자주 논쟁을 하셨지만 성경 해석의 관점은 그들과 상당히 비슷했다.

베트 미드라쉬 Bet Midrash: 직역하면 '배움의 집'. 토라를 배우고 가르치는 장소. 1세기에 베트 미드라쉬는 보통 회당과 연결되어 있어서, 회당의 강당이나 방에서 토라를 가르치거나 배우는 일을 했다.

베트 세페르 Bet Sefer: 직역하면 '책의 집'이라는 뜻. 1세기 유대인의 초등 학교로 회당의 일부에 속했다. 여기서는 5-13세의 소년들이 성경과 그것의 해석에 대하여 배웠다.

사해문서Dead Sea Scrolls: 이스라엘의 사해 인근 유대 광야에 있는 동굴들에서 900개 이상의 문서들이 발견되었다. 이 문서들은 히브리어, 아람어, 헬라어로 기록되었으며 그들의 연대는 기원전 250년부터 기원후 68년에 이른다. 여기에는 지금까지 발견된 것들 가운데 가장 오래된 히브리어 성경 문서들과 쿰란의 에세네파의 문서들도 포함되어 있다.

성서 이후 시대 Post-biblical: 히브리 성경(구약)이 기록된 이후의 시대를 일컫는 학자들의 용어. 유대 학자들에게 신약 성경은 성서 이후 시대의 것이다.

셰마Shema: 직역하면 '들으라'는 뜻. '셰마'는 신명기 6장 4절 "들으라(셰마) 이스라엘아 우리 하나님 여호와는 오직 유일한 여호와이시니"에서 처음에 나오는 단어다. 이것은 신명기 6장 4-9절, 11장 13-21절, 민수기 15장 37-41절을 낭독하는 것을 가리키는 용어다. 유대인들은 셰마를 하나님이 한 분이고 유일하신 분이라는 것을 말하는 최고의 말씀으로 여긴다.

아람어Aramaic: 북서쪽 지역에서 사용된 셈어로 히브리어와 밀접한 관계가 있다. 예수님 시대에 헬라어, 미쉬나 히브리어와 함께 사용되었다.

아미다Amidah: 직역하면 '서 있는'이라는 뜻. 유대인의 삶과 예배 의식에서 가장 중심이 되는 기도이며, 이름이 말하는 것처럼 이 기도는 서서 한다. 이것은 '셰모네 에스레'라고 부르기도 하는데 그 이유는 원래 이 기도가 18개의 축복 기도로 이루어져 있었기 때문이다. 그냥 '테필라(기도)'라고 부르는 경우도 있는데 이것이 매우 훌륭한 기도이기 때문이다.

에세네파Essenes: 제2차 성전시대 유대교의 한 분파로, 다른 사람들로부터 분리되어 금욕적인 삶을 살았다. 그들은 죄인들과 정치적인 적들을 '어둠의 아들들'로 여기고 자신들을 그와 반대인 '빛의 아들들'로 칭하였다. 사해문서에는 성서 및 비성서 문서 외에도 에세네파가 쓴 문서들이 포함되어 있다.

열심당Zealots: 기원후 66-73년 유대 대반란the Great Revolt 기간에 있었던 유대교 극단주의자들의 분파로, 이스라엘 땅을 점령하고 있었던 로마인들에게 목숨을 건 전쟁을 일으켰다. 그들은 더 온건한 생각을 갖고 있었던 유대인들을 무자비하게 박해했다.

외경Apocrypha: 헬라어 70인역 성경과 라틴어 불가타 성경에는 포함되어 있지만 개신교의 정경에는 포함되지 않은 책들을 말한다. 외경은 신구약 중간기 유대인들의 사고가 반영되어 있으며, 예수님 시대 유대교를 이해하는데 도움이 되기도 한다.

위경Pseudepigrapha: 직역하면 '거짓으로 기록한'이라는 뜻. 기원전 3세기부터 기원후 2세기까지 가명 또는 익명으로 기록된 다양한 유대 문헌들을 통틀어 일컫는 명칭. 위경은 히브리어 구약 성경이나 외경에 포함되지 않았다.

제2차 성전 시대 Second Temple Period: 문자적으로는 기원전 536-516년 성전의 재건부터 기원후 70년 로마인들에 의하여 성전이 무너질 때까지의 기간을 의미한다. 그러나 주로 이 시기 중에서 후대, 즉 기원전 168년부터 기원후 135년까지의 시기를 의미하며, 예수님의 시대를 말하는 것으로도 자주 사용된다.

찌찌트Tzitzit: 민수기 15장 37절의 계명에 순종하기 위하여 옷의 네 모서리에 단 술을 말한다. 예수님의 시대에 이 술들은 겉에 입는 두꺼운 양털 옷인 탈릿의 네 모서리에 달았다.

칼 바호메르: 직역하면 '가볍고 무거운'이라는 뜻. 사소한 것에서 중요한 것을 추론하는 논리적 개념을 가리키는 용어. 성경에는 "하물며 ~하겠느냐" 또는 "~은 얼마나 더 ~하겠느냐"는 표현으로 자주 번역되었다. 예수님을 포함한 많은 랍비들이 이 논리를 사용하였다.

칼라 카하무라: 직역하면 '무거운 것만큼 가벼운'이라는 뜻. 가벼운 율법이 더 심각한 율법만큼 중요하다는 것을 강조하는 랍비들의 개념. 예수님은 이 개념을 사용하여 음욕과 간음, 화내는 것과 살인을 같은 것으로 말씀하셨다.

탈굼Targum: 히브리어 성경의 일부분을 아람어로 번역한 것. 하나님의 영감으로 기록된 히브리어 성경 본문은 아주 작은 부분이라도 변경할 수 없었지만, 탈굼은 다양한 해석과 히브리어 성경 본문을 더 명확히 해석하는 것이 가능했다.

탈릿Talit: 1세기 유대인들이 일상적으로 입었던 두 종류의 의복 중에서 바깥에 입는 옷. 위에 걸치는 두꺼운 옷으로 주로 양털로 짜서 만들었다.

크고 네모난 모양으로 네 모서리에 찌찌트라는 술을 달았다.

탈무드Talmud: 미쉬나와 그것에 대한 주석을 모아놓은 것으로 양이 방대하다. 미쉬나의 각 구절마다 그것에 대한 주석이 기록되어 있다. 기원후 400년 경에 완성된 예루살렘 (또는 팔레스타인) 탈무드와 이보다 100년 정도 후에 완성된 것으로 권위를 인정 받고 있는 바빌로니아 탈무드가 있다.

테트라그라마톤Tetragrammaton: 하나님의 거룩한 이름 네 글자. 보통 'YHWH'로 음역된다.

테필린Tefillin: 이마나 팔에 차는 작은 가죽으로 만든 경구함. 신명기 6장 8절 말씀을 행하기 위하여 착용했다. 예수님의 시대에는 이것을 하루 종일 하고 다녔지만, 현대에는 오직 기도할 때만 착용한다.

토라Torah: 히브리어로 '가르침, 지침'이라는 뜻. 성경의 가장 처음에 나오는 다섯 권의 책을 가리키며, 모세오경이라고 부르기도 한다. 구전 토라를 가리키는 말로도 사용된다. 기독교에서는 토라를 주로 '율법'으로 번역했지만, 유대인들은 보통 '가르침'으로 번역했다.

토세프타Tosephta: 직역하면 '추가, 보충'이라는 뜻. 미쉬나를 보충하는 랍비들의 가르침을 정리한 것.

피르케 아봇 Pirke Avot: 직역하면 '조상들의 장'이라는 뜻. 랍비들의 격언을 기록한 미쉬나의 소논문. 예수님의 말씀과 비슷한 내용들이 많다.

하시드Hasid: 직역하면 '경건한 자'라는 뜻. 복수형은 '하시딤Hasidim'. 제2차 성전 시대에 영향력 있는 랍비들의 종파에 속한 사람을 말한다. 이들은 바리새파의 윤리적 가치관과 공통점이 있지만 또한 하나님과의 친밀함과 토라의 연구보다 행위를 강조하는 특징을 갖고 있다. 예수님의 사역은 하시딤과 유사한 부분이 많다.

학가다Haggadah: 비유들이나 미드라쉬와 같은 이야기들로 성경과 신학을 설명하는데 사용되었다. 법적 판결을 의미하는 할라카와 대비되는 개념이다. 유월절 세데르(만찬) 때에는 참여한 각 사람들이 학가다에 있는 이야기들을 서로 읽는다.

할라카Halachah: 특정한 문제에 대한 율법적 판결을 의미한다. 유대교의 법의 주요 부분을 이루는 요소이며 랍비 문헌에서 율법적인 부분에 해당한다. 랍비들의 우화나 이야기들을 의미하는 학가다와 대비되는 개념이다.

할룩Haluk: 가벼운 아마 재질의 긴 옷으로 1세기 유대인들이 일상적으로 입는 두 가지 의복 중에서 안에 입는 옷이다.

히브리어 성경 Hebrew Bible: 구약 성경이 원래 히브리어로 기록되었기 때문에 구약 성경을 가리키는 용어로 사용된다.

| 참고 문헌 |

Abrahams, Israel. Studies in Pharisaism and the Gospels. Repr. New York: Ktav, 1967.

Albright, W. F., and C. S. Mann. Matthew. Anchor Bible 26. New York: Doubleday, 1971.

Alon, Gedalyahu. Studies in the Jewish History of the Second Commonwealth and the Mishnaic-Talmudic Period. Tel Aviv: Hakibbutz Hameuchad, 1957-58. (Hebrew).

Barth, Karl. Die Kirchliche Dogmatik. Vol. 2: Die Lehre von Gott, part part 2, 1942. (English trans.: Church Dogmatics Edinburgh: T. & T. Clark, 1957).

Bivin, David. "Hebraic Idioms in the Gospels." Jerusalem Perspective 22 (1989) 6-7.

_____. "Jesus in Judea." Jerusalem Perspective 2 (1987) 1-2.

_____. "The New International Jesus." Jerusalem Perspective 56 (1999) 20-24.

Broshi, Magen. "Hatred: An Essene Religious Principle and Its Christian Consequences." Antikes Judentum und Frühes Christentum. Berlin: Walter de Gruyter (1999) 245-252.

Brown, Francis, S. R. Driver, and Charles Briggs. The New Brown-

DriverBriggs-Gesenius Hebrew and English Lexicon. Peabody, MA: Hendrickson, 1979.

Buth, Randall. "Jesus' Most Important Title." Jerusalem Perspective 25 (1990) 11-15.

———. "Aramaic Language." Dictionary of New Testament Background, Craig Evans and Stanley Porter, eds. Downers Grove: Intervarsity (2000) 86-91.

Cohen, Abraham. Everyman's Talmud. New York: Schocken, 1975.

Cross, F. L., ed. Oxford Dictionary of the Christian Church. London: Oxford University Press, 1958.

Davies, W. D., and Dale C. Allison, Jr. A Critical and Exegetical Commentary on the Gospel According to Saint Matthew. International Critical Commentary. Edinburgh: T&T Clark, 1988-1991.

Encyclopaedia Judaica. Jerusalem: Keter, 1972.

Epstein, Isidore. The Babylonian Seder Kodashim: Volume I. English translation by Eli Cashdan. London: Soncino, 1948.

Epstein, J. N. Introduction to Tannaitic Literature: Mishna, Tosephta and Halakhic Midrashim. Jerusalem: Magnes Press; and Tel Aviv: Dvir, 1957. (Hebrew).

Even-Shoshan, Abraham, ed. A New Concordance of the Bible. Jerusalem: Kiryath Sepher, 1987. (Hebrew).

Flusser, David, and Shmuel Safrai. "Das Aposteldekret und die Noachitischen Gebote." E. Brocke and H.-J. Borkenings, eds., Wer Tora mehrt, mehrt Leben: Festgabe fur Heinz Kremers. Vluyn: Neukirchen, 1986.

Flusser, David. "The Jewish-Christian Schism, Part I." Immanuel 16 (1983) 45.

_____. Jesus. 3rd ed. Jerusalem: Magnes Press, 2001.

_____. Jewish Sources in Early Christianity. New York: Adama Books, 1987.

_____. Judaism and the Origins Of Christianity. Jerusalem: Magnes Press, 1988.

Foakes-Jackson F. J., and K. Lake. 5 vols. The Acts of the Apostles. London: Macmillan, 1920-33.

Frymer-Kensky, Tikva, D. Novak, P. Ochs, D. F. Sandmel, M. A. Signer, eds. Christianity in Jewish Terms. Boulder: Westview Press, 2000.

Gundry, Robert H. Matthew: A Commentary on His Handbook for a Mixed Church under Persecution. 2nd ed.; Grand Rapids: Eerdmans, 1994. Hacham, Amos. The Book of Isaiah: Chapters 1-35. Jerusalem: Mossad Harav Kook, 1984. (Hebrew).

Hagner, Donald. Matthew. Word Bible Commentary 33A-33B. Dallas: Word Books, 1993-1995.

Hartman, Louis F. "Names of God." Encyclopaedia Judaica. Jerusalem: Keter (1971) 7:674-85.

Lachs, Samuel Tobias. A Rabbinic Commentary on the New Testament: The Gospels of Matthew, Mark and Luke. Hoboken: Ktav, 1987.

Leon, Harry J. The Jews of Ancient Rome. Philadelphia: Jewish Publication Society of America, 1960.

Liddell, Henry George, and Robert Scott. A Greek-English Lexicon. Revised and augmented by Henry Stuart Jones with Roderick McKenzie. Oxford: Clarendon Press, 1968.

Lindsey, Robert. The Jesus Sources: Understanding the Gospels. Tulsa: HaKesher, 1990.

_____. Jesus Rabbi & Lord: The Hebrew Story of Jesus Behind Our Gospels. Oak Creek, WI: Cornerstone Publishing, 1990.

_____. "Four Keys for Better Understanding Jesus." Jerusalem Perspective 49 (1995) 10-17, 38.

Manson, T. W. The Sayings of Jesus. London: SCM, 1974.

Maurer, Christian. "Riza." Theological Dictionary of the New Testament. Vol. 6. Ed. Gerhard Friedrich, trans. Geoffrey W. Bromiley. Grand Rapids: Eerdmans, 1968, 985-90.

Metzger, Bruce M. A Textual Commentary on the Greek New Testament. London: United Bible Societies, 1975.

Montefiore, Claude. The Religion of Yesterday and Tomorrow 1925.

_____. The Synoptic Gospels. 2nd ed. 2 vols. London: Macmillan, 1927.

Montefiore, Claude and Herbert Loewe. A Rabbinic Anthology. New York: Schocken, 1974.

Myers, Philip Van Ness. Rome: Its Rise and Fall. 2nd ed. Boston: Ginn and Company, 1901.

Nolland, John. "The Gospel Prohibition of Divorce: Tradition History and Meaning." Journal for the Study of the New Testament 58 (1995) 19-35. Nun, Mendel. "Let Down Your Nets." Jerusalem Perspective 24 (1990) 1113.

Pritz, Ray. "The Divine Name in the Hebrew New Testament." Jerusalem Perspective 31 (1991) 10-12.

Safrai, Shmuel. "Education and the Study of Torah." The Jewish People in the First Century. Eds. Shmuel Safrai and Menahem Stern. Amsterdam: Van Gorcum, 1976, 945-70.

_____. "Jesus and the Hasidim." Jerusalem Perspective 42, 43 & 44 (1994) 3-22.

_____. "Literary Languages in the Time of Jesus." Jerusalem Perspective 31 (1991) 3-8.

_____. "Religion in Everyday Life." in The Jewish People in the First Century. Eds. Shmuel Safrai and Menahem Stern. Amsterdam:

Van Gorcum, 1976, 793-833.

_____. "Talmudic Literature as an Historical Source for the Second Temple Period." Mishkan. 17-18 (1993) 121-37.

_____. "Teaching of Pietists in Mishnaic Literature." The Journal of Jewish Studies. 16 (1956) 15-33.

Santala, Risto. The Messiah in the Old Testament in the Light of Rabbinical Writings. Jerusalem: Keren Ahvah Meshihit, 1993.

Schürer, Emil. The History of the Jewish People in the Age of Jesus Christ. G. Vermes, F. Millar and M. Black, eds. 3 vols. Edinburgh: T & T Clark, 1973.

Shulam, Joseph. A Commentary on the Jewish Roots of Romans. Baltimore: Lederer, 1997.

Silverman, Godfrey Edmond. "Galatinus, Pietro (Petrus) Columna." Encyclopaedia Judaica. 7:262-63.

Simon, Marcel. Verus Israel: A Study of the Relations between Christians and Jews in the Roman Empire (AD 135-425). Trans. by H. McKeating. Oxford: Oxford University Press, 1986.

Smith, Morton. "Mt. 5:43: 'Hate Thine Enemy.'" Harvard Theological Review. 45 (1952) 71-3.

Stendahl, Krister. "Hate, Non-Retaliation, and Love." Harvard Theological Review 55 (1962) 343-55.

Taylor, Vincent. The Gospel According to St. Mark. London:

Macmillan, 1952.

Theological Dictionary of the New Testament. 10 vols. Eds. Gerhard Kittel (vols. 1-4); Gerhard Friedrich (vols. 5-10). Grand Rapids: Eerdmans, 1964-1976.

Theological Dictionary of the Old Testament. Eds. G. J. Botterweck and H. Ringgren. Grand Rapids: Eerdmans, 1974ff.

Tolstoy, Leo. The Kingdom of God Is within You. Trans. Constance Garnett. Repr. Lincoln: University of Nebraska Press, 1984.

Weiss, Konrad. "Phortion." Theological Dictionary of the New Testament. Vol. 9. Ed. Gerhard Friedrich, trans. Geoffrey W. Bromiley. Grand Rapids: Eerdmans, 1974, 84-7.

Williams, Charles B. The New Testament: A Private Translation in the Language of the People. Chicago: Moody Press, 1958.

Wilson, Marvin. Our Father Abraham. Grand Rapids: Eerdmans, 1989. Wise, Michael, and Martin Abegg. The Dead Sea Scrolls, A New Translation. San Francisco: HarperCollins, 1999.

Yadin, Yigael. Tefillin from Qumran. Jerusalem: Israel Exploration Society, 1969.

Young, Brad H. Jesus the Jewish Theologian. Peabody, MA: Hendrickson, 1995.

| 저자 소개 |

데이빗 비빈David Bivin은 공관복음의 셈어 및 유대적 배경을 전문적으로 연구하는 학자로, 공관복음을 연구하는 유대인 및 기독교인 학자들로 구성된 두뇌 집단인 예루살렘 공관복음 연구학교의 회원이다.

미국 오클라호마의 클리브랜드 출신인 비빈은 1963년에 로터리 재단 장학 사업으로 예루살렘의 히브리 대학에 대학원생으로 온 후 이스라엘에서 살았다. 그는 1969년까지 히브리 대학에서 메나헴 스턴, 데이빗 플루서, 사무엘 사프라이, 에헤츠켈 쿠처 교수 아래에서 유대 역사와 문학을 공부하고, 이가엘 야딘, 요하난 아하로니, 마이클 아비요나 아래에서 고고학을 공부했다. 그는 이 6년의 기간과 그 후 여러 해 동안 예루살렘에 거주하는 학자이자 목사인 로버트 L. 린제이로부터 개인적으로 가르침을 받았다.

비빈은 1970년부터 1981년까지 미국 울판의 히브리어 학부와 홀리 랜드 학원(이후에 예루살렘 대학으로 바뀜)의 현대 히브리어 학부에서 가르쳤다. 그는 알레프-베트: 히브리어 읽기 및 쓰기 초보자용 영상 강의를 제작하기도 했다.

그는 1982년에 로이 블리자드 주니어와 함께 'Understanding the Difficult Words of Jesus'를 공동 집필했다. 이것은 예루살렘의 로버트 린제이, 데이빗 플루서 및 그의 학생들의 선구적인 작업을 학술적이지 않은 쉬운 말로 설명하여 집필하는 첫 번째 시도였다. 이 책은 독일어, 프랑스어, 일본어, 스페인어, 포르투갈어, 폴란드어로 번역되었다.

비빈은 1987년부터 1999년까지 12년 동안 예수님의 생애와 가르침들을 원래의 문화적 및 언어적 배경으로 설명하는 글들을 게재한 잡지인 예루살렘 퍼스펙티브를 발행했다. 이 잡지는 2000년에 예수님의 생애와 말씀을 유대적 배경에서 탐구하는 작업을 위한 웹사이트인 예루살렘 퍼스펙티브 온라인(http://www.jerusalemperspective.com)으로 변경되었다.

| 엔게디 자원센터 소개 |

엔게디는 이스라엘 남부 사막에 있는 오아시스의 이름입니다. 이곳은 다윗이 사울 왕을 피하여 머문 장소이기도 합니다. 이곳은 바위 절벽에서 물이 솟아나 샘과 폭포를 만듭니다. 여기서 불과 몇 미터 떨어진 곳은 바싹 마른 황량한 사막이지만 이 물이 지나가는 곳은 푸른 잎들이 무성하게 자라납니다. 엔게디의 샘물은 하나님의 임재를 상징하는 '생명수'가 무엇인지를 잘 보여줍니다. 하나님의 영의 그림은 성경 전체에서 발견할 수 있습니다.

우리가 성경의 언어나 비유적인 설명, 문화적 배경을 알지 못하면 그것은 우리에게 이스라엘의 사막과 같이 '메마르고 흙먼지 날리는' 것이 될 수 있습니다. 그러나 우리가 이런 배경을 이해하면 하나님의 말씀이 우리의 심령을 새롭게 하고 우리가 생각하지 못한 방법으로 성장하게 될 것입니다.

엔게디 자원센터는 이런 생각을 가지고 기독교인들이 성장하고 예수님의 제자로 열매 맺을 수 있도록 성경에 대한 성령 충만한 지식을 제공하여 생수의 근원이 되고자 합니다. 이 책과 우리 사역의 목적은 원래의 언어적, 문화적, 종교적 배경에서 예수님을 더 명확하게 이해하도록 돕는 것입니다.

우리의 목표는 단순히 사실에 기반한 지식을 더 많이 얻는 것이 아니라, 예수님과 더 깊고 충만한 관계가 되어 주님의 제자로 헌신하도록 하는 것입니다. 우리가 처음에 예수님의 말씀을 들은 유대인들의 귀를 가지고 주님의 말씀을 듣는다면 우리는 주님이 우리에게 주신 명령, 높은 부르심 및 과제를 그 어느 때보다도 선명하게 들을 것이라고 믿고 있습니다.

이 책에서 배운 것과 같은 내용을 더 배우고 싶다면 우리의 사역으로 초대합니다. 우리 사역을 소개한 웹사이트 http://EnGediResourceCenter.com에는 신앙적인 글, 성경에 대한 설명, 시, 토론 게시판, 앞으로의 일정에 대한 소식, 인터넷 서점, 다른 유용한 웹사이트들이 있습니다. 월간으로 발행하는 뉴스레터를 이메일로 받아보기 원하면 홈페이지에서 등록해 주시기 바랍니다. 이 책에 대한 의견을 보내주셔도 됩니다. 홈페이지에서 추가 주문 및 단체 할인이 가능합니다.

엔게디 자원센터의 또 다른 도서를 소개합니다.

예수님의 귀를 통하여 듣는 성경의 언어
Listening to the Language of the Bible:
Hearing It Through Jesus' Ears
- 로이스 트버버그 · 브루스 오케마 공저

성경 연구에 깊이를 더해주는 다양한 히브리어 단어와 유대적 개념들을 소개한 책. 우리 삶에 도움이 되는 성경의 단어와 구절의 뜻을 설명하는 60개 이상의 글이 수록되어 있습니다.

엔게디 자원센터 En-Gedi Resource Center

http://EnGediResourceCenter.com

P.O. Box 1707

Holland, MI 49422-1707, USA